《坛经》不二中道思想研究

刘飞 著

中国社会科学出版社

图书在版编目（CIP）数据

《坛经》不二中道思想研究 / 刘飞著 . —北京：中国社会科学出版社，2023.1
ISBN 978-7-5227-0399-2

Ⅰ. ①坛… Ⅱ. ①刘… Ⅲ. ①禅宗—佛经—中国—唐代②《六祖坛经》—研究 Ⅳ. ①B946.5

中国版本图书馆 CIP 数据核字（2022）第 172099 号

出 版 人	赵剑英
责任编辑	李凯凯
责任校对	胡新芳
责任印制	王 超

出　　版	中国社会科学出版社
社　　址	北京鼓楼西大街甲 158 号
邮　　编	100720
网　　址	http://www.csspw.cn
发 行 部	010-84083685
门 市 部	010-84029450
经　　销	新华书店及其他书店

印　　刷	北京明恒达印务有限公司
装　　订	廊坊市广阳区广增装订厂
版　　次	2023 年 1 月第 1 版
印　　次	2023 年 1 月第 1 次印刷

开　　本	710×1000　1/16
印　　张	16
字　　数	254 千字
定　　价	86.00 元

凡购买中国社会科学出版社图书，如有质量问题请与本社营销中心联系调换
电话：010-84083683
版权所有　侵权必究

序　言

　　中国佛教文化是中华文化的重要组成部分，弘扬中华优秀传统文化，理应对佛教文化中有价值的东西进行挖掘、继承和弘扬。

　　隋代的吉藏大师在《三论玄义》中曾言："大乘正明正观，故诸大乘经同以不二正观为宗，但约方便用异，故有诸部差别。"《坛经》作为中国大乘佛教的经典之一，其思想也是以"不二正观"为宗。那么，理解不二思想就成了理解《坛经》的关键所在。

　　千年的时间间隔让我们对《坛经》或多或少有些陌生，但惠能"本来无一物，何处惹尘埃"一偈对我们来说又是如此的熟悉。我们应该怎样以现在的视域准确理解《坛经》中的不二思想呢？既然大乘佛学同以不二正观为宗，理解《坛经》中的不二中道思想也应该以理解整个大乘佛学作为奠基，从而获得一种更为广泛的视域。一般来说，大乘佛学分为中观学、唯识学和如来藏学三系思想，近代太虚大师认为这三系思想是基于唯识三自性而安立，三者之间实则是相辅相成、互融互摄，那么要准确理解不二思想，这三系的经典都应该进行阅读与研究，不可偏废。在这样一种更广泛的视域中，我们才可能逐渐理解大乘不二正观，把握不二思想之全貌，不至于偏空、偏有。就如我们去看庐山，横看成岭侧成峰，当我们不断转换视角而获得庐山全貌时，才不至于执岭执峰。因此，本书在写作时，不唯引用禅宗相关经典及当代人的研究成果，亦引用了中观、唯识、如来藏学的相关经典来诠释《坛经》中的不二思想。

　　虽然大乘诸经同以不二正观为宗，但在具体运用时，却有着千差万别。大乘三系经典在诠释和开显不二思想时，有着各自的解释视域内部文本语境和解释架构的整体性与系统性，那么即使在使用同一个名词，其实际所意指的却完全有可能各自不同。也即名词概念字面意思的确定和共许，并不能保证其实际所指的意义相同。甚至有可能恰恰相反，即因用词的相同而使解读者忽略了不同解释视域间的整体性和系统性差异，从而造成严重的误读。近代支那内学院抨击《大乘起信论》真如无明互熏，大概是因为忽略了"真如"一词在唯识学和如来藏学有着各自解释视域的系统性。当然，如果简单认为两个字面意思相反的语词在不同的语境一定意指着完全相反的意义，亦有可能使解读者难以察觉深隐在文本中的真义，从而同样造成误读。之所以出现此种情况，一是因为"名不称体"，二是盖因汉语源自象形而重在表意，缺乏印欧语系的词形变化，但有丰富的语言意境变化，常有一词多义的情况，故而在汉译经典中词义的确定往往要通过具体的语境来确定，而对语词本身的考量相对来说倒比较次要了。因此，中国佛教高僧知礼、传灯、智旭等皆认为"据名求义，万无一得；以义定名，万无一失"。《坛经》是禅宗六祖讲说佛法的记录，六祖讲法非常活泼，通常是应病与药、对机施法，前后难免在语言文字上有着矛盾冲突之处。我们认为这些看似矛盾的语词，实则是六祖站在不同的视角对不二思想进行的差别运用。虽然看似前后用词矛盾，但深隐其中的却是同质的不二思想。且正因为能贯穿于互相对立的语词之间，不二思想才展现出它的活泼与魅力：对自性化或对象化的彻底解构而如如自由。因此，本书是通过诠释《坛经》中看似前后矛盾之处来揭示其中所蕴含的不二思想，而在具体诠解相关名词时，则采用了"以义定名"的原则，以文本整体义趣、上下文语境以及该解释视域的整体性语境来诠解名词，而非执定语词之义。当然，这种方法也有可能造成随意解释文本的危险，所以这便要求解读者对佛教语言有着相当的敏感，并对佛学思想有着一定程度的把握。

"不二正观"在本书中主要诠解为体用不二中道，体用这对范畴在不同哲学体系中有着各自的理解，在佛学中，窥基大师曾以四重二谛阐明了体用的丰富层次。其中四重世俗谛和前三重胜义谛都可归入世俗谛，世俗谛内部亦有世俗与胜义的差别，每一重世俗与胜义都构成相对的体用关系（相上的体用关系）。第四重胜义谛与前七重世俗谛则构成一种绝对的体用关系（性相体用关系），这种体用关系被指明为真如之体与万法之用不一不异，也即"不二"。不仅体用是不二关系，真如与缘起法本身也是非对象化的存在，从而远离断、常二边。在佛教看来，断与常、一与异等边执实是意识之对象化思执的结果，而"不二"则是在遣除虚妄分别之后所要敞明的真心实相，"不二"绝非某种蒙昧不明的一体混沌或是诡辩式的文字戏论，而是远离断常、一异等二边险地的中道，行此中道才能到达安隐涅槃。不二真心在《坛经》中常表达为"自性"，即真心是自心本性，有别于妄心是客尘而可被对治。但真心亦非在众生妄心之外而与之并列存在，而是于自心遣除妄执的当下即是真心，六祖所谓"于相而离相"、"于念而无念"。如迷绳为蛇，绳非在蛇觉之外，而是如实知见蛇觉了不可得，当下即见绳矣。与其说真妄相对，倒不如说对虚假的如实认知就是真实。正因为无相是"于相而离相"，禅宗认为不应该舍弃当前的生活境遇而另求解脱，出世就在于世而不染着的当下现身。

需要注意的是，六祖强调的"自性"绝非中观学中所要破除的"自性"，中观学中的"自性"指遍计所执性，是一种妄执，只有在破除妄心的基础上，真心才能被开显，故而同是"自性"，其所意指的内涵却有可能完全相反。

此外，书中大量使用了"实体"一词，但需要注意的是，这并非指西方哲学意义上的实体概念，而是相当于中观学中的"自性"或是佛典中要破除的实我、实法。西方哲学中的"实体"一词在不同的理论体系中有着意义上的巨大差异，并非简单与中观学中的"自性"相对应，而更重要的是，如果仅将自性空解释为对西方哲学中实体的否定，那么会大大遮盖了佛学中性空思想的精微之处。但并不是说佛教经论中就没有"实体"一词，事实上，佛教经典中也大量使用了这一名词，主要可以分为三种意思。一是指中观学中要破除的"自性"，此是依遍计所执性而施设，如《入楞伽经》卷四云："是故我说一切诸法如幻如梦无有实体"；二是指一切法的真实体性或佛的法身，是依圆成实性而施设，如八十卷本《华严经》卷十六曰："能知此实体，寂灭真如相，则见正觉尊，超出语言道"；三是为区分聚集假、分位假等假法而言依他起法有实自体，是依依他起性而施设，多出现在法相唯识学的经典中。"实体"含义的丰富性倒和汉语佛教经典中的"性"字有着相似之处。有趣的是，上述三种意义上的"实体"有时竟会出现在同一经典之中，表现最为明显的便是《成唯识论述记》，由此可见汉语佛教在运用名词时非常灵活，总是遵循

"以义定名"而非"据名求义"的原则。因此，我们将自性空解释为无实体，倒也未尝不可，更何况"无实体"在某种程度上更加有利于今人对"无某物自身决定性、独立性"的理解，而"自性"一词却有可能相滥于中国佛教特别强调的"自性清净心"。

接触和学习佛教思想至今已有十年之久，但真正开始专业化的学习佛教，则是在读研之后。这五六年间，在研读《俱舍论》《摄大乘论》《成唯识论》《坛经》《金刚经》等的基础上，泛读了小乘、中观、唯识、如来藏学总一千六百多卷的佛教经论，又读了不少近代、当代学者的研究著作与文章，但依然时常感到佛教思想非常浩瀚精微，仍需要不断努力，才能在佛教研究上登堂入室。

本书虽已完成，但在出版校阅过程中，仍感到有诸多不足之处，有待于以后继续研究加以改进。最后，希望本书一得之见能够为大家理解和研究《坛经》提供微小的帮助。

是为序。

刘　飞

2022年7月于珞珈山下

目 录

绪 论 …………………………………………………………… (1)
    第一节 研究的缘起及前提 ………………………………… (1)
    第二节 《坛经》的版本问题述略 ………………………… (7)
    第三节 研究现状述略 ……………………………………… (10)
    第四节 宗门与教下 ………………………………………… (15)
    第五节 《坛经》与唯识学 ………………………………… (20)

第一章 顿与渐不二 …………………………………………… (26)
    第一节 《坛经》中所谈到的顿悟与渐修 ………………… (26)
    第二节 根本智的顿悟 ……………………………………… (29)
    第三节 加行智与后得智的渐修 …………………………… (34)
    第四节 顿悟的特殊情况及其他 …………………………… (45)
    小 结 ………………………………………………………… (51)

第二章 不落阶级与阶级次第不二 …………………………… (55)
    第一节 《坛经》中的一悟至佛地与阶级次第 …………… (55)
    第二节 见性成佛是成就一分法身佛 ……………………… (57)
    第三节 差别与无差别不二 ………………………………… (62)
    小 结 ………………………………………………………… (72)

第三章 修与无修不二 ………………………………………… (74)
    第一节 《坛经》中谈到的修与无修 ……………………… (74)
    第二节 著相修行 …………………………………………… (78)

第三节　无相修行 …… (91)
　　第四节　《坛经》中无相修行的表现 …… (104)
　　第五节　起修皆妄动与守住匪真精 …… (123)
　　小　结 …… (127)

第四章　佛性的非断非常与可增可断不二 …… (131)
　　第一节　《坛经》中所谈到的佛性 …… (131)
　　第二节　理佛性与行佛性略述 …… (133)
　　第三节　《坛经》中的自性与佛性 …… (139)
　　第四节　佛性的不增不减与可增可断 …… (143)
　　第五节　《坛经》中的理、行佛性不二 …… (148)
　　小　结 …… (159)

第五章　自性净土与西方净土不二 …… (164)
　　第一节　《坛经》与净土宗经典的表面文字冲突 …… (164)
　　第二节　自性净土与西方净土的内涵 …… (170)
　　第三节　自性净土与西方净土不矛盾 …… (179)
　　第四节　《坛经》与净土宗经典不矛盾 …… (195)
　　小　结 …… (204)

第六章　体用不二 …… (206)
　　第一节　相上的体用不二 …… (206)
　　第二节　性、相的体用不二 …… (218)
　　第三节　对"真如"及《坛经》中"自性"的思考 …… (226)
　　小　结 …… (240)

主要参考文献 …… (243)

后　记 …… (248)

绪　　论

第一节　研究的缘起及前提

一　研究的缘起

禅宗是佛教中国化的产物，对唐宋以后中国人的思想有着重大影响。《六祖坛经》是禅宗最重要的一部经典，是佛教中国化的标志性著作，同时也是中国人撰述的唯一一部以"经"命名的佛典，其展现出的精彩思想不亚于中外历史上任何一位哲人的思想。

但是我们在学习《坛经》的时候，却发现六祖惠能在《坛经》中经常有前后表述不一样的地方。不仅现在的学者有这样的疑问，早在明代的时候，瞿汝稷（幻寄道人）在《指月录》中说及六祖大师时提到：

幻寄曰：祖师教人"除人我"，"去邪心"，与秀师"时时勤拂拭"，是同是别？若道是别，别在甚处？若道是同，秀师何以不契黄梅？若道此是第二头语，祖师又云，"依偈修行，直成佛道"，不为第二头语也。于此彻证，始有参学分。不然，特是念言语汉。祖师虽日在前，末如之何。

又，"当用大智慧，打破五蕴烦恼尘劳"，祖语也。"无念、无忆、无着"，祖训也。而对薛简，则斥"以智慧照破烦恼"；对卧轮，则云"不断百思想"。法道何不侔也！

是以"唤作竹篦则触，不唤作竹篦则背"；"不得有言，不得无言"；须弥山、干矢橛、青州布衫、庐陵米价，皆使参学者入《坛经》之妙筏。必契此而后，可云能读《坛经》也。今人读此者，率谓明白简易,无疑于心。而于诸方风驰电转之机,则又茫若是,未梦见《坛经》者也。果能契于《坛经》,彼风驰电转者,直家常茶饭耳,何复疑哉!①

六祖惠能在《坛经》中也提到"除人我""去邪心"等修行方法,并不是说一切皆空而不用修行,那么这与神秀的"时时勤拂拭"有什么不同呢?如果是相同,五祖为何不把衣钵传给神秀禅师?如果不同,又不同在什么地方?六祖在《坛经·般若第二》中强调要用智慧打破烦恼,但同时也说"无念、无忆、无着"②,在《机缘第七》中则针对卧轮之偈而说"不断百思想",在《宣诏第九》中则斥薛简曰:"若以智慧照破烦恼者,此是二乘见解。"那么,悟道成佛到底是修还是不修呢?《坛经》在语言文字上简易直接、朴实无华,似乎人人可以读懂,但是细心品味,却发现里面的问题还真不少。瞿汝稷先生认为如果这些问题不弄懂的话,就只是个"念言语汉",不能入门。实际上,这些看似矛盾之处,也正是理解《坛经》的关键所在,可以作为我们打开《坛经》思想宝库的钥匙。瞿汝稷认为,在我们读不懂《坛经》的时候,也不妨参一参"竹篦子""有言无言""须弥山""干矢橛""青州布衫""庐陵米价"这几则公案,把这些公案背后所展现出来的深刻思想与智慧弄懂了,也许对于《坛经》中的疑问就能涣然冰释,对于禅宗语录也必能一通百通。

在我们的印象中,六祖惠能所传禅法为顿悟禅法,而北宗神秀的禅法则是渐修法门。但是仔细阅读《坛经》,就会发现六祖也教人"广学多闻""达诸佛理""和光接物",这不就是渐修吗?渐修又是否与《坛经》所强调的"顿见真如本性"相矛盾呢?在《坛经·机缘第七》中行思禅师说"圣谛尚不为,何阶级之有",六祖也多次强调"一悟即至佛地"。但是六祖本人却有两次开悟经历,一次是听客诵《金刚经》而开悟,一次是五祖半夜给其讲解《金刚经》而开悟。从所悟境界来看,后面这一次明显比前面要深。那么,六祖何以没有一悟至佛地而不落阶级次第呢?

---

① (明)瞿汝稷编撰:《指月录》(上),巴蜀书社2012年版,第115页。
② 本书若未特殊注明,所引用的《坛经》都是宗宝本《六祖大师法宝坛经》。行文中若注明《坛经》品目,则不再标注具体页码。

《坛经》中也屡次谈到佛性，如惠能初见五祖即认为，"人虽有南北，佛性本无南北"。后来在广州法性寺惠能说及《涅槃经》而言"佛性非常非无常，是故不断"，"佛性非善非不善，是名不二"，又说"无二之性即是佛性"。可见佛性本身远离种种差别和二元对立，是不二之性。但在《坛经·般若第二》却说如果有人诽谤禅宗顿教法门，就会"百劫千生，断佛种性"；在《坛经·付嘱第十》也说"汝等佛性，譬诸种子，遇兹沾洽，悉得发生"。可见佛性又是可断可增的、有差别的。在《坛经·顿渐第八》中惠能大师给张行昌讲《涅槃经》则更是明言"无常者，即佛性也"。这岂不是与六祖第一次在广州法性寺所讲之佛性相矛盾吗？凡此种种，细心读起来，《坛经》前后表面文字矛盾的地方非常之多。

但《坛经》作为流传百千年的禅宗经典，其所蕴含的智慧必定是非常深刻的。《坛经》本身也多次谈到佛法是不二之法，学界亦常以定慧不二、佛性不二、世间与出世间不二等角度解读《坛经》，可见其表面文字的背后必定有圆融无碍的不二思想。为了解答这些表面文字上的冲突，为了探索文字背后的不二思想，我们开始了对《坛经》的研究，促使了本书的写成。

二 研究的前提

我们认为《坛经》是一部思想深刻的经典，是六祖大师智慧活泼运用的体现，表面语言文字的矛盾，并不代表其背后所蕴含的思想是矛盾的。因此我们在对《坛经》进行学术研究时，一方面要重视文献，以文本为依据；另一方面也不能过分执着文字，而应透过文字探索其中的本质思想。近代太虚大师在《答起信论唯识释质疑》一文中曾提出研究佛教经典不应执名求义而应观义以释名，我们在研究《坛经》时也会借鉴这种原则。

首先，在研究《坛经》时不能执名求义。同一个名词在不同的佛教经典中往往会有不同的意思，而不同的名词在不同的经典中，以及在同一经典的不同语境中，有时却可以表示相同的意思。这其实涉及名、实相不相符的问题。这个问题早在古印度无著菩萨所作的《摄大乘论》中就有所论述。在玄奘译的《摄大乘论本·所知相分》（下简称《摄论》）中有一个"名不称体难"："云何得知如依他起自性，遍计所执自性显现而非称体？由名前觉无，称体相违故；由名有众多，多体相违故；由名不决定，杂体相违故。"① 也即如何知道遍计所执性与依他起性并非相应相符？名词概念本来是用来指称依他起性的有为法，而众生以名词概念为工具对依他起性进行分别时，则增益成了遍计所执性。其中的关键就在于众生在以名词概念指称物体时，加入了意识的遍计。因此我们在以名词概念为工具来指称某物时，会认为该名就是指某物而非他物，认为名词所对应的背后有一实在的事物。但《摄论》认为有三个理由可以证明这种"名实相符"的观点是错误的。

其一，"名前觉无，称体相违故"。在意识安立名词概念之前，并没有以某物为某物而非他物的认识，由此可知，依他起的自体与遍计执的虚妄相，并非相符。其二，"由名有众多，多体相违故"。如果以名词概念来产生对诸法的认识，那么同一法会有众多的名词概念，但这一法并不会因为有众多的名词就有多个自体。《瑜伽师地论·真实义品》亦说："若于诸法诸事随起言说即于彼法彼事有自性者，如是一法一事应有众多自性。何以故？以于一法一事制立众多假说而诠表故。"② 如果说每个名词都对应一个事物自身，那么每一个事物就会有多个自体，因为每一个事物同时会有多个名称指代它。但事实上，并非如此。举个很简单的例子，比如某个人，他可以被孩子称为爸爸，被父母呼为儿子，还可能是单位的某部长，他还有自己的姓名、小名、笔名等，但他却不会因为有这么多的名称而变成多个人。又如在佛教思想体系中异生有学位的第八识亦有多个名称，偏我爱执藏义名阿赖耶识；侧重于能引生死善不善异熟果，则名异熟识；偏执受义，则名阿陀那识；侧重于种子集积义，则名心；从能与染净诸法为依止的角度，可称为所知依；而《坛经》有些地方便以"自性"一词指代第八识。这是一实多名的情况。因此，名词并非与事物一一对应。其三，"由名不决定，杂体相违故"。同一个名词也会有多种内涵，指称多个事物，每个事物都有其自体，但却共享一个

---

① 《摄大乘论本》卷二，《大正新修大藏经》第31册，台湾新文丰出版公司1992年版，第140页上。以下简称《大正藏》，本书所引《大正藏》不作特殊说明，皆出自此版本，下不再标注。

② 《瑜伽师地论》卷三十六，《大正藏》第30册，第448页上。

名词，在同一个名词之内的众多事物，可谓其体杂乱，造成同一名词与众多事物之间的不相符。比如"风"这个名词，可以指某人之风格、某地之民风、自然界之风，甚至还可指时代之风潮，但并没有因为有多个实体而有多个名称与之相对。又如佛教中"自性"一词可指某法之自体（属依他起性），又可指遍计所执性，《坛经》则以"自性"指代自性清净心。这是一名多实的情况。所以，名词与其所指代的事物并非一一对应的关系。

实际上，我们用某名词表示某物而非他物，是在特定风俗背景下长时间约定俗成的结果，《瑜伽师地论》所谓"世间极成真实"。但并不意味着这种约定俗成是放之四海而皆准的，更不意味着名可称体。比如在我国点头表示同意，摇头表示拒绝，但在保加利亚等国家却是点头表示拒绝，摇头表示同意，虽是同一个动作语言却有着完全相反的意思。虽然学术界为了研究的严谨性和使用名词的方便性，会严格限定专业名词所指示的意思，但语言文字的运用实则是千变万化的，尤其是《坛经》中六祖在运用语言文字对其弟子进行随方解缚时，更是活泼无比。因此，我们在研究《坛经》时，不可执名求义。

除了"名不称体"之外，《摄论》还讲述了佛陀说法的"四种意趣"和"四种秘密"。《摄论》说：

> 四意趣者，一、平等意趣，谓如说言"我昔曾于彼时彼分，即名胜观正等觉者"。二、别时意趣，谓如说言"若诵多宝如来名者，便于无上正等菩提已得决定"；又如说言"由唯发愿，便得往生极乐世界"。三、别义意趣，谓如说言"若已逢事尔所殑伽河沙等佛，于大乘法方能解义"。四、补特伽罗意乐意趣，谓如为一补特伽罗先赞布施后还毁訾，如于布施，如是尸罗及一分修当知亦尔。如是名为四种意趣。[①]

"平等意趣"指两种法有相似之处，以相似说为平等。"胜观正等觉"指过去七佛之一的毗婆尸佛。如经中从诸佛的智慧、慈悲等法身功德一致

[①] 《摄大乘论本》卷二，《大正藏》第31册，第141页上。

的角度方便说释迦牟尼佛是过去的毗婆尸佛，便是所谓的"平等意趣"。"别时意趣"指现在做的微小之事可以增长导致未来极大的果报，从而方便说只要有此因便已得彼果，这其实是佛陀为了引导懈怠众生精进修行。如佛经中说只要诵佛名就决定得无上菩提，又说只要发愿就能往生西方净土。但实际上，从自力的角度看，诵读佛名和发愿分别只是证得无上菩提和往生西方净土的一个远因。当然了，这里说的和净土宗所侧重的他力加持往生是不同的，但两者并不矛盾。"别义意趣"指一词多义的情况下，取的是不同平常的意思。如经中说"若已逢事尔所殑伽河沙等佛，于大乘法方能解义"，这个"解义"便不是平常所说的信解、理解佛法道理，而是从证得真如法性的角度说的"证解"。"补特伽罗意乐意趣"指根据众生的意欲和胜解的需要，所说的引导众生修行的言教。如对于贪吝的众生，佛说布施之法，当众生放下贪吝之后又执着于布施，佛又会贬斥布施而赞叹持戒等其他法门，对于持戒、忍辱等其他法门也是这样。此外，还有"四种秘密"。其实质上，都是佛陀为了针对不同众生的特点而做出的因材施教。

　　因为"名不称体"和佛经中的"四种意趣""四种秘密"，我们认为在研究佛教经典的时候，不能"执名求义"，也即不能把名词概念执死。不能认为某一个名词概念就只能表达某个特定的意思，而不能表示其他意思；不能因为佛陀对于同一个事物，在不同的地方有不同的表述或者不同的态度，就认为这是自相矛盾。对于《坛经》，更是如此。六祖惠能并不识字，其本身并非一个严谨的学问家，六祖只是一个禅风活泼的大禅师，所说之语言文字只是为了随方解缚而已。所以，六祖在运用语言文字的时候，往往不拘一格，面对根机不同的人，常有不同的说法，这是一件很正常的事情。所以我们在做学术研究时，至少是要对"执名求义"这种方法持警惕态度的，因为"执名求义"本身就有着很大的局限性。

　　当然，我们在做学术研究时并非不要文献，文献是我们做研究的材料依据，没有文献，那么巧妇难为无米之炊。只是我们在对待文献时，尤其是在对禅宗文献进行解读时，最重要的是要细心体会禅宗文献中活泼的智慧，而不是执着其中的字句。禅宗所谓不执文字，不离文字。因此，我们研究《坛经》的正确原则应该是"观义释名"。也即在不脱离

《坛经》文献的基础上,应根据《坛经》上下文的语境及其总体思想,来解释其中的名词概念。比如《坛经》中的"不二思想"是贯穿整个《坛经》的根本宗旨,在研究《坛经》时,就应当以"不二思想"来"观义释名"。

综上所述,我们认为《坛经》中语言文字的"矛盾",并不是表面看起来那么简单,其背后一定有着更深层次的含义,而在这深层次的意蕴之中,其根本思想一定是圆融无碍的不二思想。因此,我们在研究《坛经》时,不能"执名求义",而要"观义释名"。本书写作的目的,即是想透过表面文字的矛盾,尝试着揭示《坛经》中深层次意蕴,探索《坛经》中的真精神。这样的尝试,或许有利于我们更好地去理解《坛经》,更好地去吸取《坛经》的智慧。

第二节 《坛经》的版本问题述略

学界曾对《坛经》的版本问题进行了长时间的讨论,本书不再过多论述,只略述学界的一些研究成果和笔者的看法。《坛经》是六祖门人对六祖大师讲说佛法的记录。惠能大师自五祖处悟道之后,给僧俗弟子说法无数,不同的弟子所记忆的听法内容,自然会有出入。唐代印刷术亦不够发达,书籍往往以手抄、口传的方式流行,这其中难免有抄错、抄漏、记错、记漏的,而且不同弟子往往也会根据自己的理解,而对《坛经》的内容有所补充、增加。那么,在不断的传抄和补充的过程中,历史上便出现了不同的《坛经》版本。早在唐代时期的南阳慧忠禅师就曾经感慨:"聚却三五百众,目视云汉,云是南方宗旨。他把《坛经》改换,添糅鄙谭,削除圣意,惑乱后徒,岂成言教?苦哉!吾宗丧矣!"[①]南阳慧忠禅师只比六祖大师晚去世六十二年,但当时却已经出现了南方僧人窜改《坛经》的现象。从现有的资料来看,最早的敦煌本《坛经》应该是在惠能去世之后七十年左右成书,可见敦煌本亦并非原本《坛经》了。关于《坛经》的版本,杨曾文在《〈六祖坛经〉诸本的演变和惠能

---

① (宋)道原:《景德传灯录》卷二十八,《大正藏》第51册,第438页上。

的禅法思想》一文中列出了近三十种《坛经》的版本①，可谓最全。现在学界公认为最主要的版本有四种：敦煌本、惠昕本、契嵩本、宗宝本。现在学界点校、注释、研究《坛经》，主要依据敦煌本和宗宝本。

敦煌本是近代在敦煌石室中发现的写本，成书于唐代，现藏于英国伦敦博物馆中，为弟子法海集，题为《南宗顿教最上大乘摩诃般若波罗蜜经六祖惠能大师于韶州大梵寺施法坛经》，收在《大正藏》第四十八册中。敦煌本刚被发现的时候，掀起了一股研究的热潮。如早年间胡适带着要在佛教历史中"捉妖""打鬼"的目的，依据敦煌本认为宗宝本增加了太多私货，而意欲彻底否定契嵩、宗宝等版本，甚至认为《坛经》的作者乃神会而非六祖惠能。对于胡适的这种观点，钱穆的《神会与坛经》、印顺法师的《神会与坛经——评胡适禅宗史的一个重要问题》等都对此进行了有力的反驳。郭朋依据敦煌本，在1981年和1983年先后出版了《坛经对勘》《坛经校释》，对其他本子亦恣意贬斥。日本的宇井伯寿在《禅宗史研究·坛经考》中也认为，敦煌本《坛经》是最古的本子，其他版本都是以敦煌本为基础的。② 但也有学者提出不同意见，如日本的柳田圣山在《初期禅宗史书的研究》中就指出敦煌本之前还有一个古本《坛经》，然后才发展到敦煌本。印顺法师在《中国禅宗史》亦说："敦煌本《坛经》为现存各本中最古的，然至少已经过'南方宗旨'、'坛经传宗'的改补。"③ 哈磊在《古本〈坛经〉存在的文献依据》一文中也指出：敦煌本的原本或古本《坛经》是存在的，从唐代碑传及唐代禅宗史书都可以得到证明，而且至少从六祖活动的地域和《坛经》的传承宗旨两个方面，敦煌本都存在漏洞和缺陷。④ 洪修平教授在《关于〈坛经〉的若干问题研究》一文中通过分析亦认为："敦煌本是现存最古的本子，但不一定是历史上存在过的最早的本子。综合各种资料看，在敦煌本之前似还应该有更古的《坛经》本子。"⑤ 因此，现在学界基本上向一个共识靠拢：敦煌本并非最古的本子，在敦煌本之前，至少还有一个古本

---

① 杨曾文：《〈六祖坛经〉诸本的演变和惠能的禅法思想》，《中国文化》1992年第1期。
② 郭朋：《坛经校释·序言》，中华书局1983年版，第16页。
③ 释印顺：《中国禅宗史》，广陵书社2008年版，第172页。
④ 哈磊：《古本〈坛经〉存在的文献依据》，《社会科学研究》2011年第5期。
⑤ 洪修平：《关于〈坛经〉的若干问题研究》，《世界宗教研究》1999年第2期。

《坛经》。此外，从敦煌本的内容看，多有错漏、混杂之处，上下文之间也不太连贯，这应该是在不断传抄过程中导致的。因此，敦煌本的发现，对我们研究《坛经》当然是有价值的材料，但是如果把敦煌本的价值抬得过高，甚至以敦煌本来否定其他版本的价值，那就有失公允了。

宗宝本是元代宗宝法师于 1291 年所改编，题为《六祖大师法宝坛经》，亦收在《大正藏》第四十八册。宗宝本有两万多字，在字数上都多于其他三个版本。可以肯定的是，宗宝本是《坛经》在演变流传的过程中不断增补完善而形成的，自然不是最古的《坛经》，其出现也晚于敦煌本。宗宝本末尾有宗宝所撰跋语曰："续见三本不同，互有得失，其板亦已漫灭，因取其本校雠，讹者正之，略者详之，复增入弟子请益机缘，庶几学者得尽曹溪之旨。"① 可见"弟子请益机缘"的内容是宗宝自己加的。宗宝本至明代入《南藏》之后则成为定本而广为流传，其他本子便大多逐渐消失了。那么，宗宝本所增加的内容是否是可靠的呢？是否会改变惠能本人的思想呢？哈磊在《宗宝本的材料来源和价值》一文中，将宗宝本中增加内容的出处作了考察，发现增加的材料多数来自禅宗的灯录，而有些则确定来自古本《坛经》，也即"宗宝本增加的部分，大部分还是可靠的，有价值的"②。哈磊此文考证扎实，其结论应该是可信的。

实际上，我们认为宗宝本所增加的内容不仅没有改变《坛经》的核心思想，而且还在侧面使得六祖大师的思想更加明了和活泼。禅宗本就侧重顿悟而不重语言文字，文字如指月之指，如果我们过分执着文字，认为宗宝本改动过多便舍弃之，则执指失月，既已失月，则复亡其指。既然宗宝本所增之内容，是有材料来源的，是可靠的，而且能与原内容相得益彰，符合六祖思想，那就等同于六祖亲自说法。而且，现存的其他本子也都不是最古的原本，都是改补过的，那么严格说起来无论将哪个本子作为研究对象，研究的都不是原来的《坛经》。

经过一番考虑，我们认为宗宝本文字畅美，流行范围大，而其内容又是可靠的。因此，本书的撰写，便选取宗宝本为主要研究对象，同时

---

① （元）宗宝：《六祖大师法宝坛经·跋》，《大正藏》第 48 册，第 364 页下。
② 哈磊：《宗宝本的材料来源和价值》，载《禅和之声——广东省"六祖文化"节（2009）学术研讨会论文集》，宗教文化出版社 2010 年版，第 438 页。

辅以敦煌本。

第三节　研究现状述略

　　因禅宗主张直指人心，不立文字，所以历史上对《坛经》的注解很少。古代文献中只有一些零星的关于六祖生平的记载，比如有唐代法性寺的《瘗发塔记》，神会的《南阳和尚问答杂征义·第六代唐朝能禅师》，王维的《六祖能禅师碑铭》《历代法宝记》《曹溪大师别传》，柳宗元的《赐谥大鉴禅师碑》，刘禹锡的《大鉴禅师碑》，宗密的《圆觉经大疏释义钞》《祖堂集》《宋高僧传》《景德传灯录》《五灯会元》等。此外，还有不少禅宗祖师的语录对《坛经》思想有所评论，都是值得参考的材料。

　　中国步入近代之后，西方的思维和研究方法开始传入，同时在敦煌及境外也发现了许多禅宗的其他文献，学术界开始重新审视《坛经》，掀起了研究《坛经》的热潮。白光和洪修平在《大陆地区惠能与〈坛经〉研究述评》中将《坛经》研究分为民国时期、新中国成立至"文革"时期、"文革"至改革开放前、改革开放至20世纪90年代初以及90年代至今五个时期，并做了表格统计。[①]从表格中我们可以看出，新中国成立以前，就有相当多的关于《坛经》的研究，"文革"期间研究中断，直至改革开放后才又兴盛起来，90年代以后，学界对《坛经》的研究呈现爆炸式增长的模式，《坛经》研究越来越热门。2015年广东人民出版社出版的《六祖慧能与〈坛经〉论著目录集成》中汇集了1912年至2013年12月的中外研究著述，包括中国大陆及日本、韩国、欧美、中国香港、中国台湾等国家和地区，总共4572笔资料条目，内容涉及版本研究、历史文献、法脉传承、哲学思想以及文化艺术五类。由此可见，海内外对惠能以及《坛经》的研究成果是非常丰富的。2013年以后，《坛经》和惠能思想的研究依然很热门，著作、期刊论文以及硕博论文也是层出不穷，但研究内容基本上不出上述五类。

　　在《坛经》的哲学思想研究层次上，有影响力有代表性的著作主要

[①] 白光、洪修平：《大陆地区慧能与〈坛经〉研究述评》，《河北学刊》2016年第2期。

有：郭朋的《坛经校释》（中华书局1983年版），此书对于介绍敦煌本《坛经》发挥了很大作用，但因出版于"文革"后不久，存在着众多的失误和不足，如其将般若空性和涅槃佛性思想相对立，将真如缘起和性空缘起相对立，这多与现在的学术研究成果不符。丁福保笺注的《六祖大师法宝坛经》（上海古籍出版社2011年版），此书由陈兵导读，哈磊整理，对《坛经》进行了较为全面的校对，并引用了大量唐代以来的禅门祖师的语录对《坛经》进行解读，释义准确，有助于学术界的研究。赖永海主编、尚荣译注的《坛经译注》（中华书局2010年版），是"佛教十三经"系列之一，排版较好，有译有注，简洁明了，是当今较为受欢迎的译注之一，但是有些注释显得过于简单，不够深入。丁小平注译的《〈坛经〉·〈心经〉·〈金刚经〉》（岳麓书社2018年版）利用佛教义理精准地解释了《坛经》中的重要词句，尤其其中的导读部分深入挖掘了《坛经》的思想，在解释的过程中也部分采用了唯识学相关义理，是一部很优秀的作品。洪修平、孙亦平的《惠能评传》（南京大学出版社1998年版），比较深入地分析了惠能的思想，认为惠能会通了般若实相和涅槃佛性，惠能所言的自心是佛性与般若相结合的产物，书中不乏对惠能思想的真知灼见。此外，在《坛经》的译注上，还有洪修平、白光注评的《坛经》（凤凰出版社2010年版）、魏道儒的《坛经译注》（中华书局2010年版）、徐文明的《六祖坛经注》（巴蜀书社2000年版）、王月清注评的《坛经》（江苏古籍出版社2002年版）、释惟护的《坛经注解》（上、下）（上海社会科学院出版社2017年版）、齐云鹿的《坛经大义》（宗教文化出版社2014年版）等。

在般若思想和涅槃佛性或如来藏思想的关系上，早年有郭朋认为这两种思想是完全对立的[①]，学术界曾流行一时。随着学界对《坛经》研究的深入，学者们对这两种思想之关系的看法也发生了改变。洪修平、孙亦平认为，空有两种思想虽有较大差异，但这种差别是在学理上和方法上的，并不导致佛教解脱精神上的根本对立。[②]净慧在《试论惠能思想的特色》中认为，惠能将《般若》等经的真空和《涅槃》等经的妙有熔于

[①] 郭朋：《坛经校释·序言》，中华书局1983年版，第6页。
[②] 洪修平、孙亦平：《惠能评传》，南京大学出版社1998年版，第228页。

一炉，以架构自己的体现。① 李富华的《惠能和他的佛教思想》所持观点和净慧的基本一致，也是认为惠能吸收般若空宗和佛性思想，加以改造之后形成了自己的思想。② 台湾的圣严法师在《〈六祖坛经〉的思想》中认为《坛经》是用般若的方法来破除烦恼，从而开显如来藏，也即明心见性。③ 王冬的《〈坛经〉的般若中道思想及其禅法特色》则认为般若与佛性是体用一如。④ 李非、黄春忠的《〈坛经〉探释：从心性本体到心行实践》则以诠释学的角度论述了"不二"是自性真如本体与般若性空智慧的绝妙融合。⑤ 湛如⑥和圣凯在探索禅宗的无相戒问题的时候，亦认为在《坛经》中，般若思想和涅槃佛性思想是一致的。学术界持这种观点的除上述这些学者外，还有很多，在此不一一陈述。由此，我们基本上可以肯定，般若思想和佛性思想不仅在解脱义趣上没有对立，而且在学理上也是可以圆融的，这基本上也成为现在学术界一个共识了。

在《坛经》的不二思想的研究上，学术界成果也非常丰富。比较具有代表性的有：美国傅伟勋的《〈坛经〉惠能顿悟禅教深层义蕴试探》⑦，作者独具慧眼，从"实谓""意谓""当谓""必谓"等层次，对《坛经》的深层义蕴进行了探讨，作者认为，惠能依不二法门为禅理根基，站在最胜义谛立场破除有常与无常、坐与禅、顿与渐、出世与入世、在家与出家、定与慧、佛性与众生、大乘与小乘、彼岸与此岸、前念与后念、善与恶、正与邪、涅槃与生死、菩提与烦恼等诸般二法之分别与对立，不二法门自始至终地贯穿于《坛经》的其他法门，既是基点又是顶

---

① 净慧：《试论惠能思想的特色》，载《六祖坛经研究》（二），中国大百科全书出版社2003年版，第1—7页。

② 李富华：《惠能和他的佛教思想》，载《六祖坛经研究》（二），中国大百科全书出版社2003年版，第8—34页。

③ 释圣严：《〈六祖坛经〉的思想》，载《六祖坛经研究》（二），中国大百科全书出版社2003年版，第35—52页。

④ 王冬：《〈坛经〉的般若中道思想及其禅法特色》，《中华文化论坛》2014年第1期。

⑤ 李非、黄春忠：《〈坛经〉探释：从心性本体到心行实践——基于"不二"的双重释义》，《中山大学学报》（社会科学版）2015年第5期。

⑥ 湛如：《简论〈六祖坛经〉的无相忏悔》，载《六祖坛经研究》（三），中国大百科全书出版社2003年版，第354—382页。

⑦ 傅伟勋：《〈坛经〉惠能顿悟禅教深层义蕴试探》，载《六祖坛经研究》（二），中国大百科全书出版社2003年版，第423—447页。

点。此文条理清晰,既理出了《坛经》的内在线索,又反映了《坛经》的真精神,是不可多得的好文章。赖永海主编的《中国佛教通史》(第七卷)将《坛经》里的不二思想概括为:众生与佛的不二、在家与出家的不二、入世与出世的不二、烦恼与菩提的不二、生死与涅槃的不二、自性与净土的不二等。[①] 法缘的《〈坛经〉中的不二思想及其在惠能禅法中的意义》,认为佛性不二、生佛不二、定慧不二,佛性思想是超言绝相,故而"佛性常清净"与"本来无一物"没有差别。但作者认为惠能的佛性是将个体内在的本性与外在的宇宙实体合二为一。[②] 这种观点有待商榷。潘蒙孩的博士论文《〈坛经〉禅学新探》[③]在第三章认为功德与自心不二、定慧不二、顿渐不二、西方净土与自净心不二,但作者认为心身外不存在西方极乐世界,并否定了渐修渐悟,这一点是否符合惠能的思想,还有待商榷。伍先林的《试论慧能〈坛经〉的不二精神》[④]亦从本体的不二、方法的不二、境界的不二三个方面探讨了不二思想。丁小平则在《〈坛经〉中的定慧关系》[⑤]《〈坛经〉中的净土思想》[⑥]中分别探讨了惠能的定慧不二和自性净土与西方净土不二的思想,文章观点鲜明,分析透彻,澄清了世人对"空性""无念""自性净土"等的误解。从这些研究成果来看,不二思想应该是《坛经》的根本思想。因此,本书的写作亦采取"不二思想"作为基调来解决《坛经》中的表面文字的矛盾。

一部《坛经》其实只是随方解缚而已,其终极义趣还是在"解脱"二字上。在《坛经》的修行问题上,洪修平、孙亦平在《惠能评传》[⑦]"惠能的修行观"一章中从识心见性、顿悟成佛、出没即离两边、农禅并作四个方面考察了惠能的修行观,认为惠能站在明心见性的高度从而开出无念、自性净土、顿悟等修行法门,而修行观之关键即是破除执着。

---

① 赖永海主编:《中国佛教通史》,江苏人民出版社2010年版,第219—224页。
② 法缘:《〈坛经〉中的不二思想及其在惠能禅法中的意义》,载《六祖坛经研究》(三),中国大百科全书出版社2003年版,第256—283页。
③ 潘蒙孩:《〈坛经〉禅学新探》,博士学位论文,中国社会科学院研究生院,2010年。
④ 伍先林:《试论慧能〈坛经〉的不二精神》,《佛学研究》2010年第00期。
⑤ 丁小平:《〈坛经〉中的定慧关系》,《佛教文化研究》2021年第1期。
⑥ 丁小平:《〈坛经〉中的净土思想》,《社会科学研究》2012年第2期。
⑦ 洪修平、孙亦平:《惠能评传》第八章,南京大学出版社1998年版,第292—334页。

杨曾文先生则认为，惠能的修行法门主要是"无念"，其坐禅以及"一行三昧"都是建立在"无念"之上，而其表现即是顿悟，顿悟是一种不二法门。① 冯焕珍在《说"无念为宗"》② 中认为，惠能的修行方法是建立在自性（无念）之上，可称为顿门，是无相法，无念并不是没有念头的昏沉状态，而是不住于任何一念，基于无念从而开显出无相忏悔、定慧不二、西方净土与自性净土不二等具体修持方法，并认为顿悟法门之正机是上上智人。此文分析透彻，观点基本上与杨曾文先生的一致。学界大致认为惠能是站在明心见性的高度，以无念为宗，并用无念的方法含摄顿渐、坐禅、净土等具体法门。

从上面的叙述可知，学界对《坛经》的研究成果是非常之多的，这一方面可以帮助我们更好地理解和学习《坛经》，另一方面也使得我们想更近一步去研究《坛经》，有了一定的难度。但通过对学界研究成果的分梳，我们发现学界很少涉及佛性增减与不增不减、修行成佛与修行不可成佛等问题。相较于学界已有的研究成果，本书创新之处有二：一是角度选取之巧妙。学界对《坛经》不二思想之研究大多直接从佛性不二、定慧不二、世间与出世间不二等入手，属平铺直叙。但本书则选取《坛经》中前后表面文字的矛盾之处，以此入手，从而阐述《坛经》所蕴含的不二中道思想。所谓文似看山不喜平，以文字冲突入手进行阐释，一则可以吸引读者阅读之兴趣，二则可以从矛盾解除中带来涣然冰释之感，从而使读者更好地、更深地了解不二思想。二是解读方法之巧妙。本书除了以《坛经》及禅宗本身思想来解《坛经》，还在一定程度上采用了唯识学的相关思想和术语来对《坛经》进行解读。唯识侧重唯识法相之安立，以唯识解《坛经》，一则可以将《坛经》中清通简要的文字背后之深意细细挖掘出来，二则亦可体现出《坛经》与唯识在本质思想上并不冲突。可谓一举两得。

---

① 杨曾文：《论惠能的识心见性思想》，载《六祖坛经研究》（二），中国大百科全书出版社2003年版，第297—311页。

② 冯焕珍：《说"无念为宗"》，载《六祖坛经研究》（三），中国大百科全书出版社2003年版，第165—199页。

第四节　宗门与教下

在中国佛教中，禅宗注重证悟，主张以心印心，不立文字，有似密法。但达摩初传中国，仍以四卷《楞伽经》印心，到慧可时才高唱教外别传，宗和教于是开始分开。这里的"宗"指宗门，"教"指教下，宗、教本来是一体的，只是禅宗特重证悟，才极端地主张教外别传、不立文字，这就是后来的宗与教之分的滥觞。这种滥觞最早开始的经典依据是《楞伽经》：

> 大慧！彼诸痴人作如是言："义如言说，义说无异。所以者何？谓义无身故，言说之外更无余义，惟止言说。"大慧！彼恶烧智，不知言说自性，不知言说生灭，义不生灭。大慧！一切言说，堕于文字，义则不堕。离性非性故，无受生，亦无身故。大慧！如来不说堕文字法，文字有无不可得故，除不堕文字。大慧！若有言说，如来堕文字法者，此则妄说，法离文字故。是故，大慧！我等诸佛及诸菩萨，不说一字、不答一字。所以者何？法离文字故。非不饶益义说。言说者，众生妄想故。大慧！若不说一切法者，教法则坏。教法坏者，则无诸佛、菩萨、缘觉、声闻。若无者，谁说谁为？是故，大慧！菩萨摩诃萨，莫着言说，随宜方便，广说经法。以众生悕望、烦恼不一故，我及诸佛为彼种种异解众生而说诸法，令离心、意、意识故，不为得自觉圣智处。……如为愚夫以指指物，愚夫观指，不得实义。如是愚夫，随言说指，摄受计着，至竟不舍，终不能得离言说指第一实义。①

《楞伽经》认为"法离文字"，而一切言说都堕在文字中，所以"佛菩萨不说一字、不答一字"。但是佛菩萨为了教化众生又不得不借助语言文字，否则就难以建立三乘教法。所以，佛菩萨的言说，是不着文字相的，既不着所说之文字，亦不着能说之自我，只是为了对治众生的种种烦恼，

---

① 《楞伽阿跋多罗宝经》卷四，《大正藏》第16册，第506页中—第507页上。

而应病与药的随宜说法,可以说是无说而说。《楞伽经》之意是希望众生不要执着文字相,而不是废离文字。因为语言文字就如指物之指,如果执着在手指上,就难以随指观物,也即难以契会离言之第一实义。《坛经·机缘第七》中无尽藏比丘尼曾向六祖大师执卷问字,师曰:"字即不识,义即请问。"尼曰:"字尚不识,焉能会义?"师曰:"诸佛妙理,非关文字。"六祖大师已深契离言实义,而离言实义并非语言文字本身,所以说诸佛妙理,非关文字。但六祖之意并非否定语言文字的作用,否则六祖就不用回答无尽藏比丘尼的话了,因为"回答"就是在利用语言文字。

此外,《楞伽经》在第三卷论及宗通和说通时提到:

> 一切声闻、缘觉、菩萨有二种通相,谓:宗通及说通。大慧!宗通者,谓:缘自得胜进相,远离言说文字妄想,趣无漏界自觉地自相,远离一切虚妄觉想,降伏一切外道众魔,缘自觉趣光明晖发。是名宗通相。云何说通相?谓:说九部种种教法,离异、不异、有、无等相,以巧方便随顺众生,如应说法,令得度脱。是名说通相。①

宗通即是宗门,说通即是教下。宗通是指诸圣自证之心地,是远离语言文字的。说通是诸圣依据自证之大觉心海,以善巧方便随顺众生,而说三藏十二部经教,但所说的每一个字都远离有无、一异等二边。如果以太阳为喻,宗通就如太阳,而说通就如太阳光,宗通不离说通,说通不离宗通。宗门和教下本来就是一体之两面。在《坛经·般若第二》中,六祖大师亦说:"说通及心通,如日处虚空。唯传见性法,出世破邪宗。""心通"即指宗通,有说通又有心通,就如太阳出来照耀万物,增长善法,破除邪法。《坛经·般若第二》中还提到:"一切修多罗及诸文字、大小二乘、十二部经,皆因人置,因智慧性,方能建立。"这也是在说说通不离心通,而心通则要借助说通才能表现出来。在《坛经·顿渐第八》中当张行昌质疑六祖所说有违经文时,六祖说道:"吾传佛心印,安敢违

---

① 《楞伽阿跋多罗宝经》卷三,《大正藏》第16册,第499页中—下。

于佛经？"又说："《涅槃经》吾昔听尼无尽藏读诵一遍，便为讲说，无一字一义不合经文。乃至为汝，终无二说。"六祖传佛心印即是宗通，说法不违佛经即是说通，可见宗通必是与说通一致，佛心不违佛口，佛口不违佛心，教外别传，恰好是教内真传。

值得注意的是，《坛经·付嘱第十》中记载六祖大师在传授弟子"三科法门""三十六对"时特别提到：

> 外于相离相，内于空离空。若全著相，即长邪见；若全执空，即长无明。执空之人有谤经，直言不用文字。既云不用文字，人亦不合语言，只此语言，便是文字之相。又云"直道不立文字"，即此"不立"两字，亦是文字。见人所说，便即谤他言"着文字"。汝等须知，自迷犹可，又谤佛经，不要谤经，罪障无数。[1]

这里，六祖大师明确提到"不立文字"并不是不要文字、废弃文字，如果有人说不要文字，那就不用说话了，如果有人见到他人说法、读经，就说他人"着文字"，这种人实际是已经堕入以"无文字相、不读佛经不听法"为内容的执着，实际上是在执着一个什么都没有的"空"，这其实是一种断灭见，诽谤佛经，必然罪障无数。在《坛经》中六祖对这种"断灭空"的批评起码不下十次。六祖大师这里特别提出这一点，可见这种不要文字、不读佛经的狂禅，早在唐代的时候就已经出现。但时至今日，依然有人望文生义，认为禅宗"不立文字"就是不要文字，这是非常可悲的。在《续传灯录》中记载了圆悟克勤度化中天竺堂中仁禅师时，说道："依经解义，三世佛冤。离经一字，即同魔说。"[2] 执着文字，固然是不对，离开经文，亦是魔说。真正的不立文字，是指在读文字的当下，透过文字而体悟文字背后所指向的真如实相，获得般若智慧，而不是仅执着在文字相上。也即在读文字的当下，没有能读之我和所读之佛经的执着。当然，作为凡夫，并不能一下做到不着文字，但读诵佛典却是必需的。因为读诵经典即是在进行随顺无我的熏习，也即是在修行闻慧、

---

[1] （元）宗宝编：《六祖大师法宝坛经》，《大正藏》第48册，第360页中。
[2] （明）居顶：《续传灯录》卷二十八，《大正藏》第51册，第657页中。

思慧。虽然在修行闻、思慧的过程中，依然还是有执着的，但是已能渐渐降伏自心之烦恼，而且如果没有第一步闻慧的积累，后面的思慧、修慧，就成为无源之水，更别谈证悟了。就如同出远门，其中的第一步就是要走出自家门槛，如此才能一步一步到达目的地。反之，如果能进行闻思修熏习，将来必会得到证悟之果，真正做到"不立文字"。这也是《坛经·机缘第七》中许多得法弟子在悟道之前都有长时间听闻佛法的原因。

实际上，历史上禅宗许多祖师的证悟都是离不开文字的，比如二祖慧可传《楞伽经》，五祖弘忍和六祖惠能依靠《金刚经》发明心地，如果具备能诠作用的东西即是文字的话，那么禅师们的机锋棒喝和扬眉瞬目皆是文字相。故而，禅宗不可能离开文字，只是禅宗认为文字只是一种悟道的媒介，如指月之指，而文字本身并非道，其重视对实相般若的证悟而不侧重对文字般若的熏习。圭峰禅师在《禅源诸诠集都序》中说得很明白：

> 谓诸宗始祖即是释迦，经是佛语，禅是佛意，诸佛心、口必不相违。……达摩受法天竺躬至中华，见此方学人多未得法，唯以名数为解事相为行。欲令知月不在指，法是我心，故但以心传心，不立文字，显宗破执，故有斯言，非离文字说解脱也。[①]

他认为佛口与佛心是不相违背的，达摩初到中国，发现中国佛教重视名相解析，重"指"不重"月"，所以特别提倡以心传心、不立文字，并不是说离开文字而说解脱。众生若没有语言文字，如何体悟真如实相，就如同没有手指，怎么能顺着手指见到月亮呢？

历史上许多禅师如法眼、德韶、永明、憨山等都曾极力会通教宗。如永明延寿禅师作《宗镜录》，会通天台、华严、唯识三家教法，宗归一心，成禅宗以来未有之巨著。明代的憨山大师为临济宗门下禅师，中兴曹溪禅，在《憨山老人梦游集·参禅切要》云："是则禅虽教外别传，其

[①]（唐）宗密：《禅源诸诠集都序》卷上之一，《大正藏》第48册，第400页中。

实以教印证，方见佛、祖无二之道也"①，即是强调宗门不离教下的意思。明代莲池大师在《竹窗随笔·经教》中则明言：

> 其参禅者，借口"教外别传"，不知离教而参，是邪因也；离教而悟，是邪解也。饶汝参而得悟，必须以教印证。不与教合，悉邪也。是故学儒者，必以六经四子为权衡；学佛者，必以三藏十二部为模楷。②

如果没有经教的印证，其所悟所解往往不可靠，所悟的境界必须和经教相合，才是真悟，否则就是邪解。如此可见莲池大师极力强调学佛者应以经教为楷模。近代太虚大师则认为："如西藏之宗喀巴派，在菩提道次显教更安密宗，修学五部教律，于三士道次第为基，上士道之上稳建密宗。中国古时虽能会教明禅，然未能从教律之次第上，而稳建禅宗，致末流颓败，一代不如一代也。"③ 从太虚大师观点看，从教义上稳建禅宗，对禅宗的发展十分重要。因为宗门就像一个花盆，教律就如花架，只有花架牢固，花盆才能高显。密宗正是因为有宗喀巴大师出来建立菩提道次第，打牢教律的基础，才使得密宗兴盛一时。古代的一些禅宗祖师虽然做了许多融会教、宗的努力，但是因为时节因缘，未能在教律上稳建禅宗，而使得禅宗末流一代不如一代。

总之，六祖惠能所传的禅宗宗门如同画龙点睛之笔，而教下的教理修养便如同龙身，缺少龙身，点睛之笔便同涂鸦，没有点睛，龙也无法破壁而飞。可以说，宗门与教下是不可二分的，禅宗的证悟也离不开对教理的闻思修的积累。近代太虚大师曾称赞永明禅师说："他又精通唯识义，如云：'夫禅宗者，真唯识量，但入信心，便登祖位。'故能融贯禅

---

① （明）通炯编辑：《憨山老人梦游集》卷六，《卍新纂大日本续藏经》第73册，日本株式会社国书刊行会版，第498页下。以下所引《卍新纂大日本续藏经》皆是出自此版本，下不再标注。

② （明）袾宏：《云栖法汇（选录）》卷十二，《嘉兴大藏经》第33册，台湾新文丰出版公司1988年版，第32页上。以下所引《嘉兴大藏经》皆是出自此版本，下不再标注。

③ 释太虚：《中国佛学》，载《太虚大师全书》第2册，宗教文化出版社2005年版，第108页。

教者尤以永明为最。"① 可见禅宗宗门与教下并不矛盾,本来一致。如果能在教律上稳建禅宗,上上之人自能以经教印心,而一般根基的人也能有教法可依,不至于出现"狂禅"。从这种教宗汇通的考虑出发,本书在阐释《坛经》的思想时,不仅会采用禅宗的相关著述,也会采用佛教其他经典的思想。

第五节 《坛经》与唯识学

佛教在中国的传播,一直遵循着"契理、契机"两大原则。如果不契机,佛教就无法适应中国本土的环境和时代变化而生存下来,如我国历史上曾出现的成实宗、俱舍宗,因不契合中国人的文化特点,便只能昙花一现;如果不契理,佛教就无法称其为佛教,比如现在的民俗化佛教将佛菩萨视为能赏善罚恶的神,在某种程度上已经脱离了佛教的宗旨。所以佛教中国化一定是包含着契理与契机这两层意思。洪修平教授说:"中国佛教与朝鲜、日本的佛教,本质上也没有根本的不同。任何国家的佛教,只有它继承了佛陀创教的本怀,本质上以觉悟人生为根本目的,它才称得上是佛教。至于它在不同的国家和地区,在不同的文化传统和氛围中表现出不同的特点,那只是佛教入乡随俗,借助不同文化载体,应病与药对治不同的众生而开出不同的法门而已。……如果离开了佛教的根本宗旨和目标,偏离了佛教修行的正道,那就称不上佛教,也就无所谓佛教的中国化、日本化了。"② 也就是说,中国佛教一方面同印度佛教、日本佛教等在根本宗旨上保持着一致;在另一方面,各地区的佛教因为要契合不同的社会环境,表现出来的法门又会有差异,所以中国佛教与印度、日本、朝鲜等地区的佛教又有不同。禅宗和唯识学的关系也是如此。一方面,唯识学和《坛经》有着不同的表述方式,这是佛教在契合不同社会环境而产生的不同法门;另一方面,唯识学和《坛经》在根本宗旨上也保持着一致,这是佛教在传播过程中契理的内在要求。下

---

① 释太虚:《中国佛学》,载《太虚大师全书》第 2 册,宗教文化出版社 2005 年版,第 107 页。

② 洪修平:《中国儒释道三教关系研究》,中国社会科学出版社 2011 年版,第 314 页。

面，我们具体来谈谈唯识学和《坛经》的关系。

首先，《坛经》与唯识学有一定的思想渊源。

唯识学由古印度无着、世亲等人创立，是继大乘中观学之后印度佛学的主流与核心。在南北朝时期，唯识学陆续传入中国，时菩提流支与真谛所译之唯识学称为唯识古学。至唐代时，玄奘去往印度学习，传回了以《成唯识论》为中心的唯识今学。唯识今学体系严密、逻辑严谨，本书所述之"唯识学"即是指玄奘所传译之唯识今学。《成唯识论》所宗的经典有"六经十一论"之说，如窥基所撰之《成唯识论述记》云："今此论爰引六经，所谓《华严》、《深密》、《如来出现功德庄严》、《阿毗达磨》、《楞伽》、《厚严》。"① 其中的"六经"之一就是《楞伽经》。《楞伽经》中详细讲述了五法、三自性、八识、二无我等，这些都是唯识学的核心内容。

而《楞伽经》也是中国禅宗初祖达摩交予二祖慧可印心的经典，其事载于《景德传灯录》卷三："师曰：'吾有《楞伽经》四卷，亦用付汝，即是如来心地要门，令诸众生开示悟入。'"② 即使到了四祖道信，依然还是说："我此法要，依《楞伽经》诸心佛第一。"③ 可见禅宗之四祖依然以《楞伽经》为所宗。五祖弘忍的弟子玄赜曾作《楞伽人法志》，记述达摩以来的传承法要，玄赜的弟子净觉则依此而写成《楞伽师资记》。在《楞伽师资记》中则记载五祖弘忍的弟子中，"神秀论《楞伽经》，玄理通快"④。在《坛经·行由第一》中则曾记载五祖弘忍要请卢珍在墙壁上画《楞伽经变相》，《机缘第七》则有六祖向智通解释《楞伽经》的三身四智之义。可见从初祖达摩至五祖弘忍的传承过程中，《楞伽经》一直作为禅宗的重要佛典。即使是深受《金刚经》影响的惠能，所传法门还是与《楞伽经》有着重要关联，比如惠能的再传弟子马祖道一，就曾说："达摩大师从南天竺国来，躬至中华，传上乘一心法要，令汝等开悟。又引《楞伽》经文以印众生心地。恐汝颠倒，不自信此心之法各各有之。

---

① （唐）窥基：《成唯识论述记》卷第一，《大正藏》第43册，第229页下。
② （宋）道原：《景德传灯录》卷第三，《大正藏》第51册，第219页下。
③ （唐）净觉：《楞伽师资记》，《大正藏》第85册，第1286页下。
④ （唐）净觉：《楞伽师资记》，《大正藏》第85册，第1289页下。

故《楞伽经》云：'佛语心为宗，无门为法门。'"① 所以说，《楞伽经》的传承从禅宗初祖到六祖乃至六祖之弟子，并未中断。

此外，除了《楞伽经》，禅宗和唯识学的思想来源还与般若系经典有着千丝万缕的关系。禅宗四祖道信游吉州时，就曾教人念"摩诃般若"②，并有将《楞伽》禅与《文殊说般若经》的一行三昧相融合的趋势。六祖惠能则是因为曾听一客诵《金刚经》，从而去依五祖弘忍出家学法，后更是因五祖在半夜给六祖讲《金刚经》而悟道。六祖也一再强调《金刚经》的作用，如其云："若最上乘人，闻说《金刚经》，心开悟解。"此外，六祖在《坛经·般若第二》中教人念"摩诃般若波罗蜜多"，并认为自己的法门是以"无念为宗，无相为体，无住为本"，这些都和般若经典的无相思想基本一致。因此，《坛经》在一定程度上，受了般若系经典的影响。而唯识学的祖师们，也多据般若经典发挥自宗义理。比如印度唯识学的创立者无著和世亲，曾作同名论典《金刚般若波罗蜜经论》；中国唯识学的传译者玄奘在翻译完法相唯识学的经典后，用生命的最后时光完成了《大般若经》的翻译；而中国唯识学的实际创宗者窥基大师则写过《金刚般若经赞述》《金刚般若论会释》和《般若波罗蜜多心经幽赞》等。可见般若经典的思想对于唯识学也十分重要。因此，我们有理由认为禅宗和唯识在思想上都和般若经典有一定渊源。

其次，《坛经》本身也包含一定的唯识学思想。

在《机缘第七》中惠能大师曾给智通解释"三身四智"之义，以"清净法身，汝之性也；圆满报身，汝之智也；千百亿化身，汝之行也"一偈来解释"三身"，即法身是我人之心性（真如法性），报身是般若智慧，化身是种种心行，并认为"若离三身，别谈四智，此名有智无身"。《成唯识论》卷十亦认为自性身（法身）是一切法平等实性——"汝之性"也；自受用身（报身）是佛陀修行三无数劫所集积之智慧功德——"汝之智也"；化身则是指佛陀为度化众生所变现之种种形象——"汝之行也"。只不过唯识学侧重于佛陀果地而说，六祖则直指众生当下心地而谈。中国唯识宗实际创宗者窥基大师在《金刚般若经赞述》中提及三身

---

① （宋）道原：《景德传灯录》卷六，《大正藏》第51册，第246页上。
② （宋）道原：《景德传灯录》卷三，《大正藏》第51册，第222页中。

佛时亦有："然佛有三种，一者、法身，谓离妄之真理；二者、报身，会真之妙智；三者、化身，应物之权迹。"① 窥基所言"真理"即是真如理体，"会真妙智"即是证真如之般若智，"应物权迹"则是指佛菩萨为度化众生而权巧显示的身行。这些与六祖的说法在本质上是一样的。同样，关于"三身"与"四智"之关系，《成唯识论》卷十以清净法界、大圆镜智、平等性智、妙观察智、成所作智五法性来摄"三身"，虽有几种不同观点，但皆认为"三身"不离"四智"，亦与六祖说法一致。

惠能大师还曾给智通开示了八识转四智之偈："大圆镜智性清净，平等性智心无病。妙观察智见非功，成所作智同圆镜。五八六七果因转，但用名言无实性。若于转处不留情，繁兴永处那伽定。"在《成唯识论》卷十亦认为大圆镜智是性相清净，平等性智是末那识舍去我爱等四烦恼之病而转为无我思量，妙观察智是观诸法相无碍而转而无须加工用行，成所作智则是同大圆镜智一样在佛陀果地才有，妙观察智和平等性智则在登地之后就转得，所谓"五八六七果因转"。此偈思想，对比《成唯识论》卷十《四智相应心品》的内容来看，是比较符合唯识学思想的。

在《付嘱第十》中，惠能大师则举"三科法门"，将"自性"解释为"含藏识"，也即阿赖耶识。六祖认为："如是一十八界，皆从自性起用。自性若邪，起十八邪；自性若正，起十八正。若恶用即众生用，善用即佛用。用由何等，由自性有。"《成唯识论》卷三在解释第八识之名时，偏我爱执藏义可名阿赖耶识，偏任持有漏、无漏种子可名种子识。从种子生现行的角度，有漏种子遇缘生有漏现行则是"自性若邪，起十八邪"，无漏种子遇缘生无漏现行则是"自性若正，起十八正"，这十八界的亲因缘都是第八识中的种子。因此，六祖此处所言"自性"确实指第八识，且与唯识学说法一致。这一点，太虚大师在《曹溪禅之新击节》一文中亦有论及②，故不赘述。

---

① （唐）窥基：《金刚般若经赞述》，《大正藏》第33册，第135页中。
② 释太虚：《曹溪禅之新击节》，载《太虚大师全书》第16册，宗教文化出版社2005年版，第365—366页。

高僧如窥基、太虚等皆认为中国大乘三系佛法皆只是侧重不同，并无本质区别。杨仁山亦认为学唯识可以救狂禅之偏，陈兵教授在《自性清净心与本觉》一文中也说："参禅者最好学通唯识，当甚有助于开悟，能避免迷于歧路。"① 罗时宪②和周贵华③等学者则认为中国化佛教中的华严、禅宗皆是瑜伽行学在中国发展的产物。因此，我们认为《坛经》和唯识学虽然在表达形式和思想侧重上虽有较大差异，但在本质思想上并无鸿沟，故而本书在写作的过程中，也会部分采用唯识学经典来阐释《坛经》中的相关义理。

　　当然采用唯识学阐释禅宗思想，并不是本书的独创，实际上是学术界一较为普遍的做法。比如太虚大师在《曹溪禅之新击节》中以唯识学阐释《坛经》，认为《坛经》中"自性"一词是指第八识或真如或如来藏。罗时宪先生在《〈六祖坛经〉管见》一文中用唯识学将"自性""本性""性"等词进行过详细的分析，认为"自性"一词多兼指真如、阿赖耶识二者，有时偏指真如，有时偏指阿赖耶识。袁经文则从《华严经》《入楞伽经》《瑜伽师地论》和《成唯识论》等大乘唯识经论入手，认为"见道"就是指证悟般若波罗蜜多，或者说证悟第八识阿赖耶识，而《坛经》或禅宗说的"本心"即是指阿赖耶识实性，也就是说，禅宗的"明心见性"就是证悟阿赖耶识实性。④ 其又在《禅宗"悟"义索隐》一文中用唯识学的义理阐释了"见道"的含义，认为禅宗宗旨，是围绕众生本然心识即阿赖耶识而展开的，而悟道即是证悟阿赖耶识实性。⑤ 丁小平在《禅悟与经教》一文中也用唯识学的义理来分析禅宗悟道的因缘，认为本性住种由观修的熏习而主要表现为习所成种，新熏成的习所成种不断增长而成为见道的根因。⑥ 而王荣益的《禅宗发展的唯识学背景研究》则直接认为禅宗的核心思想属于印度行派唯识学，是印度唯识学的中国

---

① 陈兵：《自性清净心与本觉》，《四川师范大学学报》（社会科学版）2010年第3期。
② 罗时宪：《唯识方隅》，华文出版社2013年版，第24页。
③ 周贵华：《唯识通论——瑜伽行学义诠》（上），中国社会科学出版社2009年版，第27页。
④ 袁经文：《见道与参禅》，《深圳大学学报》（人文社会科学版）2014年第4期。
⑤ 袁经文：《禅宗"悟"义索隐》，《社会科学研究》2011年第1期。
⑥ 丁小平：《禅悟与经教》，《宜春学院学报》2014年第1期。

化。① 由这些例子可知,唯识学与禅宗的思想有相通的地方,以唯识学阐释《坛经》或禅宗的相关思想,是学术界一较为普遍的做法,是可行的、合理的。

---

① 王荣益:《禅宗发展的唯识学背景研究》,硕士学位论文,四川省社会科学院,2008年。

第一章

顿与渐不二

第一节 《坛经》中所谈到的顿悟与渐修

顿悟指突然地、当下地契证真如本性，不经阶级次第；渐修指需要长时间的修行，从低到高不断地契证真理。惠能与神秀被称为"南能北秀"，通常认为惠能所传之南禅宗是顿悟法门，而神秀所传之北禅宗是渐修法门。如在《景德传灯录》卷九中有："暨第五祖弘忍大师，在蕲州东山开法，时有二弟子。一名慧（惠）能，受衣法居岭南为六祖。一名神秀，在北扬化，其后神秀门人普寂立本师为第六祖，而自称七祖。其所得法虽一，而开导发悟有顿渐之异，故曰南顿北渐。"[1] 从《五灯会元》《宋高僧传》等史料来看，刚开始神秀北禅宗的势力远大于南方的惠能。后神会在"安史之乱"多以钱财捐助李唐军队，故被唐肃宗器重，神会遂在北方"敷演显发能祖之宗风，使秀之门寂寞矣"[2]。再加上青原行思、马祖道一等南宗禅师的努力，惠能所传之顿教法门的影响力才逐渐超过北禅宗，并在后来成为中国禅宗的主流。

惠能大师在《坛经·行由第一》中曾自述五祖所传之法为顿教。实际上，六祖在很多地方，都提到了他所传之法为顿教法门：

> 故知万法尽在自心，何不从自心中，顿见真如本性。（《般若第

---

[1] （宋）道原：《景德传灯录》卷九，《大正藏》第51册，第269页中。
[2] （宋）赞宁等：《宋高僧传》卷八，《大正藏》第50册，第757页上。

二》)

  我于忍和尚处，一闻言下便悟，顿见真如本性。是以将此教法流行，令学道者顿悟菩提。(《般若第二》)

  后代得吾法者，将此顿教法门，于同见同行，发愿受持。(《般若第二》)

  自性自悟，顿悟顿修，亦无渐次，所以不立一切法。(《顿渐第八》)

从这可以看出，《坛经》确实侧重于顿悟，而且这顿悟主要是指顿见真如本性。这种悟道，是指言下便悟，无有渐次可言。惠能大师亦嘱咐学人要将此顿教法门在同见同行的人之中传播，若在不同见不同行的人之中传播，则可能招致诽谤，可见惠能所传的顿教法门在初期只是在得法弟子中秘传，并未广泛流传。

但是侧重顿悟的六祖果真没有主张渐修吗？如果仔细阅读《坛经》，就会发现，惠能大师在其他一些地方，又谈到只有渐修才能逐渐成佛。比如在《坛经·忏悔第六》中惠能授五分法身香，其中谈到了解脱知见香：

  五、解脱知见香。自心既无所攀缘善恶，不可沉空守寂，即须广学多闻，识自本心，达诸佛理，和光接物，无我无人，直至菩提，真性不易，名解脱知见香。

从解脱知见香的内容来看，有"广学多闻""达诸佛理""和光接物"等，这些内容都不是在一刹那完成的，是需要长时间修行的。惠能认为只有长时间修行解脱知见香的这些内容，最后才能"直至菩提"，成就佛果。换言之，悟道成佛需要长时间学习佛教义理、度化众生才能最终成佛，这与惠能前面所谈的"顿见真如本性""言下成佛道"似乎是矛盾的。

考《坛经》中六祖及其弟子之行由，我们发现，六祖及其弟子都有渐修的经历。首先，在悟道之前六祖及其弟子有渐修的经历。如六祖在广东曾听客诵读《金刚经》，后在黄梅五祖处则踏碓八月余，五祖也曾半夜为惠能讲《金刚经》；法达悟道前诵《法华经》已三千余遍；智通看则

《楞伽经》千余遍;志道览《涅槃经》十载有余;永嘉玄觉禅师则"少习经论,精天台止观法门";"禅者智隍,初参五祖,自谓已得正受。庵居长坐,积二十年"。可见上根利器如六祖也需听讲《金刚经》,并非无缘无故突然悟道,而其弟子则大多数在悟道前有十年左右的读诵佛教经典的修行经验。其次,惠能师弟①悟道之后,也并非就此不再用功。比如六祖在黄梅悟道之后躲在猎人队十五年,"与猎人随宜说法";法达悟道之后"亦不辍诵经";行思得法之后,"遂回吉州青原山,弘法绍化";怀让悟道之后在六祖身边"执侍左右一十五载,日臻玄奥";智隍"复归河北,开化四众"。禅师悟道之后的诵经、说法、度化众生,实际上都可以看作一个不断圆满自身智慧的过程。《坛经》中的这些描述,其实都是渐修的内容。

那么,这里就有一个问题:《坛经》中的这些渐修的内容是否与顿悟相矛盾?如果不矛盾,那么又是从何种角度进行圆融的?

《坛经·般若第二》云:"法即无顿渐,迷悟有迟疾";《定慧第四》则说:"本来正教,无有顿渐,人性自有利钝。迷人渐修,悟人顿契";《顿渐第八》亦云:"法无顿渐,人有利钝。"可见佛法本身并无顿渐可言,而是修佛之人的根机有利钝之别,故对上士说顿法,对下士说渐修。而人的根机的差别主要则体现在智慧上的不同。佛教中不同经典对智慧有不同的分法,或将智慧分为加行无分别智、根本无分别智、后得无分别智;或分为文字般若、观照般若、实相般若。其中文字般若(闻思慧)和观照般若(修慧)相当于加行无分别智,实相般若相当于根本无分别智和后得无分别智。佛法的修行分为闻、思、修、证四个层次,闻慧是思慧之因,思慧是修慧之因,修慧是见道之因,禅宗作为佛教的一个宗派,虽单提悟道这一着子,但其悟道必有原因,不可能为无因之果。为了更好地分析顿悟和渐修的关系,我们这里主要采用唯识学的分法,也即将般若智分为加行无分别智(简称加行智)、根本无分别智(简称根本智)、后得无分别智(简称后得智)。作出这样的分析,理由有二:其一,般若确实可以分为这三智。唯识学祖师无着菩萨所造《摄大乘论本》阐述了无分别智的十六个特征之后,便得出一个结论:《摄大乘论本》所言

---

① "师弟"指师父和徒弟。

之无分别智即是般若系经典中所言的般若波罗蜜,如其云:"般若波罗蜜多与无分别智无有差别。"① 在《坛经》中般若智常以"无住、无往亦无来""无忆无着""内外不住,去来自由"等来形容,其本质特征在于远离一切二边的执着;《摄大乘论本》则将无分别智概括为"远离外道我执处""远离未见真如菩萨分别处""远离生死、涅槃二边处""远离唯断烦恼障生喜足处""远离不顾友情利益安乐住无余依涅槃处"等五大类执着②,其本质特征也在于远离一切执着。因此,虽然描述的文字不同,但是唯识学所言之无分别智的特征是与《坛经》所言之般若智相同的。其二,惠能大师是一个佛法的实践者,他的许多言论只是为了随机解缚而施设,并没有建立系统的义理,将般若析为"三智",有助于我们更好地分析和理解《坛经》的顿渐问题。

第二节 根本智的顿悟

加行智、根本智和后得智都可摄入无分别智中,这"三智"中,只有根本智才是真正无分别的,加行智有随顺无分别的分别,因其能引发根本智,从而方便得无分别名,后得智是如实分别一切法,是根本智的等流,因此亦得无分别名。这"三智",加行智和后得智都是需要渐修的,只有根本智是顿入。其中加行智是根本智之因,后得智又要在根本智的基础上才能生起,所以这"三智"其实是具有前后因果的关系。

惠能传下的禅宗法门称为顿教法门,这与北禅宗神秀所传之渐教是不同的,《坛经·行由第一》记载惠能"三更受法,人尽不知,便传顿教及衣钵"。这种顿教法门的特点主要在于顿见真如,如惠能自说:

> 我于忍和尚处,一闻言下便悟,顿见真如本性。是以将此教法流行,令学道者顿悟菩提,各自观心,自见本性。

---

① 《摄大乘论本》卷下,《大正藏》第31册,第148页中。
② 《摄大乘论本》卷下,《大正藏》第31册,第148页中。

这里惠能大师所讲的"本性""自性"等词①即指真如，如惠能自说"真如本性"。惠能在讲到"顿"时，基本上是指顿见真如，如《坛经·般若第二》中亦云："故知万法尽在自心，何不从自心中，顿见真如本性。"顿见真如本性也即顿悟菩提之智，获得般若智。因为所证为真如，能证即是般若智（当然，见道时远离能所二边）。

唯识学亦认为见道即是体会通达真如。在见道的时候，也即在冥契真如的时候，便同时获得无分别智，此时无能缘，无所缘。如《成唯识论》卷九中说：

> 若时菩萨，于所缘境，无分别智，都无所得，不取种种戏论相故。尔时，乃名实住唯识真胜义性，即证真如，智与真如，平等平等。俱离能取、所取相故。能、所取相，俱是分别、有所得心、戏论现故。……加行无间，此智生时，体会真如，名通达位；初照理故，亦名见道。②

无分别智证真如时，无能取、所取，智、如平等平等，之所以用两个"平等"，是指能证之无分别智与所证之真如，皆是无分别、无所得、无戏论。无分别智产生时，称为通达位，也即是见道。见道之"见"，不是指意识之比量见，而是无漏智之现量亲证见。这里见道所获得的无分别智即是指根本智。如《成唯识论》云："前真见道，根本智摄。"③《坛经》在描述见道时的智慧时说："无忆无着，不起诳妄，用自真如性，以智慧观照，于一切法，不取不舍，即是见性成佛道。"④ 这里讲的见道所得之般若智，也具有"俱离能取、所取"、不执着、无所得等特征。通过对比《成唯识论》关于见道的描述，我们认为，惠能大师讲的"顿见真如本性"，也即顿悟，即是指根本无分别智证真如。关于这一点，近代高僧太虚大师亦认为禅宗的悟道为：

---

① 本性、自性等词在《坛经》中出现了多次，不同语境中所代表的含义稍有不同，留待下文再详细分析。
② 《成唯识论》卷九，《大正藏》第 31 册，第 49 页下。
③ 《成唯识论》卷九，《大正藏》第 31 册，第 50 页中。
④ （元）宗宝编：《六祖大师法宝坛经》，《大正藏》第 48 册，第 350 页下。

把一切教义葛藤都丢开，唯使本净种——行佛性——发生现行，根本正智现前正是明行佛性，心明而见到一真法界的理佛性。禅宗宗旨就在心明性见，理、智不二，此禅宗所以单提向上简单直捷也。①

也即禅宗的明心见性即是指行佛性——无漏种子现行，即能证之根本智现行，同时即是见到真如理佛性（一真法界），理、智不二。禅宗所特别重视的就是明心见性这一下子，而不在教义上做过多纠缠。那么，根本无分别智证真如是否是顿入的呢？《成唯识论》卷九云：

一真见道，谓即所说无分别智，实证二空所显真理，实断二障分别随眠。虽多刹那，事方究竟，而相等故，总说一心。有义：此中二空二障，渐证渐断，以有浅深粗细异故。有义：此中二空二障，顿证顿断，由意乐力有堪能故。②

见道分为真见道和相见道，相见道为后得智所摄，而这里讲的"真见道"即是指根本智证真如。《成唯识论述记》解曰："经位虽多刹那，以相相似等故总说一心。……若一心见道，以无间、解脱、并一胜进，名多刹那总名一心，非无间中复有多念。"③ 也就是说，见道虽要经过无间道、解脱道、胜进道三个位次，但因其相是相似的，所以说是一心，并非无间道中有多念。其中两个"有义"指两种不同的观点，按照《成唯识论》的体例，如果出现多个"有义"，一般以最后一个为正确观点。此处即是以第二个观点为正确的观点，也即对于人我空和法我空是顿时证得，对于烦恼障和所知障是顿时断除，因为菩萨的志愿力广大刚强。虽然见道是要经过加行道、无间道、解脱道、胜进道等四道，但这也是在数刹那

---

① 释太虚：《大乘宗地图释》，载《太虚大师全书》第 5 册，宗教文化出版社 2005 年版，第 431 页。
② 《成唯识论》卷九，《大正藏》第 31 册，第 50 页上。
③ （唐）窥基：《成唯识论述记》卷九（末），《大正藏》第 43 册，第 569 页下。

之间就可以完成的，时间极短，也可以称为"顿见"。此外，在见道位时，能缘之智与所缘之真如都是平等无分别的，也就谈不上对时间的分别了。

关于无分别智是如何证真如的，《成唯识论》有很多的讨论。唐代玄奘大师提出了"夹带"一说①，也即根本智夹带真如而认识，是根本智与真如之冥合。当然，玄奘的弟子窥基发展了这种说法，他认为在见分认识相分的时候，都是一种夹带的认识，因为如果在见、相二分中间还需要中介的话，便有无穷过。所以，根本智证知真如是一个有见无相的过程，本质上来说是一个不二的过程。此处需要说明的是，在根本智亲证真如的时候，无能所、无分别、无时间，而强名曰顿见。

从上面的分析中，我们认为《坛经》讲的顿悟即是指根本无分别智证真如，是一种顿见。《坛经》因为特别侧重于此，所以其法门又称顿教法门。

《坛经》中特别强调这种不经意识思维的言下见性，如五祖说："思量即不中用，见性之人，言下须见。"② 也即这种顿悟不能经过意识的比量思量，一定是一种现量的证见。《成唯识论述记》亦解释"见道"云："今言见者，非谓眼见、意识比见，但是无漏亲证见也。"③ 也即悟道既不是眼识等前五识现量见，亦不是意识比量见，而是无漏正智之现量亲见。《坛经》中曾多次谈到言下见性。如惠能本人是在五祖与其讲《金刚经》而言下大悟；陈惠明则遭六祖电光火石般地堪问而言下醒自己本来面目；法海则闻六祖解释"即心即佛"而言下大悟；法达则闻六祖释《法华》之偈而大悟；智通听六祖说《楞伽》之"三身四智"而顿悟性智；智常闻六祖释"见性成佛"之义而心意豁然；志道则闻六祖释"涅槃"之偈而大悟；智隍则闻六祖开示坐禅真义而言下大悟；志诚则闻六祖释"戒定慧"便契本心；志彻则听闻六祖述《涅槃经》"常、无常"义而忽然大悟。这些弟子都是在六祖的言语点拨之下而明心见性。

---

① 《成唯识论》第九卷云："虽无相分，而可说此带如相起，不离如故。"此中"如"指真如，"带"是夹带，而不是变带，根本智证真如是有见无相，直接冥契。（见《成唯识论》卷九，《大正藏》第31册，第49页下—50页上。）

② （元）宗宝编：《六祖大师法宝坛经》，《大正藏》第48册，第348页中。

③ （唐）窥基：《成唯识论述记》卷九（本），《大正藏》第43册，第547页上。

禅宗史上的悟道祖师也大多如此。有的是听到某种声音而忽然悟道。如香严智闲禅师被沩山灵佑处堪问而未醒自己本来面目，打算放弃佛法而"作个长行粥饭僧，免役心神"，后来"一日因山中芟除草木，以瓦砾击竹作声，俄失笑间廓然惺悟"①；又如楼子和尚"一日偶经游街市间，于酒楼下整袜带次，闻楼上人唱曲云：'你既无心我也休。'忽然大悟，因号楼子焉"②。有的是见到师父的一个动作而悟道。如鸟窠道林禅师度化会通："有侍者会通，忽一日欲辞去。师问曰：'汝今何往？'对曰：'会通为法出家，以和尚不垂慈诲，今往诸方学佛法去。'师曰：'若是佛法，吾此间亦有少许。'曰：'如何是和尚佛法？'师于身上拈起布毛吹之。会通遂领悟玄旨。"③又天龙和尚度化俱胝和尚时有："天龙竖一指而示之，师（指俱胝和尚）当下大悟。自此凡有参学僧到，师唯举一指，无别提唱。有一童子于外被人诘曰：'和尚说何法要？'童子竖起指头。归而举似师，师以刀断其指头，童子叫唤走出，师召一声，童子回首，师却竖起指头，童子豁然领解。师将顺世，谓众曰：'吾得天龙一指头禅，一生用不尽。'"④ 有的是在性命攸关、千钧一发之时而开悟。如船子和尚度化夹山禅师时有："（夹山）拟开口，被师（指船子和尚）一桡打落水中。山才上船，师又曰：'道道。'山拟开口，师又打。山豁然大悟，乃点头三下。"⑤ 有的是在言语点拨下悟道，如大愚禅师点化临济义玄时有："愚问曰：'什么处来？'曰"黄檗来。"愚曰：'黄檗有何言教？'曰：'义玄亲问西来的意，蒙和尚便打，如是三问三转被打，不知过在什么处？'愚曰：'黄檗恁么老婆，为汝得彻困，犹觅过在。'师于是大悟云：'佛法也无多子。'愚乃搊师衣领云：'适来道我不会，而今又道无多子，是多少来？是多少来？'师向愚肋下打一拳。愚托开云：'汝师黄檗，非干我事。'师却返黄檗。黄檗问云：'汝回太速生？'师云：'只为老婆心切。'黄檗云：'遮大愚老汉待见与打一顿。'师云：'说什

---

① （宋）道原：《景德传灯录》卷十一，《大正藏》第51册，第284页上。
② （宋）普济：《五灯会元》卷六，《卍新纂大日本续藏经》第80册，第138页下。
③ （宋）道原：《景德传灯录》卷四，《大正藏》第51册，第230页中。
④ （宋）道原：《景德传灯录》卷十一，《大正藏》第51册，第288页中。
⑤ （明）瞿汝稷编撰：《指月录》卷十二，巴蜀书社2012年版，第369页。

么待见即今便打。'遂鼓黄蘗一掌，黄蘗哈哈大笑。"① 这些禅师都是在不容分说、不经意识思量的当下悟道，所谓"说似一物即不中也"。可以说，历史上整个南禅宗的核心和着眼点都在于悟道那一着上，都是在想方设法使人明心见性。

《大般若经》卷第五百六十七谓："实相般若波罗蜜多甚深微妙，闻慧粗浅不能得见；是胜义故思不能量，出世法故修不能行。"② 禅宗所侧重的就在于此实相般若（主要侧重于根本智），实相般若并非闻、思慧所能达到，而是见真如本性之后方能证得。如果执着文字般若和观照般若，那么就无法证得实相般若。因此禅宗唯重顿见真如本性，并不十分重视于意识层面的读诵经典、研究经论等闻慧、思慧的修行。但是如果舍弃文字般若和观照般若，实相般若也必将成为无本之木、无源之水。那么，侧重顿悟的《坛经》有没有否定渐修呢？有没有否定对闻、思、修慧的修行呢？

第三节　加行智与后得智的渐修

一　加行智的渐修

佛教把修行的次第分为闻、思、修、证四个阶段。唯识学在这方面讲得非常清楚，《成唯识论》把悟入唯识分为五个位次：一资粮位、二加行位、三通达位、四修习位、五究竟位。如其云："云何渐次悟入唯识？谓诸菩萨于识相性资粮位中，能深信解；在加行位，能渐伏除所取、能取，引发真见；在通达位，如实通达；修习位中，如所见理，数数修习，伏断余障；至究竟位，出障圆明，能尽未来化有情类，复令悟入唯识相性。"③ 这里讲的"通达位"指的是见道，也即根本智亲证真如。而在见道之前，要经过资粮的积累，对佛教产生决定信解，然后进入暖、顶、忍、世第一的加行位，渐渐伏除烦恼障和所知障的现行，经过加行之后再引发真见道。那么，什么叫加行无分别智呢？世亲菩萨之《摄大乘论释》有言：

---

① （宋）道原：《景德传灯录》卷十二，《大正藏》第51册，第290页上—中。
② 《大般若波罗蜜多经》卷五百六十七，《大正藏》第7册，第929页下。
③ 《成唯识论》卷九，《大正藏》第31册，第48页中。

> 此中加行无分别智,谓诸菩萨,初从他闻无分别理,次虽未能自见此理,而生胜解。次此胜解为所依止,方便推寻无分别理,是名加行无分别智。由此能生无分别智,是故亦得无分别名。①

此中意为,凡夫菩萨不断听闻熏习大乘佛法之后,生起决定胜解,在此基础上,虽非亲证但能推寻诸法无分别之理,从而获得的智慧称为加行智。加行智不像根本智那样远离分别,而是有分别的,但能引生根本智而得无分别名。唯识学常采用"以楔出楔"的方法对治烦恼,即用分别遣除分别,即是以随顺无分别的如理分别(加行智),数数遣除虚妄分别,见道前的加行智不能断除烦恼种子,但能渐渐降伏烦恼的现行。加行智在资粮位上就有,但很薄弱,所以一般说的加行智是指加行位上的。在加行位中,主要修习四寻思和四如实遍智,一则侧重因行,一则侧重果智,这两者是加行无分别智之体。依四寻思和四如实遍智的初后位,建立暖、顶、忍、世第一法,在世第一法的第二刹那就能证入真如,引生根本智而发生见道。加行智的渐修,不仅包括加行位,也当包括资粮位,因为没有福智资粮的积累,加行位便是无本之木。

佛教认为发了大乘菩提心的菩萨,在资粮位"为趣无上正等菩提,修集种种胜资粮故,为有情故,勤求解脱,由此亦名顺解脱分"②,因此资粮位的菩萨需要长时间依止善知识,如理作意思维佛法,修行道前六度,积累福慧资粮,就如同要出远门,先要备好所需资粮一样。而"菩萨先于初无数劫,善备福德智慧资粮,顺解脱分既圆满已,为入见道住唯识性,复修加行伏除二取"③,也即资粮圆满之后,则需要修行四如实智,渐渐伏除能取、所取之习气。按照唯识学的分判,资粮位和加行位的修行是第一大阿僧祇劫,通达位到修习位的第七地菩萨是第二大阿僧祇劫,第八地到第十地为第三大阿僧祇劫。也就是说,即使是劫内菩萨要进入见道,尚需要一大阿僧祇劫的时间进行加行智的渐修。由此可见,

---

① 《摄大乘论释》卷八,《大正藏》第 31 册,第 50 页上。
② 《成唯识论》卷九,《大正藏》第 31 册,第 48 页中。
③ 《成唯识论》卷九,《大正藏》第 31 册,第 49 页上。

加行智是要经过长时间的修行才能获得的。比如《摄大乘论本》就谈到悟道的条件，一是要经过长时间的佛法熏习；二是"逢事无量诸佛"；三是对佛法决定胜解；四是已经积集善根。① 只有具备这些条件的菩萨才积集了足够的福智资粮，才能进入见道位。如果不经过福智资粮的积累就突然进入见道，这是违背佛教缘起法的。

　　实际上，闻、思、修、证是一个递进的因果关系，因闻慧发生思慧，因思慧发生修慧，因修慧而引发证悟，比如紫柏禅师就说："凡佛弟子，不通文字般若，即不得观照般若；不通观照般若，必不能契会实相般若。"②《胜天王般若经》亦云："若思维他说，即思维义，传以授人，发大慈悲，起坚固意；若不闻法，则无思、修。是故闻慧犹如字本，一切智慧因之而生。"③ 没有闻思修的积累，根本谈不上根本智的证得。禅宗是佛教的一个宗派，禅宗人在见道之前，也应不离闻思修的熏习。那么，侧重谈顿悟的《坛经》是否也有谈到加行智的渐修呢？答案是肯定的。

　　《坛经》在介绍惠能行由之后，开篇讲般若波罗蜜时，就谈到众生都具备般若之智，但是因为无明的遮蔽而不能自悟，所以需要大善知识的教导，才能见性成佛。这里六祖大师所讲的般若智应该是指唯识学所讲的根本智。也就是说，在无明覆蔽之时，需要大善知识的教导才能证入根本智，而接受善知识的教导，即是在不断地进行佛法的闻思熏习，便是在进行加行智的修习。实际上，从佛教的角度来看，佛陀就是最大的善知识，学人学习佛经，也是在接受佛陀这位大善知识的教导。六祖在后面又说，"若自悟者，不假外求"，如果只是靠善知识的帮助就能悟道，那也是不可能的。有人认为自己能悟，就不需要善知识。其实，六祖这里说的"自悟者"，并非指那种从来没接受过任何佛法熏习却天然能悟道的人。这里六祖侧重于讲自悟的那一个刹那，在顿悟的那一着子，是不需要善知识的帮助的。因为，善知识只是一个增上缘，并非因缘，因缘是自身的无漏种子，并不是善知识给予的，如果一向执着只有善知识才

---

① 《摄大乘论本》卷中，《大正藏》第 31 册，第 142 页中。
② （明）紫柏真可：《紫柏尊者全集》卷一，《卍新纂大日本续藏经》第 126 册，第 645 页上。
③ 《胜天王般若经》卷三，《大正藏》第 8 册，第 704 页中。

能使人解脱，是不可能的。《菩提道次第广论》就曾提到："诸佛非以水洗罪，非以手除众生苦，非移自证于余者，示法性谛令解脱。"[①] 即是意在说明须自证自悟，诸佛菩萨等善知识只是增上缘。但是在获得自证自悟的能力之前尚需善知识长时间的教导，进行长时间的积累福智资粮。

在《坛经·忏悔第六》中六祖惠能曾传弟子五分法身香、无相忏悔，又让弟子发四弘誓愿，并授无相三皈依戒。其中五分法身香为戒香、定香、慧香、解脱香、解脱知见香。六祖对这五分法身香的解释都是站在自心本性的角度来解释的。戒香是无诸烦恼之清净心；定香是如实观照善恶诸境皆自性空，自心远离定、散二边而与法性相应；慧香是以智慧观照烦恼皆不可得，心不执着；解脱香是超越善、恶等二边的自在无碍心；解脱知见香是不断如实知见诸法性、相直至圆满的菩提心。无相忏悔属于理忏，与事忏不同，无相忏悔要求学人以智慧观照烦恼本无实体可得，无能染之烦恼，亦无所染之心，这样达到忏悔罪障的作用。四弘誓愿则是六祖站在自性不二的角度认为无自他可得，度自心众生与度其他众生、断自心烦恼与断他人烦恼、学自心法门与学诸佛佛法、成自心佛道与他人成佛皆是无二无别。而"无相三皈依戒"则落实在归依自心本性，六祖所谓"自性三宝"。六祖的这种观点与《大乘理趣六波罗蜜多经》将三宝最终落实在真如法性的思想是一致的，皈依三宝最重要的就是开悟自心本性。其中修习戒定慧、行无相忏悔、发四弘誓愿、授无相三归依戒的内容都可以看作悟道前的一个加行。《疑问第三》中六祖则强调在家人修行需要"恩则孝养父母，义则上下相怜，让则尊卑和睦，忍则众恶无喧，若能钻木出火，淤泥定生红莲。苦口的是良药，逆耳必是忠言，改过必生智慧，护短心内非贤"。其中孝、义、让、忍、听忠言、改过错、不护短等道德的修养都可以看作悟道的前行，是福慧资粮的积累。

此外，《坛经》中所记载的六祖惠能得法弟子，在悟道之前基本上都有过长时间积累福智资粮的经历。比如陈惠明少于永昌寺出家，又依五祖学法多年；法达七岁出家，"念《法华经》已及三千部"；智通"初看《楞伽经》，约千余遍"；志常"髫年出家，志求见性"；志道"览《涅槃

---

① 宗喀巴：《菩提道次第广论》卷一，福建莆田广化寺版，第28页。

经》十载有余";行思禅师幼岁即出家学法;怀让禅师"年十五往荆州玉泉寺依弘景律师出家,受具之后,习毗尼藏"①,此后又依嵩山安和尚学法;永嘉玄觉禅师"少习经论,精天台止观法门,因看《维摩诘经》发明心地";禅者智隍"初参五祖,自谓已得正受,庵居长坐,积二十年";志诚在神秀大师处已学道九年;志彻曾"投僧出家,具戒精进",且常览《涅槃经》。惠能的这些弟子都不是天然自悟者,此生都曾有过修习佛法的经历,这些经历我们可以把它视为一个福智资粮积累的过程。实际上,惠能大师本人虽然不识字,但在悟道之前也有过听经的经历,比如惠能于市卖柴时,曾听客诵读《金刚经》;《曹溪大师别传》中记载惠能在参访五祖之前曾游曹溪,常在夜晚听无尽藏比丘尼诵读《涅槃经》,《别传》的记载虽然与宗宝本和敦煌本《坛经》有别,但依然可以作为一佐证。五祖半夜给惠能大师讲解《金刚经》,至"应无所住而生其心"时,惠能彻悟心性,也就意味着惠能在听《金刚经》"应无所住而生其心"之前的内容,我们依然可以看成惠能大师的一个闻思熏习渐修的过程。禅宗史上的马祖道一、百丈怀海、临济义玄等大禅师皆是幼年出家,精进修行之人,并非无缘无故而悟道。

因此,我们认为《坛经》中所展现的悟道之前闻思熏习之渐修的内容,实际上是指资粮位和加行位中对于加行智的修行,并非与根本智的顿悟相矛盾。关于这一点,丁小平在《禅悟与经教》一文中亦指出:"见道之前的无漏种子熏习增长的整个过程,可以概括为闻慧、思慧、修慧的不断增长过程;修慧进一步打破能所,使得习所成种熏生根本智的现行,即是悟道。"② 也即顿悟之前必须要有无漏种子的熏增,要有闻、思、修的渐修,渐修与顿悟并不矛盾。《坛经》中也多次谈到顿渐的关系,如《坛经·顿渐第八》云:"法本一宗,人有南北。法即一种,见有迟疾。何名顿渐?法无顿渐,人有利钝,故名顿渐。"也即佛法并无两般,只是人有利钝,有些人在加行智上的福智资粮积累不够,便是顿根人,还需要渐修;有些人则已圆满福智资粮,一点就透,言下便能悟,此即是利根人,只欠顿悟。一如量变到极点,只需一点,便是质变。

---

① (宋)道原:《景德传灯录》卷五,《大正藏》第51册,第240页下。
② 丁小平:《禅悟与经教》,《宜春学院学报》2014年第1期。

在《摄大乘论本》中,将加行智分为三种:"此中,加行无分别智有三种,谓因缘、引发、数习生差别故。"① 其中,"因缘生"指种姓力而生,也即过去世的无漏种子势力强盛;"引发生"指过去世长期修行而生;"数习生"指现世精进闻思熏习所生。其中的"种姓力",按照《摄大乘论》主张"新熏"的倾向,也应当是过去世多劫熏习而成。唐代宗密的《禅源诸诠集都序》将悟修的顿渐分为五种情况:

> 若就机约悟修说者,意又不同。如前所叙诸家,有云:先因渐修功成而豁然顿悟(犹如伐木片片渐斫一时顿倒,亦如远诣都城,步步渐行,一日顿到也);有云:因顿修而渐悟(如人学射,顿者箭箭直注意在中的,渐者日久方始渐亲渐中,此说运心顿修,不言功行顿毕);有云:因渐修而渐悟(如登九层之台,足履渐高,所见渐远,故有人云:欲穷千里目,更上一层楼)等者,皆说证悟也;有云:先须顿悟方可渐修者,此约解悟也(约断障说,如日顿出霜露渐消;约成德说,如孩子生,即顿具四肢六根,长即渐成志气功业)故华严说:初发心时即成正觉。然后三贤十圣次第修证,若未悟而修非真修也(良以非真流之行无以称真,何有修真之行不从真起,故彼经说:若未闻说此法,多劫修六度行,毕竟不能证真也);有云:顿悟顿修者,此说上上智根性乐欲俱胜(根胜故悟欲胜故修),一闻千悟得大总持,一念不生前后际断(断障如斩一缕丝,万条顿断,修德如染一缕丝,万条顿色也。荷泽云:见无念体不逐物生。又云:一念与本性相应,便具河沙功德,八万四千波罗蜜门,一时齐用也)此人三业唯独自明了,余人所不见(金刚三昧经云:空心不动具六波罗蜜。法华亦说:父母所生眼耳彻见三千界等也),且就事迹而言之,如牛头融大师之类也。此门有二意:若因悟而修,即是解悟;若因修而悟,即是证悟。然上皆只约今生而论,若远推宿世则唯渐无顿。今顿见者,已是多生渐熏而发现也。有云:法无顿渐,顿渐在机者。诚哉此理!固不在言,本只论机。②

---

① 《摄大乘论本》卷下,《大正藏》第31册,第148页上。
② (唐)宗密:《禅源诸诠集都序》,《大藏经》第48册,第407页下—408页上。

一是渐修顿悟,就像伐木,一次砍一点,最后一下把树砍倒,又像去远处的都城,一步一步走,最后一步一下到达目的地。二是顿修渐悟,像人学射,顿是指箭箭都注意在中的,渐是指日久才能始渐亲渐中。三是渐修渐悟,就像要登上九层高台,登得越高看得越远。这三种情况说的都是证悟。四是顿悟渐修,就像太阳顿出,霜露渐消,又如孩子一出生,即顿具四肢六根,长大后即渐成志气功业,这是讲的解悟之后的渐修,解悟指得正见,并非实证,所以这里的渐修仍可归入加行智。第五种是顿修顿悟,就如斩一缤丝,万条顿断,这种情况是针对上上利根之人说的,非常罕见。宗密认为这五种情况都是对今生此世而说的,如果远推宿世,则只有渐修而无所谓顿悟,此世能顿悟见性的人是因为在过去世已经有长劫的渐修熏习。所以,就一般佛教的修行次第而言,一切都是渐修成就的。六祖所谓"法无顿渐,人有利钝"说的就是不同根机的人实则是对应不同的修行阶段,佛法本身并无顿渐之分。《坛经》记载惠能初次听到一客诵读《金刚经》即开悟,初见五祖弘忍就能对佛性有独到的见解,认为佛性没有南北之分,并感觉"自心常生智慧",后面半夜听五祖讲《金刚经》即能大彻大悟。从惠能的开悟经历来看,惠能大师的根机应该是非常猛利的。当然,从佛教缘起理论来看,一个人的天赋也绝不是无缘无故而来的,其必然会将这种天赋推至过去世的熏习。

惠能大师在《坛经》里曾多次强调顿教法门是为接引最上乘人的,是"为大智人说,为上根人说",而根器不够的人不能学也不能信,并嘱咐弟子:"若不同见同行,在别法中,不得传付,损彼前人,究竟无益。"可见在《坛经》中惠能所传之顿教法门针对的是最上根器的人,对于一般资质的人,六祖是不轻易传此法门的,因为资质不够的人不仅不能学受此法门,而且可能引发诽谤而造罪。比如,对于《机缘第七》中的方辩,惠能便没有传他顿教法门,只摩其顶曰:"永为人天福田。"从惠能及其弟子的悟道经历来看,他们往往是在三言两语下见性,可见惠能师弟确是上根之人。近代太虚大师认为禅宗顿教所针对的根器,"依一般言之,位在第七信,然不一定有;先曾修习大乘法者,虽退失其菩提心,若一念回心向上即可入初住。或以前已曾备修福智资粮中道而废者,一回心即可入初地等位，故云入劫菩萨——然入初劫二劫三劫不等。"①也即禅宗的对机者是过去世就已经证得第七信位的菩萨；或者是曾经退失了菩提心，但一念回心向上就可以入初住；或者是曾修福智资粮中道而废者，一念回心便能证入初地。佛教认为要想修行成佛并非一朝一夕可以完成的，进入初发心住的菩萨尚需三大阿僧祇劫的漫长修行，《大乘起信论》中认为，即使要成就最初步的对佛教的信心，也需要"值遇诸佛及诸菩萨，承事供养修行诸行，经十千劫，信乃成就"②。实际上，三大阿僧祇劫也只是一个虚数，《大般若经》就指出："菩萨所趣无上菩提，无量功力乃得成办。"③ 所以，从佛教缘起思想的角度来看，惠能及弟子能于言下悟道和他们过去长时间的修行是分不开的。

值得注意的是，后世许多禅师都有否定学习佛教经论的言语，如临济义玄禅师称："三乘十二分教，皆是拭不净纸"④；德山禅师则说："十二分教是鬼神簿、拭疮脓纸。"⑤ 但这种否定，是指破除对经教的执着，而不是否定闻、思熏习之渐修。关于这一点，学界已有许多研究成果，如冯焕珍教授在《说"无念为宗"》一文中指出："痛下杀手，采取'呵佛骂祖'、'棒打脚踢'等迥异常情的教法，一举将顽固地盘踞在学人心中的对于佛祖、经教、父母、眷属之贪念扫荡干净，方能使其得到彻底觉悟。"⑥ 丁小平亦在《禅宗"呵佛骂祖"的真义》⑦ 一文中指出禅宗祖师呵佛骂祖的言论，旨在破除学人对经论的执着，并非简单地否定闻思熏习。

---

① 释太虚：《大乘位与大乘各宗》，载《太虚大师全书》第5册，宗教文化出版社2005年版，第337—338页。
② 《大乘起信论》卷下，《大正藏》第32册，第589页上。
③ 《大般若波罗蜜多经》卷五百六十八，《大正藏》第7册，第936页上。
④ （唐）慧然集：《镇州临济慧照禅师语录》，《大正藏》第47册，第499页下。
⑤ （明）瞿汝稷编撰：《指月录》卷十五，巴蜀书社2012年版，第453页。
⑥ 冯焕珍：《说"无念为宗"》，载《六祖坛经研究》（三），中国大百科全书出版社2003年版，第165—199页。
⑦ 丁小平：《禅宗"呵佛骂祖"的真义》，《湖南工业大学学报》（社会科学版）2013年第3期。

二 后得智的渐修

佛教认为经加行之后证入真如,发生见道,证得根本智,但并不因此而停止,如果要圆满成佛,还需要长劫地修行。如《成唯识论》卷九认为菩萨进入见道位证得根本智之后,"为断余障,证得转依,复数修习无分别智"①。这里的"无分别智"指后得无分别智。后得智是在根本智证得真如之后才能生起的,如《成唯识论》卷八云:"无分别智证真如已,后得智中方能了达依他起性如幻事等。"② 这段话还表明,后得智不像根本智那样无分别,而是如实分别诸法之依他起性,也即如实了达一切法种种差别之相。对于"三智"之差别,《摄大乘论本》有种种精彩的譬喻:

> 如哑求受义,如哑正受义,如非哑受义,三智譬如是;如愚求受义,如愚正受义,如非愚受义,二智譬如是;……如人正闭目,是无分别智,即彼复开目,后得智亦尔,应知如虚空,是无分别智,于中现色像,后得智亦尔。③

哑巴和愚人想要认识外境而不可得,比喻加行智欲求证真如而尚未证得,所以也无法言说和理解依他起性;哑巴和愚人正在认识外境,比喻根本智亲证真如无法言说的情形;非哑巴和非愚人认识了外境之后,比喻后得智能如理思维并言说诸法差别。根本智和后得智的区别,又如一人正闭眼时无所见,比喻根本智无所分别;而睁开眼时见种种色像,比喻后得智如理分别一切事物。这里需要注意的是,后得智虽然是有分别的,但不起执着,犹如虚空无染。后得智在《摄大乘论本》中分为通达、随念、安立、和合、如意思择五种,世亲菩萨所造《摄大乘论释》云:

> 此中通达思择者,谓通达时如是思择"我已通达",此中思择意

---

① 《成唯识论》卷九,《大正藏》第31册,第50页下。
② 《成唯识论》卷八,《大正藏》第31册,第46页中—下。
③ 《摄大乘论本》卷下,《大正藏》第31册,第148页上。

取觉察；随念思择者，谓从此出随忆念言"我已通达无分别性"；安立思择者，谓为他说此通达事；和合思择者，谓总缘智观一切法皆同一相，由此智故进趣转依，或转依已，重起此智；如意思择者，谓随所思一切如意，由此思择能变地等令成金等，为得如意起此思择，是故说名如意思择。①

这五种都是依根本智而起之用，着眼于自度度他。前两种侧重自我的印证；第三种是为他人如理言说佛理，安立言词方便；第四种为依根本智起用，对治烦恼障与所知障，并将不断运用这种体用关系；第五种是发起神通，引摄众生。实际上，菩萨在根本智亲证真如之后的自利利他的一切行为，都是在进行后得智的修习，而后得智的圆满至少还需要两大阿僧祇劫。那么，《坛经》中是否只讲顿悟而不讲后得智的渐修呢？

在《坛经·忏悔第六》中，六祖大师给弟子们传授五分法身香，其中谈到解脱香和解脱知见香：

> 四解脱香，即自心无所攀缘，不思善，不思恶，自在无碍，名解脱香。五解脱知见香，自心既无所攀缘善恶，不可沉空守寂，即须广学多闻，识自本心，达诸佛理，和光接物，无我无人，直至菩提，真性不易，名解脱知见香。

其中解脱香所描述的"自心无所攀缘，不思善，不思恶，自在无碍"，很明显指的是根本智亲证真如，也即无所攀缘，无善无恶，能缘所缘平等平等。在证得根本智后还要长时间修习后得智，对比世亲菩萨的《摄大乘论释》，其中的"识自本心"相当于《摄大乘论》中五种后得智的通达思择和随念思择；"广学多闻"和"达诸佛理"相当于安立思择；而"和光接物，无我无人"则有似于如意思择，引摄众生。换言之，惠能大师这里所讲的解脱知见香，即是唯识学所说的后得智。

我们细读《坛经》之后就会发现，惠能师弟在悟道之后都有着圆满后得智的过程。比如惠能大师在黄梅悟道之后，在四会于猎人队中避难

---

① 《摄大乘论释》卷九，《大正藏》第 31 册，第 367 页上—中。

十五年，随宜说法、放生等行为，皆是一个悟后起修的过程，惠能后来给大众讲法、接引弟子等种种行为，都是一个不断破除自身微细我执、度化众生的圆满后得智的过程。再如诵《法华经》已达三千部的法达，在惠能的点拨下悟道之后"亦不辍诵经"；智常在悟道之后依然侍奉惠能终生；怀让禅师在悟道之后"执侍左右一十五载，日臻玄奥"；智隍禅师见性之后则"复归河北，开化四众"。惠能的这些弟子在悟道之后，并没有从此舍弃佛法，反而更加精进地投入佛教事业中来，这都可以看成一个修习后得智的过程。

后世禅宗的许多禅师都认为悟道之后还需修道。如沩山灵佑禅师说："初心虽从缘得，一念顿悟自理，犹有无始旷劫习气未能顿净，须教渠净除现业流识，即是修也。"① 《净土旨觉》亦云："参禅者纵得一念从缘顿悟，犹有无始习气，一生功行未能卒尽。"② 这其实即是《楞严经》卷十讲的"理则顿悟，乘悟并销；事非顿除，因次第尽。"③ 从佛教角度来看，一个悟道的菩萨因为已经分证真如，对佛教产生了决定信解，会比普通凡夫更加迫切地想要学习佛法、圆满智慧，这也是《华严经·普贤行愿品》中普贤菩萨十大愿，而前八大愿都是依止佛陀学习佛法的原因，也是许多悟道禅师悟后往生西方净土的原因。如蕅益大师引天如禅师语云："悟后不愿往生，敢保老兄未悟。"④ 明代袁宏道所撰《西方合论》则引天如禅师语曰："悟达之士，正愿求生。汝但未悟，使汝既悟，净土之趋，万牛莫挽。"⑤

因此，《坛经》所展现的悟后渐修的内容指的是后得智的渐修，与根本智的顿悟并不矛盾，而是一种因果不二的体现。

---

① （明）语风圆信，郭凝之编：《潭州沩山灵佑禅师语录》卷一，《大正藏》第47册，第577页下。
② （清）道沾：《净土旨决》，《卍新纂大日本续藏经》第109册，第186页上。
③ 《大佛顶如来密因修证了义诸菩萨万行首楞严经》卷十，《大正藏》第19册，第155页上。
④ （明）智旭：《灵峰蕅益大师宗论》卷二，《嘉兴大藏经》第36册，第290页下。
⑤ （明）袁宏道：《西方合论》卷二，《大正藏》第47册，第394页中。

第四节　顿悟的特殊情况及其他

上文所分析的是一般情况，也即是顿悟之前必须由加行智的渐修。太虚大师在《真现实论宗体论》中提到：依通常的教理，不管怎样的顿悟，都是渐修而成的，但若依禅宗的主张是不论凡夫圣人的次第的，只要有比较好的善知识的方便指导，学者的恳切参究，不管什么根器的人都可以顿悟，不必要由渐修，这才显示出禅宗的特点。[①]《坛经》中也有"一悟即至佛地""一念悟时，众生即佛"的说法，那么是否意味着可以不需要渐修而直接悟入真如，甚至圆满成佛？太虚大师认为，这种不需要渐修的顿悟法门，按照通常教理是比较难以解释的，但是在事实上却是可行的，对于这种法门的原理，他推测认为：

> 禅宗以参究的方法用功，用到得力的时候，一方面不落到独头意识的名言境界，一方面以这种深厚的疑情，专去参究到第七识的无明根上，认真的去参究他打破他。用功用到绝顶的时候，忘生舍命的非常恳切得力。虽此时福慧资粮未曾具足，不能即刻达到初地的自觉圣智境界，可是在一刹那间，能够使独头意识完全不起，第七识恒审思量的我见也得一刹那的暂伏。这时，六七二识的非量完全止息，不落惛沉、散乱、无记，惟是明明了了的现量心现起。在此刹那的相应时，岂非本有的离言清净觉心顿得相应？不过此仿佛满空黑云中忽然露了一下明月，虽是透露一下，因无始时来的分别熏习浓厚，如虚空明月倏忽又被云雾遮起来一样。但是，这总比从来未见过的大大不同，因为已真知灼见过了。[②]

太虚大师的解释是比较清楚的，也就是说，只要参究之人恳切用力到舍

[①]　释太虚：《真现实论·宗体论》，载《太虚大师全书》第 21 册，宗教文化出版社 2005 年版，第 359—360 页。

[②]　释太虚：《真现实论·宗体论》，载《太虚大师全书》第 21 册，宗教文化出版社 2005 年版，第 361 页。

生忘死的时候，就有可能使得第六、第七识的非量完全止息，从而在此刹那与清净觉心现量相应，也即是在此刹那间此心与真如相应。但是因为无明深厚，这种悟道只是如满空黑云中忽然露了一下明月，然后就又被云雾遮蔽起来了，但比起悟道之前已经大不同了。太虚大师认为：这样透露一下之后，还需要真实用功，悟后的用功又分为两种："一、顿悟顿修，直由此顿悟妙慧念念现前，更不立渐次。二、顿悟渐修，令无始习气伏除。"① 顿悟顿修是悟后念念保持妙慧现前，只要依此妙慧修行即可，此应是利根人才能做到，如六祖大师所强调的一行三昧即是在行住坐卧中都与真如相应，那便是顿悟顿修了。顿悟渐修，则又分为破本参、破重关和透末后关三关，其中破本参即是指刹那间透露一下而已，所以需要把破本参悟到的作为本钱进而去伏断无始以来的虚妄习气，了知修行不离本觉，本觉不离修行，这样去破其余两关，才是大彻大悟。

从太虚大师的解释看，通过对深刻疑情的参究是有可能不需要渐修而见到真如而开悟的，这可以算是开悟的一种捷径或特殊情况，也是禅宗顿教法门的特点所在。但是这种开悟，只是忽然透露一下而已，并不能念念保持，而且因为福慧资粮不足，没法进入初地圣境。开悟之后，也还需要继续加功用行，才能渐渐扫除深厚无明。所以，并不是参究开悟之后，就能进入唯识学所说的初地，更不是圆满成就"三身""四智"而达到事实上的成佛。因此，即使通过这种参究开悟，依然还需要长时间去圆满功德智慧。

此外，参禅之人要生起深刻疑情，并能死力参究而不生退心，必然还是在过去曾亲近过佛法，才有可能结出现今参究之果。而对于指导参究的善知识，之所以能今生碰到，按照佛教的因果逻辑，也必然是在过去世曾与此善知识结缘，修习过佛法。所以，即使是这种顿悟的特殊情况，依然不能把它看成无本之木，依然不能脱离因果链条，否则便是违背了佛教的根本法则——缘起法。

最后，我们似乎还有一个问题没有解决。《成唯识论》所述的见道是指根本智证真如，见道之后就称为登地菩萨。但是根据中国佛教祖师们

---

① 释太虚：《真现实论·宗体论》，载《太虚大师全书》第 21 册，宗教文化出版社 2005 年版，第 362 页。

对自己的判定，中国天台宗二祖慧思大师自认仅"居铁轮"，也即"十信位"①；天台宗三祖智者大师仅证得观行即佛而"位居五品"②；明代的蕅益智旭大师，则自认为只到名字即佛位，也即大开圆解；太虚大师则在《大乘起信论别说》一文中认为"而即登大乘信成就初发心住位矣，唯永明大师斯是耳"③。这样看来，永明延寿大师所修证的位次还算比较高的了。但是这些被公认为悟道的祖师，为什么没有进入初地呢？换言之，如果没有像《成唯识论》所说的见道即入初地，那么中国佛教的祖师们悟的是什么道呢？后来，笔者在读唐代窥基大师的《大乘法苑义林章》时，找到了一些答案，供读者朋友们参考。

佛教讲的见道，实际上也就是悟入遍计所执性、依他起性和圆成实性。《大乘法苑义林章》第一卷《唯识章》中引了两段《摄大乘论》文，又引了一段《成唯识论》文，但这三段文字对于悟入三性之位次的描述都不一样。第一段《摄论》文为：

> 如是菩萨悟入意言似义相故，悟入遍计所执性，悟入唯识故，悟入依他起性，云何悟入圆成实性？若已灭除意言闻法熏习种类唯识之想，……尔时，菩萨平等平等所缘能缘无分别智已得生起，由此菩萨名已悟入圆成实性。④

大意为：修四寻思观的菩萨，通达我、法之名、事皆是意识所变，毫无实体⑤，便是悟入遍计所执性。次观一切法皆是唯识种子仗因托缘之所现起，都无自性，这便是悟入依他起性。依如实智灭除与意识闻法熏习同一种类的无境唯识之想，逐渐至无分别智生起，能证之智与所证真如平

---

① （宋）志磐：《佛祖统纪》卷六，《大正藏》第49册，第179页上。
② （宋）云照：《智者大师别传注》卷上，《大正藏》第50册，第196页中。
③ 释太虚：《大乘起信论别说》，载《太虚大师全书》第16册，宗教文化出版社2005年版，第213页。
④ 《摄大乘论本》卷中，《大正藏》第31册，第143页上。
⑤ 本书所言"实体"并非西方哲学意义上的实体概念，而是指佛教经论中所谈到的实我、实法，其意义与中观学所要破除的"自性"一词相当。当然，中观学所要破除的"自性"亦非《坛经》中惠能所肯定的"自性"，《坛经》中所言"自性"一般指心本性、自性清净心、真如等。

等平等，由此便悟入圆成实性。

第二段《摄论》文为：

> 名事互为客，其性应寻思。
> 于二亦当推，唯量及唯假。
> 实智观无义，唯有分别三。
> 彼无故此无，是即入三性。①

大意为：应当寻思名言与事境相对安立，并非独立的实体；名言和事境的自体与差别都是心识的虚妄分别，皆是假立，没有实体。四如实遍智观察并没有离识的事境存在，只有名言分别、自体分别、差别分别。事境无所有，则这三种分别也无所有，因为能分别与所分别是相对安立的，既无所，则无能。这样能所双亡，就悟入三性。这首偈颂，第一句指悟入遍计所执性；次一句指悟入依他起性，后两句指悟入圆成实性。

第三段《成唯识论》文为：

> 非不见真如，而能了诸行，
> 皆如幻事等，虽有而非真。②

大意为：只有在根本智证见真如之后，也即证圆成实性之后，才能依后得智了达一切法皆是缘起如幻，这一切法是缘起幻有，而非实体有，便入依他起性。既入圆成与依他，即达遍计所执无。反过来，如果没有亲证真如，则不能真正悟入依他起如幻如化。

前两段文字都是出自《摄大乘论本·入所知相分第四》，第三段则出自《成唯识论》第八卷。窥基大师认为第一段《摄论》文是说，悟入遍计所执性是在四寻思观的暖、顶二位；悟入依他起性是在修如实智的忍、世第一位；世第一位后刹那心，见道真心证离言性，就是悟入圆成实性，入初地。第二段《摄论》文则是认为暖、顶二位可以悟入遍计、依他二

---

① 《摄大乘论本》卷中，《大正藏》第 31 册，第 143 页下。
② 《成唯识论》卷八，《大正藏》第 31 册，第 46 页下。

性,而忍、世第一四如实智则悟入圆成实性。第三段《成唯识论》文的意思是要入初地见圆成实性,才能证见依他、遍计二性。那么这三段对悟入三性的位次判定,很明显是不一样的。那么,是否互相矛盾呢?

窥基大师认为:"虽有三文,义理唯二:一者实证,二者相似。"① 这三段文字的描述之所以不一样,是因为在证得三自性有现量亲证三性和证得影像相似三性的区别。窥基大师进一步认为:"《成唯识》中据实亲证,由无漏二智,真、俗前后,方可证得后二性故。证二性时,不见二取,即名证彼计所执无。"② 其中"无漏二智"指根本智和后得智,"真、俗前后"指根本智证得真如法性,也即证得圆成实性,之后后得智观一切法如幻,证得依他起性。那么,在证见圆成、依他二性时,远离能取、所取之分别,"二取"即是遍计所执性,不见二取,也就是证入遍计所执无。窥基认为,《成唯识论》这里讲的证入三性是据实亲证。何以故?窥基解释道:"然正体智达无、证理,多说此智证计所执。虽见道前亦已不见,未亲得二,不名证无。故于初地方名证得。"③ "正体智"指正智,正证真如体之智曰正体智。得根本智时,通达诸法唯识所变,遍计所执之体为无,故曰"达无";证得真如理,故曰"证理"。虽然在见道之前的加行位,四如实智已观二取是空,但是这空相实际上是识变,并非正智亲证。因为在还没有亲得根本智和后得智时,不能证遍计所执无。因此,只有入初地得根本智时,才可说亲证依他、遍计二性。

而对于《摄论》的两段文字,窥基大师认为:

> 《摄论》初文,悟圆成者,据实证得,与唯识同。悟前二性,据相似悟,长时多分,意解思惟前二性故。短时少分,虽亦相似悟入圆成,非长时多分,亦非亲证,故据实说。《摄论》次文,悟入三性总据相似意趣而说。创观名、事不相属故,名悟入所执;次观唯有识量及假名等诸法,虽未证实,名悟依他;如实智位,虽实有相,

---

① (唐)窥基:《大乘法苑义林章》卷一,《大正藏》第45册,第262页下。
② (唐)窥基:《大乘法苑义林章》卷一,《大正藏》第45册,第262页下。
③ (唐)窥基:《大乘法苑义林章》卷一,《大正藏》第45册,第262页下。

而未证真,二取俱亡,与真智观相似,趣入意解,亦谓即是真如。故实智位,名入圆成,实未悟入。《摄论》据相似意解三性,别明悟入。《唯识》据真实别证二性通证所执。虽文有异,而不相违。[①]

第一段《摄论》文中的证圆成实性和《成唯识论》文一样,都是据实亲证。但在见道前对于依他和遍计二性的证入却是相似悟入。因为经过资粮位的多闻熏习和加行位的暖、顶、忍、世第一位,时分长远,是相似观见二取本空,忍第一位菩萨相似悟入自意解中,认为证得如是二性。而在忍第一位中(不通暖、顶,时分短故),虽分悟圆成实性,但因为时短,又是相似悟入而非亲证,所以不能说证得圆成实性。第二段《摄论》文所描述的,悟入的都是相似三性。观名与事各互为客,不相结属,这时是悟入遍计所执性,在暖、顶位;次观诸法唯识,因缘假有,虽未亲证,名悟依他。四如实智位(忍、世第一位),观二取双亡,与真见道智观空相似,所以也叫悟入圆成实性,但实际上没有亲证。《摄论》是据相似意趣名为悟入三性,《成唯识论》是据实亲证,名为悟入三性。所以表面文字虽然不同,但是蕴含的道理却不相违。

总而言之,悟入三自性有相似悟入和据实亲证的区别。我们再回到刚开始的那个问题,根据窥基大师的说法,很明显,只有根本智亲证真如,入初地,才能以根本智和后得智真正证得三性。这才是真正的见道。禅宗悟道常有破三关的说法,实际上就是在不同位次悟入三性区别,如果没有进入初地亲证真如,悟道就只能是前两段《摄论》文所描述的相似悟入三性。当然,笔者这里只是引述窥基大师的说法,以供大家参考。唯识所说也只是据一般通途教理而言。前文已述,根据太虚大师的相关论述,禅宗的顿悟法门与一般通途教理有所不同,禅宗侧重用一些特殊的方法,使得学人在一刹那间,暂伏第七识恒审思量的我见,明明了了的现量心现起,顿得自觉圣智,可以算是顿悟的一种特殊情况,这也是禅宗的宗门特点。但太虚大师也认为这种悟道因福智资粮未圆满,离唯识学所谓的初地圣境还是有距离的。太虚大师是近代参禅开悟的高僧,是难得的宗、说兼通的大善知识,他对禅宗的见地应当是可靠的。禅宗

---

① (唐)窥基:《大乘法苑义林章》卷一,《大正藏》第45册,第262页下。

这种以特殊方式证见真如的情况，确实是禅宗教外别传的特点，其把一切教义葛藤都丢开，唯以见性为期，禅风非常活泼。太虚云："南泉斩猫，归宗断蛇，大用现前，不存轨则！或弄船江上，或鸣锡云端，或吊影崖岛，或混迹市廛，或拈棒行喝，或张弓舞叉，学女人而戏拜，择肥肉而大嚼。"① 古代禅师的禅法确实活泼，其所作所为都落实在般若智上，而不拘泥于形式。

小　结

本章在解决顿悟和渐修之间的"矛盾"时引入了唯识学"三智"的概念，这"三智"的内涵并非在禅宗中就没有，实际上禅宗所说的文字般若、观照般若、实相般若就可以与"三智"进行一定程度上的对应。禅宗不重文字，不重义理系统的建立，而唯识学侧重教理分析，那么以瑜伽之巧分别相来解禅宗之无分别性，使两者相得益彰，又有何不可呢！

从修行历程来看，佛教修行可以分为资粮位、加行位、通达位、修习位和究竟位五个阶段。其中资粮位和加行位侧重加行智的修习，通达位则是根本智的证得，修习位是进行根本智和后得智的圆满，究竟位是圆满成佛，获得一切种智。通过上面的分析，我们知道，加行智和后得智都是需要渐修从而不断增长的，只有根本智的证得是能缘所缘平等平等，无所谓顿渐，而强名曰顿悟。《坛经》虽然是顿教法门，侧重当下顿悟，但不可否认，《坛经》依然部分展示了加行智和后得智渐修的内容。陈兵教授将《坛经》的修学次第分为前行、正行、随方解缚的教学方法三大部分。其中前行则包括依止善知识、传香、忏悔、发心、归依、得正见、在生活中修行等内容。② 这些悟道前的修行都可以视为加行智的渐修。《坛经》法门的对机者是上根利器之人，其不侧重加行智，因为其默认他的对机者已经完成了加行智该有的修行，而只剩下最后悟道的那一着子，当然它也不侧重后

---

① 释太虚：《唐代禅宗与现代思潮》，载《太虚大师全书》第22册，宗教文化出版社2005年版，第191页。
② 参见陈兵导读，哈磊整理，丁福保笺注《坛经·导读》，上海古籍出版社2011年版，第2—18页。

得智。《坛经》所侧重的是根本智的顿悟，故而整个禅宗顿教的任务旨在教人如何当下悟道，而不是教人如何进行闻思熏习，所以禅宗史展现出来的是种种机锋和棒喝，而并没有像其他佛教宗派那样广为佛教经论作注疏。但我们不能因为禅宗侧重顿悟，就抹杀了加行智和后得智的渐修，而且《坛经》也从未否定渐修，比如惠能大师就屡次强调"法无顿渐，人有利钝，故名顿渐"，又说，"愚者问于智人，智者与愚人说法，愚人忽然心开悟解，即与智人无别"，愚人和顿根之人不断积累福智资粮，进行加行智的修习，所以要渐修；智人和利根之人，已经完成了加行智的修习，则侧重顿悟，愚人和智人也没有不可逾越的鸿沟。

实际上，顿渐也构成一个因果关系：没有加行智的渐修，就没有根本智的顿悟，没有根本智的顿悟，也谈不上后得智的渐修。渐与顿其实是一个不可分割的整体，因不离果，果不离因，因果非一非异。顿渐关系如下图所示：

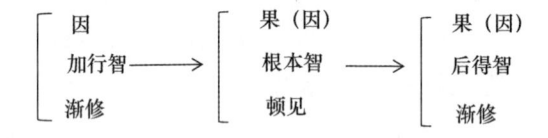

$$\begin{bmatrix} 因 \\ 加行智 \\ 渐修 \end{bmatrix} \longrightarrow \begin{bmatrix} 果（因）\\ 根本智 \\ 顿见 \end{bmatrix} \longrightarrow \begin{bmatrix} 果（因）\\ 后得智 \\ 渐修 \end{bmatrix}$$

从上图可以看出，佛教的修行首先要经过加行智（文字般若和观照般若）的渐修，然后产生超越一切粗细思维的根本智，顿见真如本性，此后再不断渐修圆满后得智，不断认识缘起的差别性。而佛菩萨又可利用其后得智如实安立种种言教，众生则可依此言教的熏习而产生文字般若和观照般若，乃至圆满成佛。所以这佛菩萨利用后得智产生的言教又是众生获得闻思慧乃至成佛之因。因此，上图实际上可以分两个层次来解析。一是从众生修行的角度来看，加行智是根本智之因，根本智是后得智之因又是加行智之果。二是从众生修行成圣以及圣者度化众生的整体来看，圣者依据后得智安立的佛法，又是众生修行加行智乃至成就佛果之因。故由佛法成就佛果，由佛果而安立佛法，佛法与佛果又是互为因果的。《成唯识论》在解释本识与种子、种子与现行的关系时说："体用因果，理应尔故。"① 其中本识是体，种子是用，种子是因，所生现行是果，体与用，因与果都是不一不异的不二关系。因与果若是一，则不应有因、果二者；因与果若是异，则麦种可生豆。所以因果非即非离，不一不异。闻、思、修慧是见道得根本智之正因缘，根本智是闻、思、修所熏无漏种子现行之果，因此，《坛经》中展现的渐修内容与其所侧重的顿悟并非矛盾，而是构成一个因果不二的关系。

当然，这里讨论的顿渐问题，其实是从总的通途层面来说的，但实际情况，并不是那么简单。比如禅宗的"顿悟"就分为很多层次，有些是得解悟，解决信解问题，还有破三关等不同层次，并不是一顿悟就像唯识学那样见道进入初地，故禅宗一般讲悟道而不是见道。不过，禅宗将一切教义葛藤都丢开，死力参究，唯以见性为期，禅风极为活泼，确是禅宗宗门的一大特点。如果说加行智是禅宗学人用以悟道的正因缘，那么大善知识便是悟道重要的增上缘。禅宗所讲的合格的善知识应是已经悟道的禅师，而且还需要掌握一定的使他人开悟的教学技巧。在这种合格的善知识的教导之下，以心传心，使弟子见涅槃妙心。如六祖说："若自不悟，须觅大善知识、解最上乘法者，直示正路。是善知识有大因缘，所谓化导令得见性。"这种善知识的指示、化导，其实是作为帮助弟子悟道的增上缘，也可以算是一种悟前的加行。如某学生要考北京大学，须以良师辅导功课才能成功考上。相较于其他宗派，禅宗似乎更加重视善知识的作用。因为禅宗直接所重视的在于证见真如本性，若无善知识指导，学人难免错认禅定心境以为悟境，憨山所谓"多堕识情窠臼，错认光影门头。但以昭昭灵灵为妙悟，却不知昭昭灵灵者，正熠熠妄想耳。且又将心待悟，以谓此中实实有个光景，为所得之地。此皆未达究竟心原，而以有思维心图度无思维境界也"②。在《坛经·机缘第七》中的大通和尚就曾错认"无一物可见、无一物可知、本源清净、觉体圆明"的这种禅定心境为明心见性的悟境。《机缘第七》又载永嘉玄觉禅师因看《维摩诘经》发明心地，但玄策仍劝其前往六祖处请六祖做印证。玄策

---

① 《成唯识论》卷二，《大正藏》第31册，第8页上。
② （明）通炯编辑：《憨山老人梦游集》卷十四，《卍新纂大日本续藏经》第73册，第561页下。

谓:"威音王已前即得,威音王已后,无师自悟,尽是天然外道。"这些都是禅宗极重善知识的表现。

  在前文的"宗门与教下"一节已经谈到禅宗的悟道离不开对经教的熏习。神秀的北禅宗所主张的渐修实际上就是指的文字般若和观照般若的修行,惠能的南禅宗则侧重于顿悟实相般若。也就是说,神秀的北禅宗和惠能的南禅宗在一定程度上成为一种互补关系,从而构成了一个完整的禅宗。但是,随着北禅宗渐教法门的衰落,那些尚未达到南禅宗要求的根机的学人很难在顿教中找到适合自己的法门,难免会堕入狂禅末流。因此,笔者认同太虚大师的看法,也即当今的中国禅宗或许应该重视对教理和戒律的建设,重新建立起由渐修至顿悟的道次第,使得不同根机的学人都能在禅宗中找到适合自己的法门。根器差一点的则重在对闻慧、思慧的渐修,根器好一点的则可以侧重禅定之观修,上根器之人则可以侧重在对实相般若的顿悟。这样稳扎稳打,才有可能重新振兴禅宗。

第 二 章

不落阶级与阶级次第不二

第一节 《坛经》中的一悟至佛地 与阶级次第

在上一章，我们谈到《坛经》中的顿悟与渐修是一个因果不二的关系，并非矛盾。那么在"悟"上，《坛经》又有哪些描述呢？

首先来看惠能大师的悟道过程。惠能是岭南百姓，家境贫寒，父又早亡，与母亲相依为命，曾"于市卖柴，时有一客买柴，使令送至客店。客收去，惠能得钱，却出门外，见一客诵经，惠能一闻经语，心即开悟。"也即这时，惠能在卖柴出门之后，听到有人诵读《金刚经》，便有所开悟。之后，惠能经客指引，去往湖北黄梅参礼五祖，惠能求法心切，不足三十余日就从广东走到了湖北黄梅县。见五祖的第一面，惠能就说，"惟求作佛，不求余物"，并认为"人虽有南北，佛性本无南北"，五祖在一番勘验之下，知道惠能根性大利，便命其在后院碓坊工作八月有余。后来，五祖打算付衣法于门人，便唤诸门人各作一偈以呈心所见，只有神秀书偈于南廊壁间，但五祖认为此偈入门未得，不见自性，但仍令门人焚香礼敬。一童子从碓坊过，唱诵神秀之偈，惠能亦知此偈未见本性，便请张别驾书写了自己的呈心偈，偈曰："菩提本无树，明镜亦非台。本来无一物，何处惹尘埃。"[①] 惠能之所以能做出这样思想高超的偈子，应该是之前听客诵读《金刚经》而开悟的结果。但五祖见众人惊怪，遂用鞋擦了惠能的偈子，说惠能之偈亦未见性。

---

① （元）宗宝编：《六祖大师法宝坛经》，《大正藏》第 48 册，第 349 页上。

56 / 《坛经》不二中道思想研究

五祖知时机已成熟，便示意惠能三更入室，五祖在半夜以袈裟遮围，给惠能讲《金刚经》，至"应无所住而生其心"时，惠能言下大悟，并说出了"五个何期自性"来表明自己的悟境：

何期自性本自清净！何期自性本不生灭！何期自性本自具足！何期自性本无动摇！何期自性能生万法！①

此时五祖印可惠能已悟自心本性，五祖说："不识本心，学法无益。若识自本心，见自本性，即名丈夫、天人师、佛。"② 也即五祖此时印可惠能已开悟成佛。惠能得法之后，五祖将此顿教法门及衣钵都传给了惠能，并以惠能为禅宗第六代祖师。

从惠能大师的悟道过程来看，惠能总共有两次开悟的经历。第一次为听客诵读《金刚经》而有所悟，其在黄梅的呈心偈可以算是此次开悟的见地；第二次为五祖半夜给惠能讲《金刚经》，惠能因此言下大悟，其所说的"五个何期自性"是开悟的见地。两次见地，明显有所不同。换言之，悟道可以一悟再悟，有阶级次第可言，并非一悟即成佛。

考六祖弟子悟道之后的表现，似乎也并非已经智慧圆满。如怀让禅师被六祖印可之后，仍在六祖左右侍奉十五年，并"日臻玄奥"，也即还需再修再悟；法达闻偈言下大悟，但仍向六祖请教羊鹿牛车之意；智常蒙六祖指示自心本性，已心意豁然，但仍未明三乘法与最上乘之意。可见这些弟子并非一悟即至佛地。从《忏悔第六》的"解脱知见香"的内容看，悟道之后还需要广学多闻、和光接物，才最终成就菩提智慧。沩山灵佑禅师亦认为悟后还有无始虚妄习气需要净除。从上一章的分析中，我们可以得出这些内容实际上是后得智渐修的内容，这并不奇怪。

但是，六祖在《坛经》的其他一些地方，却说："若起正真般若观照，一刹那间，妄念俱灭。若识自性，一悟即至佛地。"③ 也即悟道的时

---

① （元）宗宝编：《六祖大师法宝坛经》，《大正藏》第 48 册，第 349 页上。
② （元）宗宝编：《六祖大师法宝坛经》，《大正藏》第 48 册，第 349 页上。
③ （元）宗宝编：《六祖大师法宝坛经》，《大正藏》第 48 册，第 351 页上。

候，一刹那间就可以破除烦恼妄想，一悟就可以直至佛地，似乎悟道并没有阶级次第可言，直接跳过所有位次而直接成佛？在《坛经·机缘第七》记载了六祖大师与行思禅师的一段对话：

> 行思禅师，生吉州安城刘氏。闻曹溪法席盛化，径来参礼，遂问曰："当何所务，即不落阶级？"师曰："汝曾作什么来？"曰："圣谛亦不为。"师曰："落何阶级？"曰："圣谛尚不为，何阶级之有！"师深器之，令思首众。

这段话，可以看作六祖大师对行思禅师的勘验，行思禅师意在问如何修行才不会落在阶级次第，在六祖大师的堪问下，行思禅师认为悟道修道没有阶级次第可言。很显然，六祖大师也是赞成这种观点的。《坛经》中不止在一个地方提到这种说法，如《坛经·般若第二》云："一念修行，自身等佛""悟无念法者，至佛地位"；《坛经·疑问第三》亦云："见取自性，直成佛道"；《坛经·忏悔第六》则说："除真除妄，即见佛性，即言下佛道成。"《坛经·顿见第八》则有："自性自悟，顿悟顿修，亦无渐次，所以不立一切法。诸法寂灭，有何次第？"可见六祖多次强调悟道无有渐次，不落阶级次第。

后世禅宗有破三关之说，即是透过三关的大禅师也并非在事实上等同于释迦牟尼的智慧。在唯识学中则认为即使见道之后的登地菩萨，依然还有初地至十地的差别，最后圆满四智菩提才是真正成就佛果。可见从一般通途而言，并非如禅宗所说的一悟即是佛地。那么，《坛经》所谓的一悟至佛地、不落阶级次第是否与落阶级次第相矛盾呢？从形式逻辑的角度来看，这两者只能存其一，不可能同时并存。如果这两者不矛盾，佛教又是从什么逻辑层次上使两者并存不悖的呢？

第二节　见性成佛是成就一分法身佛

要回答这个问题，首先得明白禅宗所谓的"言下成佛道"所成的"佛道"是什么。从第一章的分析中，我们认为《坛经》中所谓的"顿悟"是指顿见真如本性，也即根本无分别智证真如。"顿悟"在《坛经》

中也常用"见性"一词来表示，如云，"依此修行，言下见性"①，"于一切法，不取不舍，即是见性成佛道"②。见性也即"见自本性"，和"顿见真如本性"是同意表达，所以"见性"也即无分别智现量证见真如本性。我们知道见道位只是获得根本智，还需要在修道位圆满后得智才最终成佛。而《坛经》则认为见性即可成佛。那么"见性成佛"成的是什么佛呢？

要厘清这个问题，首先得清楚"佛"之一词的内涵是什么。实际上，"佛"包括三个方面的内容，也即三身佛：法身佛、受用身佛、化身佛。在《成唯识论》卷十有较为详细的描述：

> 一、自性身。谓诸如来真净法界，受用、变化平等所依，离相寂然绝诸戏论，具无边际真常功德。是一切法平等实性，即此自性亦名法身，大功德法所依止故。二、受用身。此有二种：一自受用，谓诸如来三无数劫修集无量福慧资粮，所起无边真实功德，及极圆净常遍色身，相续湛然，尽未来际恒自受用广大法乐。二他受用，谓诸如来由平等智，示现微妙净功德身，居纯净土，为住十地诸菩萨众，现大神通转正法轮，决众疑网，令彼受用大乘法乐。合此二种名受用身。三、变化身。谓诸如来由成事智，变现无量随类化身，居净秽土，为未登地诸菩萨众、二乘异生，称彼机宜，现通说法，令各获得诸利乐事。③

"法身佛"又叫自性身，是一切事物不生不灭的体性，离一切相即一切法，是受用身佛和化身佛的平等所依。法身有很多的异称，如法界、真如、空性、实性、实际、法性等都是"法身"一词的同意表达。"报身佛"又称受用身，包括自受用身和他受用身。自受用身是佛陀经三无数大劫修集无量的福德智慧资粮所感得的无边真实功德，以及清净圆满的色身，佛陀尽未来际自受用广大法乐。当然，这种法乐并非世间的快乐，

---

① （元）宗宝编：《六祖大师法宝坛经》，《大正藏》第 48 册，第 355 页上。
② （元）宗宝编：《六祖大师法宝坛经》，《大正藏》第 48 册，第 350 页下。
③ 《成唯识论》卷九，《大藏经》第 31 册，第 57 页下—58 页上。

因为这种受用是远离能、所的，并不是有一个"我"在感觉快乐，如《坛经·机缘第七》中惠能大师就批评志道说："又推涅槃常乐，言有身受用，斯乃执吝生死，耽着戏乐。"他受用身则是为了度化登地以上的菩萨而示现的微妙清净功德之身，居纯净土而为地上菩萨说法。因为登地后的菩萨仍有微细烦恼需要断除，仍需要圆满根本智和后得智。"化身佛"又称变化身，是由佛陀成所作智所起，示现变化无量的化身，用以度化登地前菩萨及二乘的众生，根据众生的机宜而居净土或秽土（对于佛陀来说，都是纯无漏土，居土净秽是站在众生的角度说的）。

在第一章我们已经谈到，《坛经》所谓的"见性成佛"，实际上是指证见真如本性。而法身是真如之异名，所以，"见性成佛"其实是指证见法身，成就法身佛。因此《坛经》中讲的"一悟至佛地"，实际上是指一悟而成就法身佛。如《般若第二》云，"用自真如性，以智慧观照，于一切法不取不舍，即是见性成佛道"，又云，"不悟即佛是众生，一念悟时众生是佛，故知万法尽在自心。何不从自心中，顿见真如本性"，"我于忍和尚处，一闻言下便悟，顿见真如本性"。《忏悔第六》云："于一切时，念念自净其心，自修自行，见自己法身，见自心佛。"五祖印可惠能大师所成之佛，也是这种法身佛。大乘经典中，很多都是从"法身"的层面来描述成佛、见佛，这也给《坛经》"见性成就法身佛"提供了证据。如《摩诃般若波罗蜜经》卷二十三说："知诸法实义故名为佛。复次，得诸法实相故名为佛。复次，通达实义故名为佛。复次，如实知一切法故名为佛。"[①] 证知诸法实相，也即证见真如即是佛。此经卷二十七则云："诸法如、不动相，诸法如即是佛。善男子！无生法无来无去，无生法即是佛。无灭法无来无去，无灭法即是佛。实际法无来无去，实际法即是佛。空无来无去，空即是佛。善男子！无染无来无去，无染即是佛。寂灭无来无去，寂灭即是佛。虚空性无来无去，虚空性即是佛。善男子！离是诸法更无佛。"[②] 这里侧重用诸法"无来无去"之体性来描述佛，"无生""无灭""实际""空""无染""寂灭""虚空"等词都是从不同角度在描述"诸法如"，也即诸法之真如体性。《思益梵天所问经》

[①] 《摩诃般若波罗蜜经》卷二十二，《大正藏》第8册，第379页上。
[②] 《摩诃般若波罗蜜经》卷二十七，《大正藏》第8册，第421页中—下。

卷三亦说："诸佛、世尊通达诸法性相如故，说名如来、正遍知者。"① 八十卷本《华严经》卷十六亦有："了知一切法，自性无所有，如是解法性，则见卢舍那。"② 法性是真如之异名，了知自性无所有的真如法性，即是见佛。《金刚经》则直截了当地说："如来者，即诸法如义。"③ 证得诸法真如实相，就是成就法身佛。实际上，这种"证见诸法真如实性即是成佛"的表述在大乘经典中非常多，这里仅是举出其中几例而已。

不仅经典中有这种描述，近代高僧太虚大师对此亦有论述。他认为佛教各宗所谓的"成佛"，各有侧重：

> 密教外，禅宗亦言即身成佛，华严宗亦言三生成佛，此皆大乘教之一部份。禅宗自法身言，悟法身即成佛；密宗自身修成幻化身，即成化身佛。至于说凡夫如何即生成佛，可用禅宗明心见性、见性成佛；用密宗先修幻身成佛；或用修净土法，临命终时往生净土不退，第二生亦即成佛。但禅宗、密宗即生成佛，均非报身成佛，报身要修因感果，则净土宗二生、华严三生为极速，常途则三阿僧祇劫乃成佛也。④

禅宗和密宗所谓的即身成佛、净土宗的第二生成佛以及华严宗谓三生成佛，均非圆满成佛。禅宗所成之佛是法身佛，密宗所成之佛是化身佛，均非报身成佛。圆满的报身佛需要圆满修行六度四摄，成就无量的智慧功德，通常需要三大阿僧祇劫。太虚大师还从天台宗六即佛位的角度认为"禅宗即心成佛，虽通天台之观行即佛乃至究竟即佛，而以观行即及分证即为多"。⑤因此，禅宗和《坛经》所说的"言下成佛"确实是顿见真如本性之后成就法身佛。

---

① 《思益梵天所问经》卷三，《大正藏》第15册，第52页中。
② 《华严经》卷十六，《大正藏》第10册，第82页上。
③ 《金刚般若波罗蜜经》，《大正藏》第8册，第751页上。
④ 释太虚：《答徐恒志问》，载《太虚大师全书》第30册，宗教文化出版社2005年版，第101页。
⑤ 释太虚：《编阅附言》，载《太虚大师全书》第33册，宗教文化出版社2005年版，第261页。

因为真如法身是一切法之体性,所以法身在某种程度上可以包括报身和化身,如太虚大师说:"广义的法身。就是如来所证的、所思惟的、所说的、所显得的、所生得的,这一切法,都是佛法,以这一切法为法身,就是一切无漏法的总聚。所以依三大阿僧祇劫广修妙行所成的福智二德报身和应化身,这些都是在这广义法身中所摄。所以广义的法身,可摄三身。"①《坛经》因为特重"顿见真如本性",特重成就法身佛,所以《坛经》在谈及报身和化身时,即是从法身的角度进行描述的。如《坛经》云:"善恶虽殊,本性无二,无二之性,名为实性。于实性中,不染善恶,此名圆满报身佛。……何名千百亿化身,若不思万法,性本如空,一念思量,名为变化。……法身本具,念念自性自见,即是报身佛。从报身思量,即是化身佛。"② 从这些描述来看,《坛经》确实特别重视三身佛中的法身佛,这也是禅宗特重"顿悟真如本性"的题中应有之义。

因见道时证见真如法身,所以在见道位就可以成就法身佛。那么,成就法身佛是圆满成佛吗?对此,太虚大师有非常精辟的论述:

> 佛之一名,依教理指其确切之实体,常唯"自受用身",乃四智菩提之总体也,盖法性身为一切生佛之平等性,而他受用身及三类化身,则不过应机之所现;故未圆四智菩提,不得名佛。③

也就是说,只有成就自受用身也即报身佛才是真正圆满成佛,只有报身佛才是真正圆满四智菩提。四川大学的陈兵教授亦认为:"法界、真心的全体,应分为体、相、用三面,顿悟见性,一般只是现量见法界、真心之体,得证知诸法空性的自然智、一切智,禅宗人所谓悟涅槃妙心,保任不失,可以证得涅槃,了却个人生死,乃至彻悟法界之理。但圆满见性,须更圆满真心的相、用,必须在与众生的关系中渐修六度万行,圆

---

① 释太虚:《能断金刚般若波罗蜜多经释》,载《太虚大师全书》第6册,宗教文化出版社2005年版,第193页。
② (元)宗宝编:《六祖大师法宝坛经》,《大正藏》第48册,第354页下。
③ 释太虚:《答或问》,载《太虚大师全书》第19册,宗教文化出版社2005年版,第125—126页。

满福慧,至成佛位,才得如《涅槃经》所言'如昼见色'般明见佛性,了了无碍。"①禅宗讲的顿悟见性,一般只是现量证得法界真如的体,获得根本智或者一切智,离圆满成佛尚远,圆满见性,是指要圆满证得法界真心的相以及用,这必须要在度众生的过程中逐渐圆满福德与智慧,究竟法界体相用,得全知一切的一切种智,这才是实际上的圆满成佛。

所以,禅宗所成的这种法身佛,是不圆满的成佛,所证之法身其实也不圆满。《成唯识论》认为在见道位"由见道力通达真如,断分别生二障粗重,证得一分真实转依"②。也即见道位只是证得一分真实转依,离圆满转依证得大涅槃和大菩提还有非常遥远的距离,还需要在修道位"由数修习十地行故,渐断俱生二障粗重,渐次证得真实转依"③。真如法身作为迷悟依,在见道的时候证得一分法身佛,离法身圆满出缠之距离尚不以道里计。因此,准确地说,《坛经》中的"见性成佛""言下成佛道"是指成就一分法身佛。

前文已述,历史上的许多佛教祖师,曾对自己的位次有过判定,如中国天台宗二祖慧思大师自认仅"居铁轮",为相似即佛之"十信位";天台宗三祖智者大师仅证得观行即佛而"位居五品";太虚大师则在《大乘起信论别说》一文中认为"而即登大乘信成就初发心住位矣,唯永明大师斯是耳"④。也即太虚大师认为法眼宗三祖、净土宗六祖永明延寿大师,还只到十住位中的初发心住。由此可见,佛教所谓圆满成就报身佛并非我人想象的那么简单。

第三节　差别与无差别不二

从上面的论述,我们得知《坛经》所谓的"言下成佛道""见性成佛"是成就法身佛,法身是指清净法界,是一切法之平等体性,《坛经》中常以"不二实性"来描述。如其云:"念念圆明,自见本性,善恶虽

---

① 陈兵:《佛教心理学》(下),陕西师范大学出版社2015年版,第638—639页。
② 《成唯识论》卷九,《大正藏》第31册,第54页下。
③ 《成唯识论》卷九,《大正藏》第31册,第54页下。
④ 释太虚:《大乘起信论别说》,载《太虚大师全书》第16册,宗教文化出版社2005年版,第213页。

殊，本性无二，无二之性，名为实性。"① 又说："明与无明，凡夫见二。智者了达，其性无二。无二之性，即是实性。实性者，处凡愚而不减，在贤圣而不增，住烦恼而不乱，居禅定而不寂。不断不常，不来不去，不在中间，及其内外，不生不灭，性相如如，常住不迁，名之曰道。"②龙树菩萨的《中论》则以"八不"来描述这种不二中道，实际上都是从真如体性的角度来讲的。佛教常以水之"湿性"来比喻真如法身，无论清水、浊水，"湿性"都是其平等之体性。因其是无为法，是诸法之体，所以它谈不上是一个东西。如"湿性"是一切水之本质属性，谈不上是一个东西。又如马克思主义哲学中所说的"运动"是一切物质的本质属性一样，"运动"本身非长非短、非生非灭、非善非恶，因为它本身不是一个具体存在、可以指陈的东西。关于"真如法身"是诸法之平等体性这一点，禅宗中有个非常有趣的故事：

> 问西堂："汝还解捉得虚空么？"堂曰："捉得。"师曰："作么生捉？"堂以手撮虚空。师曰："汝不解捉。"堂却问："师兄作么生捉？"师把西堂鼻孔拽。堂作忍痛声曰："太煞拽人鼻孔。"直欲脱去。师曰："直须恁么捉虚空始得。"③

因为虚空的体性和鼻子的体性都是真如法性，故而抓鼻子和抓虚空就没有差别了。后世禅宗说"青青翠竹尽是法身，郁郁黄花无非般若"，亦有此意。

所以，根本智证真如而成就法身佛，从所证之"真如法身"的角度来看，是没有阶级次第可言的，是无差别的。因为"真如法身"本身没有大小、多少、长短的量的差别。魏晋时期道生的顿悟说也是建立在真如理体不可分的原则上。如惠达在《肇论疏》中引道生的话说："夫称顿者，明理不可分，悟语照极，以不二之悟，符不分之理，理智惠释，谓

---

① （元）宗宝编：《六祖大师法宝坛经》，《大正藏》第48册，第354页下。
② （元）宗宝编：《六祖大师法宝坛经》，《大正藏》第48册，第360页上。
③ （明）瞿汝稷编撰：《指月录》卷九，巴蜀书社2012年版，第257页。

之顿悟。"①

《坛经》亦多从真如法身的角度来描述所证境界没有阶级渐次可言，如其云：

> 自性无非、无痴、无乱。念念般若观照，常离法相，自由自在，纵横尽得，有何可立。自性自悟，顿悟顿修，亦无渐次。所以不立一切法，诸法寂灭，有何次第。②

能证之根本无分别智和所证之真如的特点，都是远离是非、断常、生灭等种种二元对立，能、所双泯，也就没有顿、渐可言，自然也就没有阶级次第可得。《坛经·机缘第七》中行思禅师与惠能大师的对话亦是如此。行思禅师问："当何所务，即不落阶级？"实际上这句话在问悟道之后如何修道，也即如何修行后得智才不落阶级。在惠能大师的勘验之下，行思禅师说："圣谛尚不为，何阶级之有！""圣谛"一般指苦、集、灭、道四圣谛，这里则主要指"第一义谛"，也即真如法身。第一义谛远离二边，不可得，不可说，也不可为，所以说不落任何阶级。换言之，这里讲的"不落阶级"既不是有阶级次第，也不是没有阶级次第，非有非无，故曰："何阶级之有！"

既然无阶级次第，既然所证之真如法身没有大小、多少、全体与部分的差别，《坛经》中的惠能大师为何会有两次悟道经历，为何要一悟再悟呢？为何在"解脱知见香"中要说"广学多闻，识自本心""和光接物"然后才"直至菩提"呢？而唯识学见道位之后尚有十地修道差别，这不是阶级次第宛然吗？

因惠能不识字，第一次是于市卖柴后听人诵读《金刚经》而开悟，第二次是五祖为其详细开示《金刚经》至"应无所住而生其心"后而开悟，所以惠能这两次开悟都和《金刚经》有着很大关系。我们便从《金刚经》入手分析这其中的缘由。在后秦鸠摩罗什所翻译的《金刚经》中有一段话：

---

① （晋）惠达：《肇论疏》，《卍新纂大日本续藏经》第 54 册，第 55 页中。
② （元）宗宝编：《六祖大师法宝坛经》，《大正藏》第 48 册，第 358 页下。

须菩提言:"如我解佛所说义,无有定法名阿耨多罗三藐三菩提,亦无有定法如来可说。何以故?如来所说法,皆不可取、不可说,非法、非非法。所以者何?一切贤圣,皆以无为法而有差别。"①

从《金刚经》这段话来看,无有决定法(实体法)可称为无上正等正觉,亦无有决定实相如来可以言说,如来所说实相法不可执取、不可宣说,如来言教非实相法亦不离实相法。也即如来所证真如实相并非有自性的实体法,而是远离种种二边,无差别可言,无法表达与言说,亦无法执取。所谓:说法者无说无示,听法者无听无闻。但真如实相虽非五蕴等法本身,也并非离开五蕴等缘起法而独存。那么既然真如实相远离差别,为何又说一切贤圣在证得真如无为法的智慧上有深浅差别呢?

隋代的智𫖮大师在《金刚般若经疏》解道:

> 理无生灭谓之无为,无为之理,众圣同解,解会无为,结尽道成,一解脱义同入法性,无为虽一,解有明昧、浅深差别也。②

从这段解释中可以看出,无为法不生不灭,众圣所悟的真如无为法是没有差别的,证入无为即同入解脱。但是,无为虽一,个人所解却有明暗、深浅之差别。也就是说,在所悟的真如上没有差别,但是在个人能证真如之智慧上有深浅之差别。近代太虚大师在《答姚陶馥问》中也提到:"所谓见性,即依无分别智了了明见真如性也。此所见之真如性虽不落圣凡阶级,而能见之功用,却有浅深。"③ 也是说在所证真如上无差别,无阶级功勋,但在能证之般若智上却是有差别的,有深浅的。这种差别,明代蕅益智旭在《金刚般若波罗蜜经破空论》中说道:

---

① 《金刚般若波罗蜜经》,《大正藏》第8册,第749页中。
② (隋)智𫖮:《金刚般若经疏》,《大正藏》第33册,第78页中。
③ 释太虚:《答姚陶馥问》,载《太虚大师全书》第30册,宗教文化出版社2005年版,第61页。

> 既曰无为，云何差别？须知无为无差别，差别不离无为，譬如虚空非丈、尺，丈、尺显虚空；又如入海渐次转深，海非深浅，浅深皆海。以无为法而有差别，则非断无明矣，奈何执性夺修，许即不许六耶？①

在这段话中，蕅益大师把真如无为比作虚空和海，虚空并非一丈或者一尺，但是一尺和一丈的虚空却是虚空的具体显现；海也并不是深或者浅，而深海和浅海本质上都是海。不能因为真如法性远离差别，就废弃修行，虽有理即佛，但同样也有六种佛位的差别。换句话说，如果把真如比作虚空，每个人见到的虚空的"量"是不一样的，有人见到的是一间房里的虚空，有些人见到旷野那么大的，而有些人则可能见到全宇宙的虚空，虽有量上不同，但每个人见到的本质上都是虚空，在"质"上没有差别。所以，圣人所证之真如都一样，但在能证之智有无量差别。其中，菩萨所证是分清净，佛陀所证是具足清净，如《金刚仙论》中说：

> 乘即难云："若初地以上一切圣人皆现会真如，名为圣者，佛与菩萨有何异也？"故答"如是具足清净，如分清净"，明如来万德圆满，见真如理穷，二障永尽，故名佛为圣人，具足清净也。初地以上，十地以还，虽复见胜理未圆，断惑不尽，非不如分如力见理除惑，胜分解成故，名菩萨为圣人，如分清净也。②

《成唯识论》卷十中亦有：

> 虽初地中已达一切，而能证行犹未圆满，为令圆满，后后建立。③

---

① （明）智旭：《金刚般若波罗蜜经破空论》，《卍新纂大日本续藏经》第25册，第137页中。
② 《金刚仙论》卷三，《大正藏》第25册，第820页上、中。
③ 《成唯识论》卷九，《大正藏》第31册，第54页中。

初地菩萨以上乃至佛,所见到的真如在本质上是一样的,但有分证和圆证的区别。菩萨还有二障未断尽,故是分证真如;佛则二障永尽,万德圆满,故能圆满证得真如。这种差别主要是由于断惑差别和能证之智造成的。

在《大般若经》卷五百六十八中则从"身无差别、功德有差别"的角度论述了"无差别而有差别"这个思想:

> 佛告最胜:"天王当知!身无差别,功德有异。其义云何?谓佛、菩萨身无差别。所以者何?以一切法同一性相;功德异者,谓如来身具诸功德,菩萨不尔。吾当为汝略说譬喻:譬如宝珠,若具庄饰、不具庄饰其珠无异;佛、菩萨身亦复如是,功德有异,法性无别。所以者何?如来功德一切圆满,尽于十方遍有情界,清净离垢障碍永无;菩萨之身功德未满,有余障故。譬如白月有满、未满,月性无异;二身亦然,如是诸身悉皆坚固,不可破坏犹若金刚。"①

这段文字中的"身"指真如法身,因为一切法同一法性,故佛与菩萨身无差别。但佛与菩萨的功德却有差别(功德的差别也可体现为智慧的差别),佛陀断除诸障,具足功德,菩萨则有余障未断,未圆满功德。佛陀还以宝珠和白月为喻来说明其中的差别:宝珠有具装饰不具装饰的差别,但其珠性不异;白月有满和未满之差别,但月性无异。以此说明佛与菩萨功德有异而法身无异。在《大般若经》四百六十二则以胜义谛无差别、世俗谛有差别来说明。如其云:

> 善现复问:"若尔,何故佛说预流乃至如来一切皆是无为所显?"
> 佛言:"善现!我依世俗言说显示有预流等所显差别,不依胜义,非胜义中可有显示。何以故?非无为中有语言道或分别慧、若复二种,然由彼彼世俗言说诸法断故,施设彼彼世俗言说诸法后际。"②

---

① 《大般若波罗蜜多经》卷五百六十八,《大正藏》第 7 册,第 932 页下。
② 《大般若波罗蜜多经》卷四百六十二,《大正藏》第 7 册,第 338 页上。

善现所问的这个问题和《金刚经》中"一切贤圣，皆以无为法而有差别"是相同的。释迦牟尼则从胜义谛和世俗谛的角度作了解释。从世俗谛的角度来说，有小乘预流等四果以及大乘圣者不同位次的差别；从胜义谛的角度来说，无说、无示、无差别，因为胜义谛中言语道断，远离种种二边，不可言说、无分别。这里的世俗谛相当于缘起差别，胜义谛相当于真如法性。胜义谛不离世俗谛，世俗谛不离胜义谛，所以是有差别而无差别，无差别而有差别。

《成唯识论》卷十将"转依"①之义分为四种：一能转道，二所转依，三所转舍，四所转得。其中的能转道和所转依各有两种：

> 一能转道。此复有二：一能伏道，谓伏二障随眠势力，令不引起二障现行。此通有漏无漏二道，加行、根本、后得三智随其所应渐顿伏彼。二能断道，谓能永断二障随眠。此道定非有漏加行，有漏曾习、相执所引，未泯相故。……二所转依。此复有二：一持种依，谓本识由此能持染净法种，与染净法俱为所依。圣道转令舍染得净，余依他起性虽亦是依，而不能持种，故此不说。二迷悟依，谓真如由此能作迷悟根本，诸染净法依之得生。圣道转令舍染得净，余虽亦作迷悟法依，而非根本，故此不说。②

此中意为，在能转道上有伏烦恼和断烦恼的差别，伏烦恼指伏除烦恼障和所知障的现行，见道前是以加行智伏烦恼，见道之后在无漏道以根本智、后得智伏烦恼，故三智都有伏烦恼的作用。断烦恼指断除烦恼障和所知障的随眠种子，加行智是有漏的，只能趣求所证之真如及所引之根本无分别智，所以没有断除烦恼种子的功能。只有根本智和后得智能分别断除迷理随眠和迷事随眠。所转依，亦有持种转依和迷悟转依的差别。持种转依是指第八识的转染成净，也即转杂染种子为清净种子，生得大菩提，所谓转识成智，这是在相上的转。迷悟依则是指真如法身从在缠转为出缠，即是转染成净。实际上真如远离清净与杂染的二边，无所谓

---

① 转依即是指转凡成圣，转染成净。
② 《成唯识论》卷十，《大正藏》第31册，第54页下—55页上。

净或不净，法身为客尘烦恼所缠覆，出缠时假说新净。如《成唯识论》卷九云："此即真如离杂染性，如虽性净而相杂染，故离染时假说新净，即此新净说为转依。"① 也即真如本自清净（这种清净是远离染、净二边的清净），无所谓转不转，如《坛经》中惠能大师亦云："五八六七果因转，但用名言无实性。"前五识和第八识是在成佛果位时顿时转为成所作智和大圆镜智，第六识和第七识在悟道登地时即分转。但在转依过程中，只是在第八识（第八识摄藏一切名言种子，故此处名言即指第八识）的相上转，在体性上的真如（实性）无所谓转不转。真如转依和持种转依，可以看作体性转和相用转，是一种体用不二，本质上是在从不同的侧面描述同一件事情。

之所以不辞繁琐地引用《成唯识论》这一大段文字，是为了说明所转之真如并没有所谓染净、大小、多少，或者转不转的差别，但是在能转之道上却有加行智、根本智、后得智的差别。这"三智"所需要伏、断的二障，细分起来，实际上有无量的差别，所以在对应上的"三智"的圆满程度也就有无量差别。也即菩萨在转依的过程中，有无量的阶级次第。因此，从能转道也即能证之智的差别上看，菩萨有非常多的阶级次第。这种次第在小乘中概括为四向、四果阿罗汉，在大乘则有十信、十住、十行、十回向、十地、等觉、妙觉等五十二个位次的差别。之所以造成这种差别，主要是因为在伏、断烦恼障和所知障上有不同，所伏、断之障越深，能证之智越大，所证之真如无为法则越圆满。小乘彻底断除烦恼障则成阿罗汉，大乘彻底断除所知障和烦恼障则生得大菩提，显得大涅槃，圆满成就佛果。

那么在《坛经》中是否有"能证有差别，所证无差别"的表现呢？在《坛经·机缘第七》中记载六祖惠能大师与怀让禅师的一段对话："师曰：'还可修证否？'曰：'修证即不无，染污即不得。'"六祖问：是否还可以有所修，有所证？这里的"染污"指烦恼，怀让禅师的回答意为：烦恼不可得，但修、证并不因此就没有了。既然烦恼不可得，那么就是清净的，为什么还需要修证呢？通过我们之前的分析可知，这里讲的"染污即不得"是从所证之真如体性上来说的。染污（烦恼）也是缘起性

---

① 《成唯识论》卷九，《大正藏》第 31 册，第 51 页上。

空的，本无自性，其体性亦是真如空性，所谓"烦恼即菩提"。所以，本就没有一个实体性的东西叫烦恼，故说"染污即不得"。这是从体上来说的。但在用上，也即在能证之智（能转道）上却需要有修有证，才能不断地把烦恼观空，圆满智慧。有所修有所证就意味着还有阶级次第，故曰"修证即不无"。

需要注意的是，不能把真如无为法当成一个可分割的东西，也不能把真如当成一个不可分割的东西，真如远离整体与部分、有无、染净等种种二边，其是一切法之体性，而非具体的存在者。在《大般若经》常以"无性为性""无性性"来表示真如是万法无自性的这种体性。

实际上，真如与万法构成一对性相体用关系，真如为体性，缘起的万法为相用。在唯识学中，二空所显真如称为圆成实性，缘起的万法称为依他起性。《成唯识论》卷八论及圆成实性与依他起性之间的关系时谈道："此圆成实与彼依他起非异非不异，异应真如非彼实性，不异此性应是无常。彼此俱应净非净境，则本后智用应无别。云何二性非异非一？如彼无常无我等性。无常等性与行等法，异应彼法非无常等，不异此应非彼共相。由斯喻显此圆成实与彼依他非一非异。法与法性理必应然，胜义世俗相待有故。"① 圆成实性与依他起性是非一非异的不二关系。如果圆成实性与依他起性是不同的二，那么真如就不是依他起性的体性；如果圆成实性和依他起性是相同的一，那么圆成实性应和依他起性一样是无常的。《成唯识论》这里并以"诸行无常"为喻来说明这个道理：诸行与无常若是不同的二，则诸行不会是无常的；若诸行与无常是相同的一，那么无常非诸行之共相。诸行与无常之间的关系非常像马克思主义哲学中的物质与运动之间的关系。物质不能离开运动而独存，运动作为物质的根本属性亦不能离开物质而独存。真如（法性）与万法之间关系便是如此，是非一非异的不二关系。丁小平在《唯识学的体用思想略论》一文中将其概括为绝对的体用不二关系。② 这种体用关系并非平列的体

---

① 《成唯识论》卷八，《大正藏》第 31 册，第 46 页中。
② 参见丁小平《唯识学的体用思想略论》，《西南民族大学学报》（人文社科版）2020 年第 1 期。

用，而是性、相之间立体的体用。正因为空性所以能缘起，因为缘起所以性空，龙树在《中论》中以"以有空义故，一切法得成；若无空义者，一切则不成"①来概括之；《心经》则以"色即是空，空即是色"②来说明之。《坛经》中六祖则曰"无一法可得，方能建立万法"③，又说"分别一切法，不起分别想"④，无实体法可得，故恰好建立缘起之万法；如实分别一切万法，而没有能分别和所分别可得。其中自性空之性为体，缘起万法为用，无自性故缘起，缘起故无自性。其中万法是有差别的，空性是无差别的（远离差别与无差别的二边，而强名"无差别"）。用不离体，故有差别是无差别之有差别；体不离用，故无差别是有差别的无差别。体用非一非异，故曰体用不二，故曰无差别与有差别不二。这种体用不二关系落实在见道上就体现为正智和真如之间的不二关系。真如为体，正智为用，用不离体，故阶级次第宛然而不落阶级；体不离用，故不落阶级而阶级次第宛然。虽然在见道时，根本智亲证真如，但此时因所证之真如并未圆满，所以能证之根本智亦未圆满，为了圆满根本智，还需要长劫的修行，如世亲菩萨所著《摄大乘论释》在论及根本智时有："此智初地唯名为得，尔后多时乃名成办，是故菩萨经无数劫乃证涅槃，由尔所时方到究竟。"⑤ 菩萨在初地证得根本智之后，还需要多劫修行，直至最终证得大涅槃时才真正圆满此智。

从以上的分析可以看出惠能大师一悟再悟是完全合理的。"菩提本无树，明镜亦非台。本来无一物，何处惹尘埃。"这首偈子可以看作第一次开悟时所悟之悟境。这首偈子的内容偏于"空"义，侧重于表述客尘烦恼与主体心性皆不可得，并未达"空有不二"。五祖以鞋擦偈，说其"亦未见性"，是有一定道理的，并非单纯欲保护惠能不被门人迫害。而在第二次悟道后，惠能说出五个"何期自性"，其中"何期自性本不生灭""何期自性本无动摇"侧重说空（体），"何期自性本自清净""何期自性本自具足""何期自性能生万法"侧重讲有（用）。惠能此次所悟已达空

---

① 《中论》卷四，《大正藏》第 30 册，第 33 页上。
② 《般若波罗蜜多心经》，《大正藏》第 8 册，第 848 页下。
③ （元）宗宝编：《六祖大师法宝坛经》，《大正藏》第 48 册，第 358 页下。
④ （元）宗宝编：《六祖大师法宝坛经》，《大正藏》第 48 册，第 357 页中。
⑤ 《摄大乘论释》卷八，《大正藏》第 31 册，第 365 页上—中。

有不二，明显比第一次更为深入，在能证之智上更加圆满。惠能大师所授之"解脱知见香"的内容也与"不落阶级""一悟至佛地"并不矛盾。"阶级次第"是从能证之智上来说的，是相用；"不落阶级"是从所证之真如上来说的，是体。从体用不一不异、不即不离的角度来看，不落阶级即是阶级次第宛然，阶级次第宛然即是不落阶级。这是一种立体的逻辑，从某种角度上来说，不落阶级＝阶级次第（这个"＝"包含着不即不离的立体逻辑在里面，并不是简单的、形式逻辑的"相等"）。

小　结

在大乘佛教中，佛可以分为法身佛、报身佛、化身佛。法身指真如法性，报身佛指佛陀三无数大劫所修集的无量功德，化身指佛陀为度化不同众生所示现的种种形象。在《坛经·机缘第七》中六祖惠能以"清净法身，汝之性也；圆满报身，汝之智也；千百亿化身，汝之行也"一偈来描述三身非一非异的特性，简要直接又十分准确。那么，成就这三身佛都可以名为成佛。其中禅宗所侧重者，在于见真如本性，成就法身佛；密宗所重者在于即身成就幻化身佛，唯识所重者在于修行三无数大劫成就圆满报身佛。故佛教对于成佛有言下见性成佛、即身成佛，又有修三大阿僧祇劫方能成佛等不同说法。但大乘佛教认为圆满成佛者，必须要圆满大圆镜智、平等性智、妙观察智和成所作智，也即必须成就圆满报身佛。《坛经》中所说的"即自见性，直了成佛""见性成佛道""言下见性成佛""见取自性，直成佛道"等，皆是指证见真如本性而成就法身佛，并不是指圆满成就四智菩提的报身佛。五祖印可六祖惠能所成的佛，即是指的这种法身佛，所以可以说"言下成佛道""一悟即至佛地"。但事实上，禅宗所成的这种法身佛离圆满成就报身佛，还有非常遥远的距离，所以悟道之后还需要长时间的修道，不断地破除微细二障，不断地圆满无分别智。

虽然在所证之真如法身上远离大小、长短、高下等种种二边，谈不上差别与无差别而可强名曰无差别，故可言不落阶级次第，但在能证之智上却有无量之差别，从而可说阶级次第宛然。这可以用下图来表示这种关系。

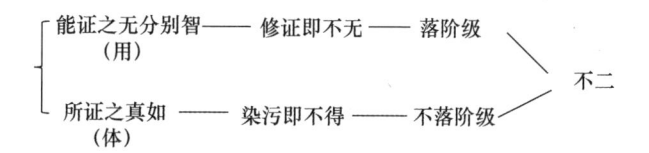

```
   ┌─ 能证之无分别智 ── 修证即不无 ── 落阶级 ─┐
   │      （用）                              │
  ─┤                                          ├─ 不二
   │  所证之真如  ── 染污即不得 ── 不落阶级 ─┘
   └─    （体）
```

从此图可以看出，真如为体，正智为用，构成体用不二关系。真如作为万法之体性，远离种种二边，就如水之"湿性"，物质之"运动"，本身谈不上大小、多少的差别。因此，就所证之真如体，菩萨与佛并无差别，皆是成就法身佛，不落阶级次第。但在能证之智上却有无量的差别，因为能证之智作为缘起法，必然千差万别。就如海水在质上没有差别，但不妨海水有深浅之别。又如众生体性虽都是真如，但不妨众生由于因缘各各不同而导致身心千差万别。真如与正智的关系亦是如此，真如为体，正智为用，用不离体故差别是无差别的差别，体不离用，故无差别是差别的无差别。《金刚经》所谓"一切贤圣皆以无为法而有差别"即是此意。因为差别与无差别分别对应着不同的内涵，构成的是立体体用关系，所以并非如形式逻辑一般二者只能存其一。当然，这里将正智归为能证，将真如称为所证，只是为了更好地说明两者关系的权宜之说。实际上，真如并非一个所证的对象，正智也非和所证相对待的能证，否则就能所二分，正智也将成为虚妄分别。这种正智与真如之间的体用不二关系落实在禅宗实践中，如果侧重在真如体上就可说不落阶级次第，行思禅师所谓"圣谛尚不为，何阶级之有？"，怀让禅师所谓"污染即不得"；侧重于正智之用，则可说阶级次第宛然，故可说"修证即不无"，故有大乘十地等不同位次。从体用不即不离的角度来看，不落阶级即是阶级次第宛然，阶级次第宛然即是不落阶级，不落阶级与阶级次第不二。

第 三 章

修与无修不二

第一节 《坛经》中谈到的修与无修

成就菩提智慧到底需不需要修行？从我们的经验常识来说，这似乎是一句废话，任何具备基本理性思维的人都会回答：当然需要修行。就像问考上北大是否需要学习一样，任何精神正常者都会认为需要不懈地努力才能考上北大。但在佛教经典中，似乎并非如此。比如在《圆觉经》中就记载了修行人的两种病，一种是"作病"，即通过不断修行去求圆觉；另一种是"任病"，即一切顺其自然，不断生死、不求涅槃，什么都不做。原文如下：

> 一者作病。若复有人作如是言：我于本心作种种行，欲求圆觉。彼圆觉性非作得故，说名为病。二者任病。若复有人作如是言：我等今者不断生死，不求涅槃，涅槃生死无起灭念，任彼一切随诸法性，欲求圆觉。彼圆觉性非任有故，说名为病。①

"圆觉"指的是佛果境界，求圆觉即是成就佛果。从这段话来看，修行作佛不对，但是如果不修行就想成就佛果，也不可能。那么到底是修还是不修呢？

不仅《圆觉经》中有"任病"和"作病"的说法。细读六祖《坛经》，也会发现惠能大师关于修行成佛常有不一样甚至互相矛盾的说法。

---

① 《大方广圆觉修多罗了义经》，《大藏经》第 17 册，第 920 页中。

在《般若第二》中，惠能大师说："当用大智慧，打破五蕴烦恼尘劳。如此修行，定成佛道，变三毒为戒定慧。"也即当以智慧照破生死烦恼，将贪、嗔、痴三毒转为戒、定、慧，这样才能成就佛道。但在《宣诏第九》中当薛简认为修道之人应当以智慧照破烦恼从而出离生死时，惠能却提出了反对意见："烦恼即是菩提，无二无别。若以智慧照破烦恼者，此是二乘见解。羊鹿等机，上智大根，悉不如是。"也即烦恼和菩提无别，以智慧打破烦恼的做法是声闻、缘觉小乘佛教的做法，是羊、鹿车之小根，上根器的人是不会这么做的。这里显然惠能对薛简说的"以智慧打破烦恼"持否定态度。那么，为何在《般若第二》中惠能认为应该用智慧打破烦恼，而在《宣诏第九》中却突然改口了？而且从文字上来看，前后完全自相矛盾。再如《行由第一》中神秀作偈曰："身是菩提树，心如明镜台。时时勤拂拭，勿使惹尘埃。"也即需要时时持戒修身、看心观静，将烦恼不断地去除，保持内心的澄净。但五祖只是说依此偈修可免堕恶道，并对神秀说："汝作此偈，未见本性，只到门外，未入门内。如此见解，觅无上菩提，了不可得。"也就是说，五祖并未认可神秀的见地，自然也不会将衣钵传与他。在《疑问第三》中六祖同样也给众人开示说："常行十善，天堂便至。除人我，须弥倒。去贪欲，海水竭。烦恼无，波浪灭。毒害除，鱼龙绝。"其中常行十善、除人我、去贪欲、烦恼无、毒害除等修行方式不与神秀"时时勤拂拭，勿使惹尘埃"是一样吗？不也是在不断持戒、行善、去除烦恼吗？为何五祖不把衣钵传给神秀，而是传给了惠能？而且在《行由第一》中，惠能曾作偈："菩提本无树，明镜亦非台；本来无一物，何处惹尘埃？"既然本来无一物可以惹尘埃，何以在《疑问第三》中又主张除人我、去贪欲呢？

实际上，《坛经》中关于成佛需不需修行的观点，经常前后不一致，乍一看让人不知所云。我们先来看《坛经》中关于成佛需要修行的论述：

口莫终日说空，心中不修此行，恰似凡人自称国王，终不可得，非吾弟子。(《般若第二》)

悟此法者，是般若法；修此行者，是般若行。不修即凡；一念修行，自身等佛。(《般若第二》)

若欲入甚深法界及般若三昧者，须修般若行，持诵《金刚般若

经》，即得见性。(《般若第二》)

吾有一无相颂，各须诵取，在家出家，但依此修。若不自修，惟记吾言，亦无有益。(《般若第二》)

当用大智慧，打破五蕴烦恼尘劳，如此修行，定成佛道，变三毒为戒定慧。(《般若第二》)

常行十善，天堂便至。除人我，须弥倒。去贪欲，海水竭。烦恼无，波浪灭。毒害除，鱼龙绝。(《疑问第三》)

用本无生，双修是正。(《机缘第七》)

但听依法修行，又莫百物不思，而于道性窒碍。若听说不修，令人反生邪念。但依法修行，无住相法施。(《付嘱第十》)

从以上材料来看，要想成就佛果，一定要修行，否则"不修即凡"。而且《坛经》也提出了很多具体的修行方法。首先，不能口说心不行，否则就像凡人自称国王，是一句笑话，在佛教经典中常以"说食不饱"来形容。其次，修行人要持诵《金刚经》、修持惠能所讲的《无相颂》、常行十善、除人我、去贪欲、定慧双修、以智慧打破烦恼等才能见道。最后，惠能还特意嘱咐弟子要依法修行，千万不可百物不思，否则如果说"不修"，他人听了之后就会产生"不用修行"的邪念。可见惠能对这种百物不思、不修行的观点是持批评态度的。纵观《坛经》，惠能对这种百物不思的批评是不遗余力的，其批评的次数不下十次，这里仅举几例说明：

莫闻吾说空，便即着空。第一莫着空，若空心静坐，即着无记空。(《般若第二》)

又有迷人，空心静坐，百无所思，自称为大。此一辈人，不可与语，为邪见故。(《般若第二》)

迷人着法相、执一行三昧，直言："常坐不动，妄不起心，即是一行三昧。"作此解者，即同无情，却是障道因缘。(《定慧第四》)

若只百物不思，念尽除却，一念绝即死，别处受生，是为大错。(《定慧第四》)

首先，惠能认为空心静坐、什么都不想是着了"无记空"，这种"无记空"在佛教中又称断灭空,是对"空"的一种错误理解。古德甚至认为"宁肯执有如须弥山,不可执空如一芥子"。惠能亦认为这种断灭空是一种邪见,和持这种观点的人话都不可说,以免受其影响。其次,惠能认为常坐不动,不起任何念头的人就像没有心识的草木瓦石一样,持这种见解会障碍悟道。再次,惠能认为如果百物不思,控制自己心念不起,当念头除尽就会导致死亡从而轮回至别处受生,这种行为是一种自杀行为,是为大错。从以上材料可以看出,惠能大师对这种百物不思的观点进行了严厉的批评,那么也就意味着要想见性成佛,必须得要起念修行,不能什么都不想、什么都不做。

但在《坛经》其他很多地方,惠能大师又谈到成佛不需修行。我们这里选取其中有代表性的论述如下:

为是二法,不是佛法,佛法是不二之法。(《行由第一》)
迷心外见,修行觅佛,未悟自性,即是小根;若开悟顿教,不执外修,但于自心常起正见,烦恼尘劳,常不能染,即是见性。(《般若第二》)
心平何劳持戒,行直何用修禅!(《疑问第三》)
若欲修行觅作佛,不知何处拟求真。(《付嘱第十》)
兀兀不修善,腾腾不造恶。寂寂断见闻,荡荡心无着。(《付嘱第十》)

首先,在《行由第一》中惠能认为修行造作之有为法是二边之法,而佛法是不二之法。其次,惠能认为修行觅佛是小根之人所为,如果能顿悟便不执外修,可见其对修行觅佛执一种否定态度。在《付嘱第十》中惠能也再次强调修行觅佛是求不到真菩提的。再次,惠能认为不需要修行善法也不要造作恶法,断除见闻觉知,心中不着任何境相。其中的不修善不造恶亦有不修行而任其自然的"任病"之嫌。从以上的材料可以看出,惠能反对"修行觅佛"的观点。难道惠能大师会自己反对自己吗?

《坛经·机缘第七》中的智通在悟道之后,有一偈曰:"三身元我体,四智本心明;身智融无碍,应物任随形。起修皆妄动,守住匪真精;妙旨因师晓,终亡染污名。"其中的"起修皆妄动,守住匪真精"意为:三身四智本来具足，如果要通过修行而修出三身四智，那就是虚妄著相之行；如果不修行，执守自心本是三身四智，那也不能得到三身四智。这样一来，岂不是修也不对，不修也不对了吗？细读《坛经》，我们认为惠能大师把修行分为了著相修行和无相修行（般若行）两种。惠能正是从不同的层面来谈成佛需不需要修行，故而常有前后不一致的说法。

第二节　著相修行

一　著相修行成有漏善法

著相在佛经中又被称为"取相""着相""住相"，著相修行指执着一个能修的自我和所修的对象以及修行的方式而修行。著相可以分为著内相与外相，其根本原因在于末那识执阿赖耶识的见分为内自我，从而产生我、我所执。末那识从无始以来至见道之前，都是一直与四种根本烦恼相应从而使众生不能出离，常在轮回。《成唯识论》第四卷云：

> 谓从无始至未转依，此意任运恒缘藏识，与四根本烦恼相应。其四者何？谓我痴、我见并我慢、我爱，是名四种。……此四常起，扰浊内心，令外转识恒成杂染。有情由此生死轮回不能出离，故名烦恼。[1]

众生之末那识因为恒常与我痴、我见、我慢、我爱四种心所相应，所以令前六识成杂染，从而使得众生产生烦恼，这是众生一直生死轮回的根本原因。著相修行是指以我执或法执相应的心在修行，这种修行是能所分明的，不是随顺无我的修行，而是随顺烦恼的修行。

在佛经中对这种著相修行多有批评。比如《大般若经·初分着不著相品》就广说修行般若波罗蜜多时不应著五蕴、十二处、十八界、四大、十二因缘、六度、二十空、真如、四圣谛、四静虑、四无量、四无色定、八胜处、九次第定、十遍处、四正断、四神足、五根、五力、七等觉支、八圣道支、三解脱门、菩萨十地、五眼、六神通、佛十力、四无畏、四

---

[1] 《成唯识论》卷四，《大正藏》第31册，第22页中。

无碍解、十八不共法等等之相。① 《大般若经》卷三十七则明确说："是一切相智非取相修得。所以者何？诸取相者皆是烦恼。何等为相？所谓色相，受、想、行、识相，乃至一切陀罗尼门相、一切三摩地门相，于此诸相而取著者名为烦恼。"② 也就是说，凡是著相修行，皆是烦恼，不可能成就一切相智。

如果著相修行不能成就一切相智，那么其导向的是什么呢？《成唯识论》卷五云："由有末那恒起我执，令善等法有漏义成。"③ 末那识的见分执阿赖耶识的见分为内自我，使得众生恒起我痴、我爱、我见、我慢等执着，进而使得前六识所修的善法成为有漏。也就是说，众生所做布施、持戒等种种修行，但因为我执、著相而使得这些修行成为有漏善法，而不能指向出世间。关于"有漏"，在《杂阿含经》《俱舍论》等都有论述，其中《瑜伽师地论》中的有漏义最为完整，如其云：

> 言有漏者，谓若诸法诸漏所生、诸漏粗重之所随缚、诸漏相应、诸漏所缘、能生诸漏、于去来今为漏依止。④

这里，"诸漏所生"指世间的生、老、病、死，"诸漏粗重之所随缚"指世间善法，"诸漏相应"指染污心心所，"能生诸漏"即指诸漏，"于去来今为漏依止"指阿赖耶识。其中，世间善法，体本是善性，不与漏相应，但因为是世间性，为漏所缚，所以也称有漏。按照佛教的因果思想，有漏善法只能导致人天福报，并不能感得出世间果。换言之，著相修行只能招感人天果报，不能指向出世。我们由此可分析神秀禅师呈偈的过程，神秀在作偈以及呈偈的过程中犹豫不决、顾忌颇多，甚至感到"心中恍惚，遍身汗流"⑤，可以看出来神秀禅师还是我执未断。从他的偈子"身是菩提树，心如明镜台。时时勤拂拭，勿使惹尘埃"，也可以看出神

---

① 参见《大般若波罗蜜多经》卷二百九十至二百九十一，《大正藏》第6册，第476页下—478页上。
② 《大般若波罗蜜多经》卷三十七，《大正藏》第5册，第209页中。
③ 《成唯识论》卷五，《大正藏》第31册，第26页上。
④ 《瑜伽师地论》卷一百，《大正藏》第30册，第880页上。
⑤ （元）宗宝编：《六祖大师法宝坛经》，《大正藏》第48册，第348页中。

秀非常注重持戒、坐禅，是一个纯粹的修行人，但他把身、心、烦恼执为实体，有较深的实体执，他的这种修行显然离悟道尚远。所以，五祖认为他"只到门外，未入门内"。但五祖同样认为，"依此偈修，免堕恶道。依此偈修，有大利益"①，因为神秀禅师的这种持戒、坐禅的修行，确实可以导致人天福报，免堕三恶道。如《竹窗随笔·来生》云："今生持戒修福之僧，若心地未明，愿力轻微，又不求生净土，是人来生多感富贵之报，亦多为富贵所迷，或至造业堕落者。"② 因此，神秀禅师的修行依然不能脱离五祖所批评的"终日只求福田"的范围。

二 修福与修道的区别

从上文的分析，我们得知取相修行是一种有漏善法，只能得人天福报。那么修道和修福有什么不同呢？在《坛经·忏悔第六》里面有一段话：

> 迷人修福不修道，只言修福便是道。布施供养福无边，心中三恶元来造。拟将修福欲灭罪，后世得福罪还在。

从这段话来看，修福和修道是完全不同的，布施、供养是佛教的基本修行方式，但却只得福报，不能指向出世间，而且心中造恶，福报也不能抵除罪业。为了更好地理解这一段的内涵，我们可以结合《坛经·疑问第三》中韦刺史关于功德的疑问来分析。梁武帝一生造寺度僧、布施设斋，但达摩大师却认为他并无功德，韦刺史于是于此有疑，可见韦刺史作为一方官员，平日可能也十分热衷于造寺度僧、布施设斋，因此十分关心自己所作所为是否有无功德。梁武帝问达摩功德之事载于《五灯会元》卷一："帝问曰：'朕即位已来，造寺写经，度僧不可胜纪，有何功德？'祖曰：'并无功德。'帝曰：'何以无功德？'祖曰：'此但人天小果，有漏之因，如影随形，虽有非实。'帝曰：'如何是真功德？'祖曰：'净智妙圆，体自空寂，如是功德，不以世求。'帝又问：'如何是圣谛第

---

① （元）宗宝编：《六祖大师法宝坛经》，《大正藏》第48册，第348页下。
② （明）云栖袾宏：《莲池大师全集》，上海古籍出版社2012年版，第3677—3678页。

一义？'祖曰：'廓然无圣。'帝曰：'对朕者谁。'祖曰：'不识。'帝不领悟，祖知机不契。"① 达摩大师认为梁武帝所做之事只能得人天小果，是有漏善法，终有受尽一天，不出生死轮回，故虽有而非实。其中达摩大师所谓"净智妙圆"指般若智慧，"体自空寂"指真如本性。也就是说真正的功德在于与真如相应的般若智慧，不离真如之体，不离般若之用，故此功德不在于世间有漏之法。武帝对达摩的回答似乎有些不太满意，其后的对话颇有些火药味。由此也可知，武帝内心实则是希望达摩称赞他造寺写经的事迹。

我们再来看《坛经》中惠能大师给出的解释："武帝心邪，不知正法。造寺、度僧、布施、设斋，名为求福。不可将福变为功德。功德在法身中，不在修福。"②修建寺庙，布施设斋，虽然有很大福报，但这种福德并不是功德，功德和福德是不同的，"功德在法身中，不在修福"。也就是说，梁武帝造寺、布施等这些事本是极好的，但是问题在于梁武帝心邪、不知正法。因为佛教正法要求人在修行时要与真如相应或者随顺无我，但从梁武帝初见达摩，不问正法，反问有无功德，可见他做这些事的心是求功德的心，甚至伴随着我慢、贪爱等烦恼心所。所以梁武帝在造寺布施时的心是一种执着的、著相的心，他的行为只能算是修有漏福报，不能得功德。因为功德要求做事时与真如本性相应，故云"功德在法身中"。惠能云：

> 见性是功，平等是德；念念无滞，常见本性，真实妙用，名为功德；内心谦下是功，外行于礼是德；自性建立万法是功，心体离念是德；不离自性是功，应用无染是德。若觅功德法身，但依此作，是真功德。③

《坛经》中有非常多的互文句式，这段经文也包含着互文手法。也即是：见性、平等是功德；念念无滞而常见本性是功德；内心谦下而外行于礼

---

① （宋）普济：《五灯会元》卷一，《卍新纂大日本续藏经》第80册，第42页下。
② （元）宗宝编：《六祖大师法宝坛经》，《大正藏》第48册，第351页下—352页上。
③ （元）宗宝编：《六祖大师法宝坛经》，《大正藏》第48册，第352页上。

是功德;自性建立万法而心体离念是功德;不离自性而应用无染是功德。其中"见性,平等"是从真如法身之体的角度描述功德;"念念无滞,常见本性""内心谦下,外行于礼"是从般若之用描述功德;"自性建立万法,心体离念""不离自性,应用污染"是从体用之整体描述功德。总之,功德不离远离二边之真如体,不离无执无着之般若用。所以贯穿在功德之中的,必定是无我或者随顺无我的真如心,而不是如梁武帝这般有着贪爱、傲慢等能所分明的邪心。从这一段也可以看出六祖惠能关于功德的思想和初祖达摩的回答是一致的,故六祖说:"武帝不识真理,非我祖师有过。"

《坛经》这里的福德便是修福,而功德则是指修道。六祖认为迷人若是以取相心进行布施供养,那么虽然会得很大的福报,但并非修道,不出生死轮回。实际上,《坛经》的这种思想和《金刚经》是一致的。《金刚经》云:

"须菩提!于意云何?若人满三千大千世界七宝以用布施,是人所得福德,宁为多不?"

须菩提言:"甚多,世尊!何以故?是福德即非福德性,是故如来说福德多。"

"若复有人,于此经中受持乃至四句偈等,为他人说,其福胜彼。何以故?须菩提!一切诸佛及诸佛阿耨多罗三藐三菩提法,皆从此经出。"[1]

佛陀认为用遍满三千大千世界的七宝去进行布施所得的福德比不上领受、明记《金刚经》的经义乃至少至四句偈及为他人解说所得的福德。此经下文又说以无量身命进行布施不如受、持此经一四句偈。其中以布施七宝是外财施,布施身命是内财施,而受持《金刚经》及为他人解说是法施。《金刚经》中不止一次将财施和法施所得的福德进行比对,但都认为财施所得福德远远比不上法施的福德。这是什么缘故呢?因为这种财施所得福德"即非福德性"——非是感出世之福德性,所以只能感世间福

---

[1] 《金刚般若波罗蜜经》,《大正藏》第8册,第749页中。

德多；而受、持《金刚经》则是在熏习正法，是发生无分别智得出世无相果之因——佛果和佛法皆从此出，其所得的是六祖所云功德。窥基在《金刚般若经赞述》中解释说："此少分受、持功德与菩提为因，一切外缘所不能坏故。其财施者为生死因，易可破坏，王、贼等所侵故。"① 蕅益大师《金刚般若波罗蜜经破空论》则云："又财施若非般若为导，则彼修痴福者，名为第三世怨，以其增长生死，不动不出，故云即是非福德性。但是对少说多，多则有限。法施出生佛果功德，是出世因，其福极胜。"② 财施若无般若为方便则是生死因，虽然可以在第二生感得极大世间福报，但因无智慧，则福报越大作恶能力越大，按照佛教因果逻辑，在第三世则会得恶果，造成"第三世怨"。法施则是出世间之因，所以胜过财施。当然，并非说财施本身不好，只是因无般若为前导，会导致取相财施，故成有漏因。如《金刚仙论》云："明以三千七宝布施得福虽多，取相心施，是有漏因，但招三界人天有为果报，不如受、持此经一四句偈乃与无上佛果具足功德作无漏胜因。"③ 当然，若是不住相进行财施，此财施便也是无相因。所以《金刚经》认为导向出世间的正确布施应是"不住相布施"，即心不执着而行布施，经中以虚空来比喻不住相的福德不可思量，因为这种福德和无相相应，是无量中的无量，其实质是超越了数量。而经中所言取相财施，虽然布施七宝的数量极多，所感福德极大，但终归是无量中的有量，就如恒河沙数量极多，但毕竟有量。当然，《金刚经》这里是以布施度为例，其实其余五度皆应以"不住相"作为前提，才可被称为"波罗蜜多"。

从这里的分析，我们再回过头来看修福与修道的差别，就知道：佛教认为修福是以著相的心，伴随着我慢、贪爱、嗔恨等种种烦恼心所的心态而行善事，所得只是有漏福德，感人天果报，依然未出轮回；而修道是指以无我或随顺无我的心来行一切善法，所感是功德，是出世间性果报。修福与修道所做的事情可能是一样的，比如布施、持戒等，区别

---

① （唐）窥基：《金刚般若经赞述》卷上，《大正藏》第33册，第138中—下。
② （明）智旭：《金刚般若波罗蜜经破空论》，《卍新纂大日本续藏经》第25册，第137页下。
③ 金刚仙：《金刚仙论》卷四，《大正藏》第25册，第820执着页中。

主要在于心是否无我或者随顺无我。比如在《维摩诘经》中记载：长者子善德将价值千金的璎珞赠予维摩诘，而维摩诘以平等心将其分作二分，一分布施给最高贵的难胜如来，一分布施给施会中的最下等的乞丐。维摩诘说：

> 若施主等心施一最下乞人，犹如如来福田之相，无所分别。等于大悲，不求果报，是则名曰具足法施。①

施主以平等心，也即以"三轮体空"②的心去进行布施，不求果报，布施璎珞虽然是财施，但却是法施。这里的法施即是指指向出世间的布施。《维摩诘经》里讲的财施与法施的区别，就在于是否是以无我的心进行布施。虽然施物同是财物，以取相心布施则指向世间果报，是财施；以无我心布施则指向出世间果报，是法施。《坛经》用福德与功德、《金刚经》则用福德多少、《维摩诘经》则用财施与法施来区别修福和修道的区别，是同一个意思的不同表达。

《华严经》卷五十八谈道："忘失菩提心修诸善根，是为魔业。"③ 菩提心指一种上求佛道，下度众生的心，世俗菩提心是一种随顺无我的心，胜义菩提心是完全无我的心。忘失菩提心修诸善根，也就是说，如果以一种取相的心修一切善，是魔业而不是佛业。因为以取相心行一切善，只得有漏福报，而无论有漏福报如何广大，依然不出轮回。所以，修有漏福报，不能导向佛教的出世间目标，甚至会增长烦恼执着而造成"第三世怨"，是违背佛教事业的。如永嘉玄觉禅师《证道歌》言："住相布施生天福，犹如仰箭射虚空，势力尽箭还坠，招得来生不如意。"④ 从佛教的角度来看，佛教的一切修行都是为了指向出世间，对于世间的福德并不十分注重，但当今的民俗化佛教往往是以求升官发财等人天福报为主要内容，就有可能将佛教从出世间道拉低到了人天乘道，实则是对佛

---

① 《维摩诘所说经》卷上，《大正藏》第14册，第544页上。
② "三轮体空"：以布施为例，指能施者、受施者以及施物，皆自性空，缘起如幻。
③ 《大方广佛华严经》卷四十二，《大正藏》第9册，第663页上。
④ （明）瞿汝稷编撰：《指月录》卷六，巴蜀书社2012年版，第172—173页。

教的一种矮化。

三 《坛经》所否定的是著相修行

在《坛经》中所提到的修行也有著相修行和无相修行的差别。通过以上的分析可知，著相修行使得修行成为有漏，只能成就人天福报，并不能指向成佛的出世间道。《坛经》中所谈到的"修行不可作佛"便是从否定著相修行的角度来说的。如《坛经·机缘第七》中智常在悟道之后有偈曰：

> 无端起知见，著相求菩提。情存一念悟，宁越昔时迷。自性觉源体，随照枉迁流。不入祖师室，茫然趣两头。

大意为：智常认为自己以前都是著相修行，心存一念悟道的执着，即与过去的愚迷没有差别，真如本无能所、自他二分可言，但是因为自己无始以来虚妄分别而枉受轮回，如果不是惠能大师指点，自己还在茫茫然落在能所二边。智常此偈道出了真如是远离二分的，著相、能所二分的修行是开显不了真如的，亦不能见道，只能枉受轮回。实际上，惠能大师并没有否定修行，他所否定的正是智常这里所说的"著相求菩提"。

由此我们再来分析第一节中所提到的"修行不可作佛"。《行由第一》说："为是二法，不是佛法，佛法是不二之法。""为"意为有所为、有造作，也即心中有能为之主体我、所为之客体对象，能所分明，便是著相修行，所以不是佛法，真正的佛法是远离有为、无为等二边。六祖座下二传弟子马祖道一禅师亦说："道不用修，但莫污染。何为污染？但有生死心，造作趣向，皆是污染。若欲直会其道，平常心是道。何谓平常心？无造作、无是非、无取舍、无断常、无凡圣。"[①] 有生死可舍，有涅槃可造作趣求，这便是有所著，是"污染"；无造作、是非、取舍、断常、凡圣等种种二边，便是无所著，便是"平常心"。惠能在论及禅定时谈道："但行直心，于一切法，勿有执着。迷人着法相，执一行三昧，直言常坐不动，妄不起心，即是一行三昧。作此解者，即同无情，却是障道因

---

① （明）瞿汝稷编撰：《指月录》卷五，巴蜀书社2012年版，第137页。

缘。"直心是指以真如相应的心，若以直心行一切法，即是一行三昧。但是，如果有人执着一行三昧是常坐不动，那就是着了坐相，又不起心念，便如无情一般，是愚痴因缘，会障碍见道。而且坐禅连真如也不可执着，若执有一真如可见，那就有能执之我，和所执之真如，同样是一种著相，如惠能说：

> 若言着净，人性本净。由妄念故，盖覆真如，但无妄想，性自清净。起心着净，却生净妄。妄无处所，著者是妄。净无形相，却立净相，言是工夫。作此见者，障自本性，却被净缚。①

本来无虚妄，因众生执着真如，却成虚妄，真如本不可执着，却非要立一个真如的相，而起执着。像这种著相而修禅定的人是不能见道的，如惠能所说："迷人身虽不动，开口便说他人是非长短好恶，与道违背。"②迷人身体虽然在坐着不动，看似在坐禅，但一开口就说他人是非，可见此种人执着自我，我慢很大，是与佛法相违背的。

《般若第二》云："迷心外见，修行觅佛，未悟自性，即是小根。"这句话最重要的在于"迷心外见"，也即内心没有与无我真如相应，而向外执求，以此为基础修行觅佛，便是"小根"。又如其说："为是二法，不是佛法，佛法是不二之法。"这里的"为"也是指著相而造作妄为。《疑问第三》云："心平何劳持戒，行直何用修禅！"这两句话可以看作一个互文的句子，即心平行直何劳持戒修禅，这句话最重要的在于"心平行直"四字，"平等"并非现在所谓人格平等或法律地位之平等，佛教所谓"平等"指无自、他可得，即自他、能所皆自性空。"正直"也非指世间的一种刚正不阿的高尚品德，而是指内心与真如本性相应，《维摩诘》所谓"直心是道场"。所以此句之意为：如果内心能与真如本性相应，无自无他，便不会执着有一个能持戒能修禅之我和所持之戒、所修之禅，从而如是清净地持戒、修禅，并非指不修行。《疑问第三》云："常行十善，天堂便至。除人我，须弥倒。去贪欲，海水竭。烦恼无，波浪灭。

---

① （元）宗宝编：《六祖大师法宝坛经》，《大正藏》第 48 册，第 353 页中。
② （元）宗宝编：《六祖大师法宝坛经》，《大正藏》第 48 册，第 353 页中。

毒害除，鱼龙绝。"六祖此语其实是站在自性净土的立场上，将自心中的我执、贪欲、烦恼、三毒等破除而在当下成就自性净土，根据六祖一贯强调的无相、无念，其破除烦恼的方式亦不外乎如实知见烦恼的本性即是空性，了达烦恼本不可得，即能在心心念念的当下远离虚妄分别等烦恼。那么在《宣诏第九》中六祖之所以对薛简所说"以大智慧照破烦恼"持否定态度，是因为薛简将智慧与烦恼相对，认为有能打破的智慧和所打破的烦恼可得，那么就落入二边，所以六祖说"烦恼即菩提"，烦恼的本性即是菩提，而并非互相对待。《坛经·付嘱第十》中一偈云："兀兀不修善，腾腾不造恶。寂寂断见闻，荡荡心无着。"此偈所讲的道理亦是如此。"不修善"是指无所修之"善"，不修著相善法；"不造恶"是指无所造之"恶"，不造著相恶法；"断见闻"是指无能见、能闻，亦无所见、所闻，也即断除著相的妄见、妄闻，而生无住之清净见闻。如此内心无所执着，才是修行之道。这才是《坛经》中所说的"若欲修行觅作佛，不知何处拟求真"之真义。若错会六祖大师用心，而执定修行不可作佛，那么即此"修行不可作佛"又成新执。

禅宗中的祖师们对此"著相修行"亦多有否定，并在生活中作了活泼泼的运用。如《景德传灯录》卷四记载禅宗四祖道信度化牛头山法融禅师：

> 师指后面云："别有小庵。"遂引祖至庵所。绕庵唯见虎狼之类，祖乃举两手作怖势。师曰："犹有这个在？"祖曰："这个是甚么？"师无对。少选，祖却于师宴坐石上，书一"佛"字，师睹之竦然。祖曰："犹有这个在？"[①]

这里"师"指法融禅师，"祖"指四祖道信禅师。法融禅师所说的"犹有这个在"，是指四祖心中对虎狼等尚有恐惧、执着。而实际上，四祖是故意做出害怕的样子。四祖所说的"犹有这个在"是指法融禅师心中虽然已经放下对虎狼等野兽的恐惧，但是对"佛"却非常执着，所以不敢坐在有"佛"字的石头上。而对佛的执着恰恰成了法融禅师修行的最大

---

① （明）瞿汝稷编撰：《指月录》卷六，巴蜀书社2012年版，第144页。

的障碍，因此四祖正好对症下药，点出法融禅师的症结所在。后世的临济义玄禅师针对当时修行人执着成佛的情况，则大开"呵佛骂祖"的禅风：

> 你若求佛，即被佛魔摄。你若求祖，即被祖魔缚。你若有求，皆苦。不如无事。……逢佛杀佛，逢祖杀祖，逢罗汉杀罗汉，逢父母杀父母，逢亲眷杀亲眷，始得解脱，不与物拘，透脱自在。①

若是心中有个想"成佛作祖"的执着，则佛、祖就成了修行的障碍，所以要遇佛杀佛、逢祖杀祖，逢着就杀，一杀到底，才得透脱自在。这并不是说真的要去杀佛杀祖、杀父杀母，而是指破除对佛祖、父母等一切事物的执着。如阿罗汉在佛教中又称"杀贼"，即是破除烦恼贼的意思。临济禅师的"呵佛骂祖"也不是否定佛教的意思，而是否定这种"著相"的修行。总之，修行成佛的过程需要破除一切执着，凡有所执着皆是修行之障碍，如天台山云居智禅师云："若云我能了，彼不能了，即是大病。见有净秽凡圣，亦是大病。作无凡圣解，又属拨无因果。见有清净性可栖止，亦大病。作不栖止解，亦大病。"② 凡是见有自他、净秽、凡圣等可得，皆是执着；但反过来，若是执着无自他、净秽、凡圣而一切不修，那也是"任病"。

这种著相修行在许多经中都有批评，甚至被称为邪魔。如《思益梵天所问经》说："若有人发菩提愿，是为邪愿。所以者何？诸有所得悉皆是邪。若计得菩提而发愿者，是人诸所作行皆为是邪。所以者何？菩提不在欲界，不在色界，不在无色界，菩提无有住处，不应发愿。"③ 菩提心本是大乘佛教所发之上求佛道、下度众生之最广大誓愿。而为什么此经却认为有人发菩提心也是邪愿？原因就在于他是以有所得心而发的，是为了将来得个"菩提"而发的，因为心中执着一个菩提，是以著相心发愿，所以这种愿就成了邪愿。《金刚经》亦有："实无有法发阿耨多罗

---

① （明）瞿汝稷编撰：《指月录》卷十四，巴蜀书社2012年版，第435—436页。
② （明）瞿汝稷编撰：《指月录》卷六，巴蜀书社2012年版，第151页。
③ 《思益梵天所问经》卷三，《大正藏》第15册，第54页中。

三藐三菩提者。"① 不仅没有所发之实体菩提心，而且没有能发菩提心之实体自我。《大方等大集经》卷十五在论及什么是魔业时，说道：

> 何谓魔业？所谓心向小乘是为魔业，不护菩提心是为魔业，于众生生异想是为魔业，行施望报是为魔业，为受生故持戒是为魔业，有色想行忍是为魔业，为世事精进是为魔业，于禅生着味想是为魔业，于慧生戏论是为魔业，厌倦生死是为魔业，作诸善根而不回向是为魔业，厌恶烦恼是为魔业，犯罪覆藏是为魔业，憎嫉菩萨是为魔业，诽谤正法是为魔业，不受正法是为魔业，不知报恩是为魔业，不进求诸波罗蜜是为魔业，不敬顺法是为魔业，吝惜于法是为魔业，为利养说法是为魔业，不知方便而化众生是为魔业，舍四摄法是为魔业，轻毁禁者是为魔业，嫉持戒者是为魔业，学二乘行是为魔业，悕望正位是为魔业，舍离大慈而观无生是为魔业，欲证无为法是为魔业，厌离有为功德是为魔业，不愍众生是为魔业，不谦下尊长是为魔业，习行两舌是为魔业，谀谄多奸是为魔业，显己净行是为魔业，作恶不耻是为魔业，不流布法是为魔业，以少德为足是为魔业，不遮结使是为魔业，不舍心垢是为魔业，忍沙门垢是为魔业。②

细细品味这段经文所说的"行施望报""为受生故持戒""欲证无为法"等四十一种魔业，无不是因为心中有所执着，有所取相。此经在第四十八卷中记载：在过去世第三十一劫的时候，有佛出世名毗舍浮如来，当时有一个大婆罗门名为弗沙若耶，善根深厚，信奉佛法，与其八个弟弟一同发菩提心而修行佛法。经中说这弗沙若耶便正是今日的释迦牟尼佛，这八个弟弟就是今天的阿修罗王、魔王波旬、提婆达多、毗摩罗诘以及弥勒菩萨。为什么一同发菩提心修行，有的成佛成菩萨？有的却成魔成阿修罗？佛陀说：

> 憍逸自举不勤修习，复怀疑惑，杂诸烦恼，贪欲瞋恚愚痴邪见，

---

① 《金刚般若波罗蜜经》，《大正藏》第8册，第751页上。
② 《大方等大集经》卷十五，《大正藏》第13册，第105页下—106页下。

无明胆佞断常之心,修行施戒忍辱精进禅定智慧。以是因缘,今生下类苦恼畜生阿修罗道。

以本障碍他故,娆乱他故,降伏他故,欺陵他故,求称誉故,求名闻故,依于五欲戏笑乐故,求富贵故,于毗舍浮如来法中,修行施戒忍辱精进禅定智慧。以是因缘,今于现在白法尽灭,五浊恶世得作魔王。

于毗舍浮如来法中,不为障碍他故,乃至不求富贵故,但乐离欲化众生故,修六波罗蜜。以是因缘,此大丈夫弥勒菩萨、毗摩罗诘,及菩提鬘阿修罗仙等,得无碍智,以诸菩萨功德庄严,巧成一切众生智药。①

那是因为修行佛教六度的过程中,如果掺杂着贪、嗔、痴、慢、疑等烦恼,便成阿修罗;如果是以有所求、损人利己为出发点而修行,就成魔。无论成魔还是成阿修罗,其中最主要的就是因为在修行的过程中贯穿着我执,是以著相心而修行。而如果以无所求的心,以无我利他的心来修行六度,则会成为弥勒菩萨等这样的大菩萨,成就无碍智。此经第十八卷亦说:"若有取我、我所者,是为魔界。若有菩萨不取我、我所者,则无净竞。以无净竞故,则无心行,况当有魔界耶!是为菩萨能过诸魔界。"② 说的也是这个道理。《维摩诘经》则明白地指出:"若有得、有证者,即于佛法为增上慢。"③ 如果有所得、有所证,即说明此人尚未破除能得、能证之我以及所得、所证之真如的执着。没有破执,却说自己已经证果,那就是未得谓得的增上慢。

所以,同样是修行佛法,其中却有著相和无相的差别,佛教认为如果以著相心修行,将来便成魔,如果以无相心来修行,所指向的便是成佛。这就是为什么《坛经》要否定著相修行。

---

① 《大方等大集经》卷四十八,《大正藏》第 13 册,第 312 页下—313 页上。
② 《大方等大集经》卷十八,《大正藏》第 13 册,第 122 页下。
③ 《维摩诘所说经》卷中,《大正藏》第 14 册,第 548 页上。

第三节 无相修行

一 成佛如何发生

在《坛经·定慧第四》中惠能说其顿教法门以"无相为体",将其所传之戒称为无相戒,所传之忏悔称为无相忏悔,所说之偈称为无相颂,可见《坛经》肯定了这种无相修行可以成佛。在讨论无相修行可以成佛之前,我们首先要清楚两个问题:一是成佛如何发生,二是无相是什么意思。

先看第一个问题,成佛如何发生。关于这个问题,可以从不同的角度进行讨论,我们这里主要采用唯识学的种子说。第八识之种子可以分为有漏种子和无漏种子,有漏种子为阿赖耶识所摄,无漏种子非阿赖耶识所摄,如《摄大乘论本》引《阿毗达摩大乘经》云:

无始时来界,一切法等依,由此有诸趣,及涅槃证得。[1]

其中"界"指第八识,可分为杂染与清净二分,从而成为一切染净法之所依,其中依杂染分安立生死轮回之杂染缘起,由此有轮回诸趣;清净分安立清净缘起,由此有涅槃证得。此"界"之杂染分是阿赖耶识所摄之杂染种子,清净分即是寄附在阿赖耶识中的无漏种子。其中杂染种子可被无漏种子对治,当杂染种子完全被断尽,无漏种子完全现行,即是圆满转依,成就佛果。但是无始以来,凡夫所现行的一直只是杂染种子,无漏种子只是寄附在阿赖耶识中与之和合俱转,并未现行。那么我们知道悟道是指根本无分别智证真如,所证之真如作为无为无漏法,是非因非缘的;但作为有为有漏之根本智无分别智却是有因缘的:无漏种子产生无漏现行。所以无漏种子的现行就显得很重要。这里就有两个问题:一是无漏种子是怎么来的?二是如何使无漏种子现行而产生悟道?

关于无漏种子由来的问题,在《摄大乘论》和《成唯识论》有不同的说法。根据"种现相熏"理论,无漏种子必须是由无漏现行熏习而来,

---

[1] 《摄大乘论本》卷上,《大正藏》第 31 册,第 133 页中。

但是众生无始以来就是凡夫杂染现行,没有无漏现行,那么无漏种子是从哪来的呢?《摄大乘论》认为:"从最清净法界等流正闻熏习种子所生。"① "最清净法界"是指佛陀所证法界,因为已经断除一切我、法二执,所以是最清净的。"等流"指同类相续。那么"最清净法界等流"即是指佛陀依所证之清净法界而说的三藏十二部佛典。"正闻"指无倒听闻,也即听闻佛典时,要随顺无我的道理,不产生种种颠倒执著。所以无漏种子即是从正闻三藏十二部经典而得来。这正闻熏习种子即是法身种子,由于能对治阿赖耶识中的杂染种子,又是佛陀清净法界之同类相续,虽然是凡夫依据世间有漏六根而熏习,但却是无漏种子,是产生无分别智的因。如《摄大乘论》云:"又此正闻熏习种子下、中、上品,应知亦是法身种子,与阿赖耶识相违,非阿赖耶识所摄,是出世间最净法界等流性故,虽是世间而是出世间种子性。"② 所以《摄大乘论》偏向于种子新熏说。

《成唯识论》则认为如果无漏种子是听闻正法而新熏的,那么众生无始以来是有漏现行,无漏种子如何得以熏成?佛陀之教法虽然是最清净法界之等流,但是众生在听法的时候是以有漏六识以此教法为疏所缘缘,其亲所缘缘却是有漏的,所熏成的亦是有漏种子,并非无漏种子。所以《成唯识论》认为:"由此应信,有诸有情无始时来有无漏种,不由熏习法尔成就,后胜进位熏令增长。无漏法起,以此为因,无漏起时,复熏成种。"③ 也就是无漏种子无始以来就有(本性住种),寄附在阿赖耶识中。从加行位(胜进位)到见道位则是通过观修而熏习无漏种子令其势力增长,可称为习所成种,从而成为见道时根本无分别智的亲因。见道之后产生无漏现行,这无漏现行又将熏成新的无漏种子。那么《成唯识论》这里偏向于本有—新熏并建说。

从《摄大乘论》新熏的角度来看,集积无漏种子的主要方式就是正闻熏习佛陀的教法。其中最重要的就是"正闻"一词,即无倒听闻,在听闻佛法和法随法行的过程中,不能颠倒执著。因为佛经是最清净法界

---

① 《摄大乘论本》卷上,《大正藏》第31册,第136页下。
② 《摄大乘论本》卷上,《大正藏》第31册,第136页下。
③ 《成唯识论》卷二,《大正藏》第31册,第9页上。

之等流,所以无倒听闻佛经即是在进行随顺无我的修行,或者说随顺无相的修行,因为此时尚未见道,并不能真正做到无相。结合前文关于无分别智的论述,此处说的正闻熏习可摄资粮位与加行位,正闻熏习种子可看作加行无分别智的生因。《摄大乘论本》云:"入所知相云何可见?多闻熏习所依,非阿赖耶识所摄。如阿赖耶识成种子,如理作意所摄、似法似义而生、似所取事、有见、意言。"① "似法"指对佛陀教法进行正闻熏习,而有相似于教法的影像生起;"似义"中的"义"指佛法中无我、无相的道理,指通过意识如理作意而产生无我、无相的影像;"有见"指意识对"法""义"进行如理思维;"意言"指意识的分别。怎么才能悟入圆成实性(悟道),这其中最重要的就是以正闻种子(无漏种子)为因进行如理作意,从而产生与无我、无相为特征的大乘佛法相应的影像。这也是佛陀教导弟子要进行一禅二诵的原因。那么怎样才是如理作意呢?《摄大乘论》云:

> 由四寻思,谓由名、义、自性、差别假立寻思;及由四种如实遍智,谓由名、事、自性、差别假立如实遍智,如是皆同不可得故。以诸菩萨如是如实为入唯识勤修加行,即于似文、似义意言,推求文名唯是意言,推求依此文名之义亦唯意言,推求名、义、自性、差别唯是假立。若时证得唯有意言,尔时证知若名,若义自性、差别皆是假立,自性,差别义相无故,同不可得。由四寻思及由四种如实遍智,于此似文、似义意言,便能悟入唯有识性。②

"名"指名、句、文等所成之名言;"义"指名言所诠之境,如五蕴、十二入、十八界等;"自性"指名言与事境之自体;"差别"指名言与事境之差别相。如理思维就是寻思名言、事境、名言与事境的自体、名言与事情的差别都是假有实无的,其都是意识的影像,是虚妄显现,皆是遍计所执性。通过这四种寻思,便能获得四如实遍智,这两者可以称作加行无分别智。在这加行位的观修上,《成唯识论》与《摄大乘论》的看法

---

① 《摄大乘论本》卷中,《大正藏》第31册,第142页中。
② 《摄大乘论本》卷中,《大正藏》第31册,第142页下。

是一样的，如《成唯识论述记》说："前四寻思观计所执四境，'离识非有'，唯观所取无，未观能取。此如实智忍可前境'离识非有'，所取空已，复能遍知能取彼识，离识内境，决定非有，能取亦空。"① 也就是不仅要观外境是虚妄显现不可得，还要观能取之内境亦是不可得，这样能所双亡，便能见道。

　　换言之，《摄大乘论》认为通过不断的正闻熏习，依次产生闻慧、思慧和修慧。在修慧阶段时，以正闻熏习所产生的无漏种子为因，通过如理作意之四寻思产生四如实遍智，在世第一的第二个刹那便能见道。《成唯识论》则认为通过正闻熏习、如理作意之四寻思旁熏本有无漏种子令其势力增长，最终无漏种子现行发生悟道。也就是说，在加行智的阶段，无论新熏说还是本有一新熏并建说，都离不开正闻和如理作意之四寻思，而正闻和四寻思的内容即是随顺无相的修行。因此，只有随顺无相的修行才能导向见道。此外，无漏种子产生现行，也就是见道的时候，证得根本智，这是无相的直接体现。而在修习位圆满根本智和后得智，真正做到了不执着，是真正的无相修行。因为末那识在凡夫位是我执的根源，但在圣者位却是无我的根源，如《成唯识论》卷四云："能审思量，名末那故。未转依位，恒审思量所执我相；已转依位，亦审思量无我相故。"② 见道前的凡夫位因为未能破除我法二执，依然有自他、能所的细微执着，所以只能随顺无相进行修行，圣者位已得末那识一分转依，便能真正做到无相修行。

二 "无相"的意思

　　第二问题，无相是什么意思。"无相"一词在《坛经》里总共出现过十三次，其主要内涵在《坛经·定慧第四》中有论述：

> 我此法门，从上以来，先立无念为宗，无相为体，无住为本。无相者，于相而离相。无念者，于念而无念。无住者，人之本性。于世间善恶好丑，乃至冤之与亲，言语触刺欺争之时，并将为空，

---

① （唐）窥基：《成唯识论述记》卷九（末），《大正藏》第43册，第565页下。
② 《成唯识论》卷四，《大正藏》第31册，第22页上。

不思酬害。念念之中，不思前境。若前念今念后念，念念相续不断，名为系缚。于诸法上，念念不住，即无缚也。此是以无住为本。善知识，外离一切相，名为无相。能离于相，即法体清净。此是以无相为体。①

从这段话的描述来看，"无相"并不是指没有相状，而是"于相而离相"。很明显，前一个"相"和后一个"相"应该是有不同的含义，否则就如同是 A 而又不是 A，便违背逻辑学的矛盾律了。从后面的描述来看，应该是于善恶、好丑等种种相上不执着，才叫无相。换言之，前一个"相"指善恶、好丑等种种缘生法，后一个"相"是指在此缘生境相上所起的执着。为了更好地理解，我们引入唯识学三自性的概念来解释"于相而离相"。三自性指依他起性、遍计所执性和圆成实性。其中依他起性指一切缘生法，经中常以"此有故彼有，此生故彼生，此无故彼无，此灭故彼灭"来描述。也就是说，一切万法都是条件下的存在，而不能自己独立存在。如 A 之存在必是依于 B、C、D……的存在而存在，离开 B、C、D……，便没有 A 的存在。既然一切事物都是依他而起，那么事物便无自性。因此依他起性就意味着无自性。而遍计所执性则指众生不如实认识依他起性而起了自性执。《摄大乘论》称遍计所执性为"谓于无义唯有识中似义显现"②，"义"指真实的外境，即于没有真实的外境而唯有依他起的识上产生了有真实外境的执着。其中的"似义"意在表明真实的外境是绝无的，亦表明遍计所执性本质是一种虚妄分别、执着，是无体法。圆成实性则是指"谓即于彼依他起相，由似义相永无有性"③，就在依他起性上遣除遍计所执，当下即是圆成实性。对比《坛经》对于"无相"的说法，其中"于相而离相"即是指于依他起相上遣除遍计所执相，当下即是圆成实相。其核心点在于破除虚妄执着，而不是指什么都没有。

因此，"无相"，并不是指没有万法相状，而是对一切万法之依他起

---

① （元）宗宝编：《六祖大师法宝坛经》，《大正藏》第 48 册，第 353 页上。
② 《摄大乘论本》卷中，《大正藏》第 31 册，第 138 页上。
③ 《摄大乘论本》卷中，《大正藏》第 31 册，第 138 页上。

相了了分明，于万法之相上远离能所二边等种种虚妄分别之遍计所执。无念也不是指没有念头，如果什么都不想，那就是"一念绝即死，别处受生，是为大错"，若是认取前念已过，后念未生的空白心体就是自心本性，那也是大错。事实上，"无念"是指于每一念上远离能念、所念等一切虚妄分别之念，也即心心念念不产生贪爱执着。"无住"则指与人之真如本性（圆成实性）相应，而远离种种虚妄执着。无念侧重破除识缚，无相侧重破除相缚，无住则是从内识与外境的整体破除上来说，对识与境皆不产生执着。因为不管是善、恶、无记等心念，还是世间好丑、冤亲、言语刺激等种种外境，其本性皆无自性，本来并无执着可得。虽然无念侧重破能，无相侧重破所，但能中有所，所中有能，无念、无相、无住是一个整体。因此，我们这里所取的"无相"不仅是不执外相，亦指不执内识，是远离能所、自他等一切二元对立的不二中道。其实质即是唯识学所谓于依他起性上远离遍计所执性。这是惠能禅宗法门的修行诀要，也是贯穿整篇《坛经》的核心宗旨。惠能所说的一切修行方法都是无念、无相、无住的具体展开。

实际上，无相的修行方法是佛教最重要的修行方法，在佛经中经常论及，如佛典云：

于念无念，应本无念。[1]（《佛说濡首菩萨无上清净分卫经》）

善现！如是诸法皆无自性，若法无自性，则无所有。若无所有，则不可念。所以者何？善现，若无念、无思维，是为法随念。[2]（《大般若经》）

菩萨施已不住心，住心即名众生相。有见有念名著相，非是菩萨之回施。如是施非无相施，是法当知有灭尽。若作非法非施心，乃可得名为回施。作有相施非真施，无相回施证菩提。如上妙食杂毒药，自法著相亦如是。[3]（《佛说佛母宝德藏般若波罗蜜经》）

---

[1]《佛说濡首菩萨无上清净分卫经》卷下，《大正藏》第 8 册，第 745 页上。
[2]《大般若波罗蜜多经》卷三百七十三，《大正藏》第 6 册，第 921 页下。
[3]《佛说佛母宝德藏般若波罗蜜经》卷上，《大正藏》第 8 册，第 678 页中、下。

即所观空，无可希愿，故名无愿。观此远离一切行相，故名无相。①（《瑜伽师地论》）

此处，《佛说濡首菩萨无上清净分卫经》所提到的"无念"与《坛经》关于"无念"的定义便是一模一样的；《大般若经》则从诸法无自性的角度来阐释无念；《佛说佛母宝德藏般若波罗蜜经》认为外不着施物、内不着施心的无相施，才是真正的布施，才能证无上菩提，反之，取相施不是真施，而是如参毒之食，虽可暂时让人饱腹，却可能导致第三世怨，不能指向出世间；《瑜伽师地论》所说的"无愿"指一切万法皆自性空，故无可希愿，"无相"则指远离一切虚妄分别之相，"无愿""无相"的本质皆是指于依他起性上远离一切遍计所执性。佛典中关于无相修行的论述，远不止上面提到的三处。《金刚经》就曾反复强调，比如"不住相布施"②"应无所住而生其心"③"以无我、无人、无众生、无寿者，修一切善法，则得阿耨多罗三藐三菩提。须菩提！所言善法者，如来说非善法，如来说非善法，是名善法"④。以无相的方法修一切善法，那么这些善法就不是取相、有漏的善法，而是可得出世间果报的无漏善法。

在唯识学《摄大乘论》中亦认为无相修行是菩萨在修道位中最重要的修行方式⑤，但需要注意的是，《坛经》中"无相"的内涵并不是《摄大乘论》中的"无相散动"。"无相散动"是指以"无"为相，以"一切皆是空无"为所缘相的散动。这种"无相"实际上还是有相，即有一个以"无"为相的相，还是一种虚妄之相，和《坛经》中所说的远离种种虚妄分别之二边的"无相"是根本不同的。实际上，"无相散动"正是"无相"所要破除的。

此外，"无相"除了指远离一切二元对立之虚妄分别相，还指肯定一切清净缘起。这和唯识学对"圆成实性"的定义是一致的，于依他起性

---

① 《瑜伽师地论》卷十二，《大正藏》第30册，第337页下。
② 如《金刚经》云："菩萨不住相布施，其福德不可思量。"（《金刚般若波罗蜜经》，《大正藏》第8册，第749页上。）
③ 《金刚般若波罗蜜经》，《大正藏》第8册，第749页下。
④ 《金刚般若波罗蜜经》，《大正藏》第8册，第751页下。
⑤ 《摄大乘论本·彼修差别分第六》中论述了"五相修"，其中就有"无相修"。

上遣除遍计所执性，意味着圆成实性不仅指对自性的破除从而开显二空所显真如，而且还成立了清净的依他起性。《摄论》将圆成实分为自性圆成实和清净圆成实，又将圆成实说为自性清净、离垢清净、得此道清净、生此境清净之四清净法，就是此意。自性空和缘起有，一者是体，一者是用，体不离用，用不离体，体用不即不离。"无相"的这种立体内涵在《坛经》中也多有体现。如《坛经·般若第二》说："若见一切法，心不染着，是为无念。用即遍一切处，亦不着一切处。""心不染着""不着一切处"指远离虚妄分别相（体），"见一切法""用即遍一切处"指清净缘起（用）。《坛经·定慧第四》亦云："无者，无二相，无诸尘劳之心。念者，念真如本性，真如即念之体，念即是真如之用。""无二相、无诸尘劳之心"即是指自性空（体），"念即真如之用"即指清净缘起之有（用）。惠能大师引《维摩诘经》云："能善分别诸法相，于第一义而不动。"这段话，前者指用，后者指体，亦是体用不二。《坛经·机缘第七》中亦有偈曰："常应诸根用，而不起用相；分别一切法，不起分别想。"这两句话，前两个半句皆指清净缘起之用，后两个半句则指自性空之体。这种"无相"的体用不二关系在《坛经》中比比皆是，就不一一举例了。惠能大师因《金刚经》而悟道的句子："应无所住而生其心"同样还是体用不二，"应无所住"为体，"而生其心"为用。又《金刚经》中"如是灭度无量无数无边众生"为用，"实无众生得灭度者"为体；"以无我、无人、无众生、无寿者"为体，"修一切善法，则得阿耨多罗三藐三菩提"为用。黄檗希运禅师亦云："不着佛求，不着法求，不着僧求，常礼如是事。"[①] 不着一切法，而常做一切佛事，亦是无相之体用关系。

三 《坛经》所肯定的是无相修行

惠能大师所反对的是著相的修行，而所肯定的正是这种无相修行。比如惠能说：

> 外于相离相，内于空离空。若全著相，即长邪见。若全执空，即长无明。……若著相于外，而作法求真，或广立道场，说有无之

[①] （明）瞿汝稷编撰：《指月录》卷十，巴蜀书社2012年版，第296页。

过患，如是之人，累劫不可见性。但听依法修行，又莫百物不思，而于道性窒碍。若听说不修，令人反生邪念。但依法修行，无住相法施。汝等若悟，依此说，依此用，依此行，依此作，即不失本宗。①

自心无碍，常以智慧观照自性，不造诸恶；虽修众善，心不执着。②

如果著相修行，即是在增长邪见和无明，累劫不能见性，但也不是不去修行，这样反而会让人产生邪念，而是应该不着任何境相进行法施等修行。这里讲的"外于相离相"，即是《摄大乘论》讲的四寻思中思维事境、名言都是假有实无。"百物不思""听说不修"即是《摄大乘论》中的"无相散动"，都是应该破除的。惠能大师认为依靠这种无相修行，就能不失顿教宗要。这种无相修行的要点就是自心常与般若智相应，虽修众善，心不执着。

惠能大师所肯定的这种无相修行，在《坛经·般若第二》中论述得比较多：

念念若行，是名真性。悟此法者，是般若法；修此行者，是般若行。不修即凡；一念修行，自身等佛。……摩诃般若波罗蜜，最尊、最上、最第一，无住、无往亦无来，三世诸佛从中出。当用大智慧打破五蕴烦恼尘劳，如此修行，定成佛道，变三毒为戒、定、慧。……悟此法者，即是无念、无忆、无着，不起诳妄。用自真如性，以智慧观照，于一切法不取不舍，即是见性成佛道。

念念与真如相应，才是真的证得真如本性，能够这样念念远离二边进行修行，才是般若行。这里讲的"用大智慧打破五蕴烦恼尘劳"也不是说有个能用智慧的"我"和所要打破的"五蕴烦恼尘劳"，如果是这样，那就是能所分明的著相修行了。这里的意思主要指这种摩诃般若波罗蜜

---

① （元）宗宝编：《六祖大师法宝坛经》，《大正藏》第48册，第360页中—下。
② （元）宗宝编：《六祖大师法宝坛经》，《大正藏》第48册，第353页下。

（大智慧）是无所住的，如实观照五蕴烦恼尘劳本来是空，这样才能打破烦恼，如果烦恼是实、是有自性，那么烦恼就不可能被打破。因为一切法本性即是空，故云："以智慧观照，于一切法不取不舍。"不仅能观之般若智远离二边、无自性，所破之烦恼亦无自性。这样能所双破，才是无相修行。如此修行，定成佛道，方能转贪、嗔、痴之杂染种子为戒定慧之清净种子。

惠能大师又云："迷心外见，修行觅佛，未悟自性，即是小根；若开悟顿教，不执外修，但于自心常起正见，烦恼尘劳，常不能染，即是见性。善知识，内外不住，去来自由，能除执心，通达无碍。能修此行，与般若经本无差别。"① 如果执着外境而取相修行，也即不观察名言、事境及其自体与差别是假有实无的，那么就不能证得真如本性，这种人即是小根。如果能进行四寻思，获得四如实遍智，如实观察名言、事境等本来是空，就能伏除烦恼尘劳，便能见道。这是一个随顺无相修行的过程。见道之后的修道过程中，因为能证之智并未圆满，悟道的菩萨并不能念念保持与真如相应，有时还会与有漏相应而产生烦恼。所以还需要"内外不住，去来自由"，继续遣除微细执着，念念保任，如此才能通达无碍。这悟道之后的修行便能真正做到无相修行，如《成唯识论》卷九论述修道位之无分别智云："此智远离所取、能取，故说无得及不思议。"② 这里讲的修道位的无分别智的特点即是无相。

在《坛经·机缘第七》中法海来参礼六祖大师，六祖为其说偈曰："即心名慧，即佛乃定。定慧等持，意中清净。悟此法门，由汝习性。用本无生，双修是正。"这里讲的定慧双修中的"定""慧"都是不离真如本心与佛，智慧之用不离不生不灭之禅定体性，"无生"即指无实体生，这里指法性定。可见《坛经》中讲的定、慧都是不离真如、法性，本身是一种无相修行。法海的赞偈也说明了这一点，如他说："我知定慧因，双修离诸物。"③ 也即定慧双修是远离对一切境相的虚妄分别。

仔细阅读《坛经》会发现"无相"是贯穿整部《坛经》的核心要

---

① （元）宗宝编：《六祖大师法宝坛经》，《大正藏》第48册，第350页下—351页上。
② 《成唯识论》卷九，《大正藏》第31册，第50页下。
③ （元）宗宝编：《六祖大师法宝坛经》，《大正藏》第48册，第355页中。

义，是打开《坛经》的关键钥匙。《坛经》所肯定的也正是这种无相修行，只有无相修行才能导向成佛，如《坛经·般若第二》明确提到，"悟无念法者，万法尽通；悟无念法者，见诸佛境界；悟无念法者，至佛地位"，这和唯识学的无相修行原则是一样的；而著相修行只能导向世间有漏福报。这也是修道和修福的一个重要区别。《思益梵天所问经》卷二云："诸所有行皆是取相，无相无分别则是菩提。"① 说的也是这个意思。

明代瞿汝稷在《指月录》中说及六祖时提到：

> 幻寄曰：祖师教人"除人我"，"去邪心"，与秀师"时时勤拂拭"，是同是别？若道是别，别在甚处？若道是同，秀师何以不契黄梅？若道此是第二头语，祖师又云，"依偈修行，直成佛道"，不为第二头语也。于此彻证，始有参学分。不然，特是念言语汉。祖师虽日在前，末如之何。
>
> 又，"当用大智慧，打破五蕴烦恼尘劳"，祖语也。"无念、无忆、无着"，祖训也。而对薛简，则斥"以智慧照破烦恼"；对卧轮，则云"不断百思想"。法道何不侔也！②

我们在明白了著相修行和无相修行的差别之后，就能回答幻寄道人（瞿汝稷）这里提出来的问题。从前文的分析，我们知道神秀禅师的"时时勤拂拭"问题出在把"尘埃"（烦恼）执为实体，需要将尘埃拂去，保持心灵的干净。所以神秀禅师的这种修行还落在著相修行里，不出五祖所批评的"求福田"的范围。而惠能大师所教授的"除人我""去邪心"，包括"当用大智慧，打破五蕴烦恼尘劳"，并非把"人我""邪心""烦恼尘劳"看作实体。恰好相反，"打破烦恼尘劳"的方法即是以般若智观照烦恼本来无自性，体性即是空，以这种方法才能真正除人我、去邪心、打破烦恼。如果在除烦恼的时候，有能除之我，所除之烦恼，能所分明，即是著相，不仅不能除烦恼，反而是妄上加妄。就如同在昏暗（无明）中见到一条绳子，误认为蛇，却想着此蛇是有毒还是没毒，是长

---

① 《思益梵天所问经》卷二，《大正藏》第15册，第45页下。
② （明）瞿汝稷编撰：《指月录》卷四，巴蜀书社2012年版，第115页。

还是短,其上之花纹又是如何,并欲以锄头、铲子等工具除去这条蛇,这样能除去吗?这就是五祖批评神秀"只到门外,未入门内"的原因。因为这条"蛇"只是众生在昏暗条件下没有如实认识绳子而产生的错觉,在绳子的内、外、中间都没有这条蛇,如果执"蛇"实有,而想出种种办法除去它,那不是妄上加妄吗?当然,也并不是说神秀禅师的做法就一点价值也没有,其修行方法作为入手处,是有价值的,甚至适用于多数资质一般的修行人,但若以此法门为究竟,那就有问题了。除去此"蛇"的正确方法是,用灯(光明)一照,就发现此"蛇"原来是绳,这条"蛇"立马就没有了。对于烦恼,亦是如此,烦恼作为遍计所执性只是"似义显现",并非说此烦恼是真实存在之法。窥基所撰《成唯识论述记》云:"世间凡夫依识所变相、见二分依他性上执为我、法。此所变者,似彼妄情,名似我、法。彼妄所执我、法实无,非可说牛毛似彼龟毛,故不说似彼,但说似情。"[①] 凡夫于依他起性上所起的我法二执,只能说是似我、似法,因为这样的实我、实法是无体法,其体是绝无的,不能说某物和一个绝无的东西相似,就好像不能说牛毛和龟毛相似,因为龟毛是不存在的无体法。故不能说"似彼",只能说似妄情。无论是《摄论》的"似义"还是《成唯识论》的"似我""似法",抑或《成唯识论述记》的"似情",都旨在说明遍计所执性之体是无。因此对于烦恼的遣除,不可将烦恼执实再去遣除之,只有以智慧之光照见烦恼本空,烦恼当下即转为菩提!这就是无相修行!那为什么在《坛经·宣诏第九》中惠能大师却斥薛简云:"若以智慧照破烦恼者,此是二乘见解。"那是因为薛简又把智慧(明)和烦恼(无明)执为实体,那么这本来用来照破无明的智慧就又变成了新的"蛇",又该遣除。所以惠能大师说:"明与无明,凡夫见二;智者了达,其性无二。无二之性,即是实性。"明与无明,其体性皆是实性(真如),也即皆无自性,从这个角度可以说烦恼与菩提不二。那为什么说"无念、无忆、无著"呢?这里说的是,无虚妄分别之念而有远离二边之正念;无妄想之忆而有无相之正忆;无著相之着而生无所住之正心。"无念、无忆、无著"为体,"大智慧"为用。"不断百思想"为体,"思想"非实体,本无可断;"对境心数起"为用,

---

[①] (唐)窥基:《成唯识论述记》卷一(本),《大正藏》第43册,第242页中—下。

心心念念与真如相应而生起如实分别之心（"无所住而生其心"）。不断而如是断，如是断而不断。

所以，在"无相"的原则下，惠能大师横说竖说，怎么说都是远离二边的，都符合佛法。但是如果心中是著相的，那就怎么说都不对。如大珠慧海禅师云："若见性人，道是亦得，道不是亦得，随用而说，不滞是非。若不见性人，说翠竹着翠竹，说黄花着黄花，说法身滞法身，说般若不识般若，所以皆成争论。"① 见性之人是指证见真如本性之人，若能与真如相应，无论怎么说都是无相智慧的展现；若是不见性之人，因为我、法执未除，便总是落在执着之中。我们在阅读佛教经典的时候，遇到前后互相矛盾的地方，也应当以经典的整体旨趣进行思考，不要急着下结论。

这种无相修行实质上是一种体用不二的体现，是无自性修而有缘起修，是无能修、所修而如是缘起而修，是无修为体，有修为用。就如前文所述，"无相"既是破除遍计所执性又是成立清净依他起性。在《大般若经》卷五百七十四记载了曼殊室利和佛陀的一段对话：

"曼殊室利！汝修般若波罗蜜多为何所住？"
"世尊！我修甚深般若波罗蜜多都无所住。"
"曼殊室利！无所住者云何能修甚深般若波罗蜜多？"
"世尊！我由无所住故能修般若波罗蜜多。"②

"无所住"指破除遍计所执性，不执着任何一法，修行般若波罗蜜多就应破除遍计所执性。为什么无所住却能修行般若波罗蜜多？曼殊室利的回答是：正因为无所住所以才能修行般若波罗蜜多。无所住是自性空，是破除遍计所执，修行般若波罗蜜多则是与真如相应而有般若妙慧（清净缘起）。《金刚经》所谓"应无所住而生其心"。无相修行是修而无修，无修而修，是以无修为体，有修为用，是体用不二的表现。在《坛经》中惠能大师否定著相修行的同时，其所蕴含的就是肯定无相修行，其在

---

① （宋）道原：《景德传灯录》卷二十八，《大正藏》第51册，第441页中—下。
② 《大般若波罗蜜多经》卷五百七十四，《大正藏》第7册，第965页上。

肯定无相修行的同时，所蕴含的就是否定著相修行。因此，无论惠能大师谈成佛需要修行（有修）或者成佛不需要修行（无修），都是可行的，没有任何矛盾。

如果以"无相"为钥匙去理解整个《坛经》，会发现《坛经》还有许多地方有着无相修行的表现。

第四节 《坛经》中无相修行的表现

一 无相修行下的坐禅

六祖惠能所提倡的坐禅与北禅宗神秀所主张的住心观净、长坐不卧颇为不同。惠能认为："此门坐禅，元不着心，亦不着净，亦不是不动。"换言之，惠能所提倡的坐禅，不是坐着不动，也不是住心看净，他认为：

> 此法门中，无障无碍，外于一切善恶境界，心念不起，名为坐。内见自性不动，名为禅。善知识，何名禅定？外离相为禅，内不乱为定。①

这里的"心念"指与烦恼相应的心识活动，"自性不动"也即指于第一义（真如）而不动。大意是，向外对于一切善恶等境相，不起虚妄分别等贪爱执着之念，就叫作坐；内心与真如相应，不为烦恼所动，即是禅，禅定就是指向外于相离相，向内于念离念。换言之，禅定就是指内心与真如相应，整体安住于法性的大定，这与无相修行是完全一致的，是无相修行的具体应用。《坛经·机缘第七》中记载六祖大师的弟子玄策遇到了正在入定的智隍禅师，玄策告诉智隍如果禅定有出入之分就不是大定，智隍不解，玄策接着向他解释道真正的禅定是指："五阴本空，六尘非有，不出不入，不定不乱。禅性无住，离住禅寂；禅性无生，离生禅想。心如虚空，亦无虚空之量。"也就是说，五蕴、六尘本来缘起如幻，并非真有，从而没有能入定之我和所入之禅境，与真如相应的大定远离出、入和定、散二边，亦远离一切执着（无住），所以不会住在四禅八定等禅

---

① （元）宗宝编：《六祖大师法宝坛经》，《大正藏》第48册，第353页中。

定；同时大定也是不生不灭，所以没有想要进入四禅八定的虚妄分别，内心如同虚空，没有任何能、所等二元的分别，而且对内心如同虚空也不产生执着。从这里可以看出来，玄策所说的这种禅定是远离一切出、入等二边的。智隍在经玄策指点之后，来参礼惠能大师，智隍具述前缘之后，惠能云："诚如所言。汝但心如虚空，不着空见，应用无碍，动静无心，凡圣情忘，能所俱泯，性相如如，无不定时也。"惠能首先肯定了玄策的观点，针对智隍以前对禅定的执着，惠能认为坐禅时，心要如虚空一样远离动静、凡圣、能所等种种二边，但也不能执着内心什么都不想的空见，而是自心的体用都要与真如相应，随顺一切因缘，自在无碍，这样就无时不在禅定之中。因为心中没有任何自他、能所的执着，自然就不会有出入禅定之分，既然没有出入，也就无时无刻不在禅定之中，从这里也可以看出，这种禅定，在具体生活中即是行住坐卧都与真如相应，随顺因缘做一切事，而内心不染着，安住于法性大定中。惠能大师把这种禅定又叫作一行三昧。

一行三昧是大乘一百零八种三昧中的一种，在《大品般若经》《大宝积经》《大智度论》《文殊说摩诃般若波罗蜜经》都有论述。比如《大智度论》云："一行三昧者，是三昧常一行，毕竟空相应。"[1]《文殊说般若经》云："法界一相，系缘法界，是名一行三昧。"[2] 这里明确表示这种禅定是与真如空性相应，是无相法界为所缘的大定。所不同的是，《文殊说般若经》结合念佛的方法阐释了具体修行一行三昧的方法。而惠能大师只描述了一行三昧的状态："一行三昧者，于一切处行住坐卧，常行一直心是也。"[3] "直心"指《维摩诘经》里所讲的"直心是道场"[4]。《释摩诃衍论记》有云："言直心者，离屈曲故。谓以此心，直缘真如，由此方便，发起正智。"[5] 在行住坐卧中都与真如相应，从而发起般若智慧的妙用，就叫一行三昧，也就是惠能所述的无相修行。换言之，并非要一坐不动才叫禅定，真正的禅定在生活的一切行为之中。所以惠能针对神

---

[1] 《大智度论》卷四十七，《大正藏》第 25 册，第 401 页中。
[2] 《文殊师利所说摩诃般若波罗蜜》卷下，《大正藏》第 8 册，第 731 页上。
[3] （元）宗宝编：《六祖大师法宝坛经》，《大正藏》第 48 册，第 352 页下。
[4] 《维摩诘所说经》卷上，《大正藏》第 14 册，第 542 页下。
[5] （宋）普观：《释摩诃衍论记》卷六，《卍新纂大日本续藏经》第 46 册，第 99 页上。

秀的长坐不动说："生来坐不卧，死去卧不坐。一具臭骨头，何为立功课。"① "立功课"指把打坐立为每天的功课，也就是说，惠能的坐禅不是刻意的打坐。这种禅定早在《维摩诘经》中便有记载："夫宴坐者，不于三界现身意，是为宴坐；不起灭定而现诸威仪，是为宴坐；不舍道法而现凡夫事，是为宴坐；心不住内亦不在外，是为宴坐；于诸见不动而修行三十七品，是为宴坐。不断烦恼而入涅槃，是为宴坐。若能如是坐者，佛所印可。"② 也即指内心与真如相应，不着一切相而修一切法，无修而修，就是坐禅。从这还可以得知，只要保持内心处于这种禅定中，即使现凡夫事，甚至像维摩诘那样入诸淫舍、酒舍，也依然是在修行，并无罪过。惠能大师亦云："心不住法，道即流通；心若住法，名为自缚。若言常坐不动是，只如舍利弗宴坐林中，却被维摩诘诃。"从上文的分析可知，这种禅定有三个特征：第一，无有出、入等二边；第二，无时无处不在定中；第三，与真如相应而应用无碍。

当然，惠能比较反对"直言常坐不动，妄不起心，即是一行三昧"③，不起心念，就如同草木山河等无情，是"障道因缘"。因为坐着什么都不想，会使人越来越愚痴，按照佛教的因果思想，后世会得畜生的愚痴果报，这会障碍佛法的修行。惠能在晚年曾作一《真假动静偈》，其中有言："有情即解动，无情即不动，若修不动行，同无情不动。若觅真不动，动上有不动，不动是不动，无情无佛种。能善分别相，第一义不动，但作如此见，即是真如用。"④ 大意为，如果想要修行不动的禅定，就和草木土石等无情世界一样，真正的不动是指在运动不息的万法上有远离动、静二边的不二中道之不动，如果认为修行不动的禅定就是真的不动，那么就同无情一样，没有佛种，不能修行成佛，如果能善于如实分别动静万法的真如本性，而安住于远离动静二边的不二中道之不动，这样就能得到真如的妙用，也即般若智慧。换言之，执着于修不动的禅定，不能成佛，真正不动的禅定其实是惠能强调的远离二边的一行三昧，这也

---

① （元）宗宝编：《六祖大师法宝坛经》，《大正藏》第 48 册，第 358 页中。
② 《维摩诘所说经》卷上，《大正藏》第 14 册，第 539 页下。
③ （元）宗宝编：《六祖大师法宝坛经》，《大正藏》第 48 册，第 352 页下—353 页上。
④ （元）宗宝编：《六祖大师法宝坛经》，《大正藏》第 48 册，第 361 页上。

即是心与真如相应而产生般若妙用。所以惠能在《坛经》里批评了妄不起心和不动两种禅定。需要注意的是，惠能并没有否认看心、观静，他认为可以"从此置功"，作为一个入手处。看心、观静是四祖以来禅宗接引初学者的方便法门，从静坐入手，慢慢观静守一而摄心，由此渐次内心澄静，再配合观修，是可以悟道的。惠能只是认为有"迷人不会，便执成颠"①。迷人如果不懂，就会执着心念不起，以定境为悟境，就会执着成痴癫，那就是大错了。因此，惠能没有否认这种禅修的方法，而是反对对这种方法的执着。

《坛经》所提倡的一行三昧对后世禅宗影响非常深远。

《景德传灯录》卷五记载了六祖弟子怀让禅师度化马祖道一的故事：

> 开元中，有沙门道一（即马祖大师也）住传法院，常日坐禅。师知是法器，往问曰："大德坐禅图什么？"一曰："图作佛。"师乃取一砖，于彼庵前石上磨。一曰："师作什么？"师曰："磨作镜。"一曰："磨砖岂得成镜耶？""坐禅岂得成佛耶？"一曰："如何即是？"师曰："如人驾车不行，打车即是？打牛即是？"一无对。师又曰："汝学坐禅？为学坐佛？若学坐禅，禅非坐卧。若学坐佛，佛非定相。于无住法不应取舍，汝若坐佛，即是杀佛，若执坐相，非达其理。"②

这里怀让禅师以"磨砖作镜"的方式来告诫马祖道一禅非坐卧。磨砖作镜是一件极为荒谬的事情，同样，以打坐的方式来成佛又何尝不是一件极为荒谬的事？因为六祖所传下来的一行三昧，指不取不舍的法性大定，并无定相。如果执着只有坐禅才是禅定，那就是著相修行，即是杀佛，背离了佛法，不能导向成佛。就如驾车不行而打车不打牛，用错方向。

《景德传灯录》卷十四记载龙潭崇信担水砍柴，侍奉天皇道悟多年，却没有得到指授，便询问道悟，而道悟却说："汝擎茶来，吾为汝接；汝

---

① （元）宗宝编：《六祖大师法宝坛经》，《大正藏》第48册，第353页上。
② （宋）道原：《景德传灯录》卷五，《大正藏》第51册，第240页下。

行食来，吾为汝受；汝和南时，吾便低首。何处不指示心要。"① 弟子端茶饭来，师父就接受，弟子向师父稽首礼敬，师父就点头回应。这些看似普通的不能再普通的日常生活，天皇道悟却说这是在向弟子指示佛法心要。那是因为一个悟道的禅师在做这些普通的生活事时，其内心是与真如实相相应的，而这些日常生活，实质上就是缘起法的体现，弟子若能从日常生活缘生缘灭的当下体会其不生不灭的真如本性，那么当下就能悟道。后世南泉普愿接引赵州禅师时亦有"平常心是道"②之语，大有砍柴担水，无非妙道的意思。

葛兆光先生在《中国思想史》一书中认为，这时候的禅宗所追求的是自由的心境和自然的生活，并认为"禅"已经开始瓦解，佛教作为信仰也开始减退，宗教退化成了生活。③按照葛兆光先生的理解，后来的禅宗走向了一种自然主义的生活，而失去了宗教修持的意义。显然，葛兆光先生的这种理解是有失偏颇的。在《景德传灯录》记载了大珠慧海的一个故事：

> 有源律师来问："和尚修道还用功否？"师曰："用功。"曰："如何用功？"师曰："饥来吃饭，困来即眠。"曰："一切人总如是同师用功否？"师曰："不同。"曰："何故不同？"师曰："他吃饭时不肯吃饭，百种须索，睡时不肯睡，千般计校，所以不同也。"律师杜口。④

大珠慧海禅师所说的"饥来吃饭，困来即眠"看上去是一种自然主义的修行，与常人无别。实际上，凡夫众生在吃饭睡觉时，会有千般计较，有着种种执着，但悟道的禅师却没有这些执着。黄檗希运禅师亦曾说："终日吃饭，未曾咬着一粒米；终日行，未曾踏着一片地。与摩时无人、我等相，终日不离一切事，不被诸境惑，方名自在人，更时时念念不见

---

① （宋）道原：《景德传灯录》卷十四，《大正藏》第51册，第313页中。
② （宋）宗绍编：《无门关》，《大正藏》第48册，第295页中。
③ 葛兆光：《中国思想史》（下），复旦大学出版社2001年版，第86页。
④ （宋）道原：《景德传灯录》卷六，《大正藏》第51册，第247页下。

一切相。"① 凡夫众生平时吃饭走路，遇到不好吃的菜，不好走的路，就会产生抱怨、怨恨等烦恼，而碰到好吃的东西，就会产生贪爱，这是能、所分明的。但是佛教认为悟道的禅师们虽然吃饭、走路，却没有能吃之我、所吃之饭，也没有能走之我、所走之地的执着，他们对一切境相，心不染着，无有能所、自他的二边。因此，凡夫与悟道的禅师所做之事似乎是一样的，是非常生活化的，这其中的差别主要是凡夫对事情是虚妄执着的，而悟道的禅师是心不染着的。禅师们的这种在生活中应用无碍、心不染着的修持，其实正是《坛经》所讲的禅定，也即一行三昧，或者叫无相修行，他们无时无刻不处在大定之中，是一种高级的修行方法，并非所谓的自然主义。实际上，"自然主义"这个词是需要进行界定的，如果说"自然"是指顺应因缘，对所遭遇的一切事情都坦然接受，不产生半点贪爱、抱怨、嫉妒、嗔恨、傲慢等种种烦恼，那么"自然主义"就和禅宗一行三昧的追求一致，因为禅宗的追求就是破除种种烦恼的系缚，而得大自在。但是这种"自然主义"，普通人是很难做到的，普通人所能做到的是指生活化的自然主义，即凡夫在平常的生活中对于境相依然会有贪爱、嗔恨、傲慢等种种执着，只是让自己看淡荣辱而已。这种"自然主义"的实质是一种相对豁达的人生观，在一定程度上可以帮助人建立良好的心态，但和六祖惠能所提倡的"一行三昧"依然有着本质的区别。宋代理学家程颢、程颐曾说："佛学只是以生死恐动人，可怪一千年来无一人觉，此是被他恐动也，圣贤以生死为本分事，无可惧，故不论死生。"② 他认为佛教是拿生死来恐动人，而儒家的圣贤则以生死为本分事，也就是一件自然的事情，并不需要害怕。那么问题是，当死亡这件自然的事情来临的时候，又有几个人能真正做到"自然"呢？

二 无相修行下的伦理道德

经过前文的分析，我们知道惠能大师非常强调无相的修行，所反对的是著相的修行，因为无相修行是与真如相应或者随顺真如，所产生的是无我的般若智，指向的是出世间果报，著相的修行则是随顺了我执烦

---

① （唐）裴休集：《黄檗山断际禅师传心法要》，《大正藏》第48册，第384页上。
② （宋）程颢、程颐著，王孝鱼点校：《二程集》（卷一），中华书局1981年版，第3页。

恼，最多是世间善法，所指向的是世间有漏果报。需要注意的是，无相的修行不是指沉守空寂而什么都不做，出世间也不是指离开世间而另找一佛国，佛教所谓的出世间只是指证得真如空性和无我智慧，以无我的智慧在世间做一切事即是出世间。实际上，无论出家人还是在家学佛者，既然在世间，就要遵守一定的社会规则，尤其是在家人，所要遵守的世间规则要更多些。那么，注重无相修行的惠能大师是怎么要求在家人的？在《坛经》里面，总共有三个《无相颂》，其中一颂曰：

心平何劳持戒？行直何用修禅？恩则孝养父母，义则上下相怜。让则尊卑和睦，忍则众恶无喧。[①]

这里，惠能大师要求在家学佛者要孝、义、让、忍，这是当时唐朝社会普遍尊奉的儒家伦理，有学者根据这里的《无相颂》，认为惠能深受儒家影响，甚至认为禅宗是受儒家影响的产物。对此，我们有不同的看法。对于此颂，最重要的是前两句的"心平"和"行直"，陈兵教授导读、哈磊整理、丁福保笺注的《坛经》中对此有按语云："如'心平、行直'诸语，虽然也含有公平、平等、正直之意，通于日常所言，但实以性空、无我的思想为本源，以见性、般若为指归，远非日常伦理所赖以建立的是非利害的计较、血缘亲疏的分别、尊卑等级的区隔等伦理道德层面所能含摄。"[②] 可知，心平和行直并非字面上的平等、正直之意，此颂中的孝、义、让、忍，也并非简单的儒家伦理。我们根据惠能大师"无念为宗，无相为体，无住为本"的原则，"心平"应是指内心与平等[③]相应，是指破除我、法二执的平等性智，也即是远离能取所取、能见所见等种种二边的般若智慧。"行直"是指破除二执，远离虚妄分别相应的虚伪谄曲，而与般若相应的平等正直。"行直"也可以看成行为与"直心"相应，"直心"也是指与真如相应的心，如惠能大师说"但行直心，于一切

[①]（元）宗宝编：《六祖大师法宝坛经》，《大正藏》第48册，第352页中、下。
[②] 陈兵导读，哈磊整理，丁福保笺注：《坛经》，上海古籍出版社2011年版，第75页。
[③] 佛教所讲的"平等"与平常所说的人格平等或者法律地位平等颇为不同，佛教所谓的"平等"是指无自他、能所之执着，心不执着而产生与真如相应的般若智慧，如《胜天王般若波罗蜜经》卷四云："修波罗蜜，远离魔障，不见可修、不见可离，名为平等。"

法勿有执着"①,《维摩诘经》亦云"直心是道场"②。此颂的开头两句是一种互文的手法,"心平"和"行直"是同一个意思的不同侧面表达,都是指与真如相应的般若智慧。正因为内心常与真如相应,常生般若智慧,所以不需要刻意持戒修禅,其行住坐卧都自然安住于法性定中,天然做到持戒,而没有能持、所持,入定、出定等种种分别。将此义趣贯彻于此颂之中,就可以发现,孝、义、让、忍等行为,皆是指内心与真如相应,随顺当下因缘做出的孝、义、让、忍,而内心并没有能孝、所孝,能义、所义,能让、所让,能忍、所忍等种种二边的分别与执着,是孝而无孝、义而无义、让而无让、忍而无忍,而强名曰孝、义、让、忍,同样是一种修而无修的不二中道。所以,惠能这里所讲的家常伦理是与儒家的伦理有本质区别的。惠能之所以讲孝、义、让、忍,是因为这是当时唐代社会的普遍伦理规则,惠能此举只是随顺当时的因缘,而内心没有对这些规则的执着,这和儒家在现实伦理关系中把握自我,实现自我的价值,是有着根本不同的。

对于佛教出家与伦理规则,明代的王阳明曾有一段有意思的说法:

先生尝言:"佛氏不著相,其实著了相。吾儒著相,其实不著相。"请问。曰:"佛怕父子累,却逃了父子;怕君臣累,却逃了君臣;怕夫妇累,却逃了夫妇:都是为个君臣、父子、夫妇着了相,便须逃避。如吾儒有个父子,还他以仁;有个君臣,还他以义;有个夫妇,还他以别,何曾着父子、君臣、夫妇的相?"③

王阳明认为,佛教出家逃离父子、君臣、夫妇等这些社会伦理,是著了父子、君臣、夫妇的相,而儒家在家以仁、义、别的原则来处理这些伦理,便是不著相。但是,从上文的分析,我们知道著相和不著相的分水岭在于是否具有与真如相应的般若智慧,如果具有般若智慧,在家出家都不著相,如果没有这样的智慧,在家出家都会著相。王阳明这里仅以

---

① (元)宗宝编:《六祖大师法宝坛经》,《大正藏》第48册,352页下。
② 《维摩诘所说经》卷上,《大正藏》第14册,542页下。
③ (明)王守仁撰,吴光等编校:《王阳明全集》,上海古籍出版社1992年版,第99页。

在家、出家来作为著相与否的标准，是不妥当的。佛教徒出家，如果具备般若智，即使没有君臣、父子、夫妇这些伦理规则，也依然是不著相的；反之，如果儒家人不具备般若智，即使有父子之仁、君臣之义、夫妇之别，其中依然是有能孝、所孝，能义、所义等二边，能所分明，还是著相的行为。

这里，我们顺便将儒家思想和佛教思想的本质区别做一说明。儒学又常被称为"为己"之学。孔子说："古之学者为己，今之学者为人。"（《论语·宪问》）为己之学不是做给别人看的，而是在自我的心性上修养，完成自我的仁德。孔子说："克己复礼为仁，一日克己复礼，天下归仁焉。为仁由己，而由人乎哉。"（《论语·颜渊》）孔子认为要做到"仁"就要将那私己克服，不断调动自己的主动性，努力修养心性而达到"复礼""归仁"。杨立华教授说："仁就是人的主动性的体现，而仁者就是充分实现了他的主动性的人。"[①] 杨教授此言可谓抓住了儒家的根本精神。儒家的"为己"之学，在于高扬自我的主体性，以此修身进德，不断扩充、完善自身美德，最终成为圣人。孟子甚至进一步认为，人的种种道德就在本心之中，人皆有恻隐、羞恶、恭敬、是非这四端之心，"仁、义、礼、智非由外铄我也，我固有之，弗思耳矣"（《孟子·告子上》），人所要做的就是将这四端扩而充之，所谓"求其放心"。儒家的这种高扬主体性的精神，非常有利于人的道德修养，也有利于社会进步。但是如果进行一番反思就会提出一个问题：如果没有一个"我"，如果不去调动"我"的主动性，那谁在克己？谁在由己？如果没有一个"我"的本心，又如何找寻"放心"呢？孔、孟所强调的仁爱修养，无不要先确立自我的主体性，然后在这"自我"之上进行道德修养，进而将心比心，扩充到身边的他者，乃至天下国家。如"己欲立而立人，己欲达而达人"（《论语·雍也》），"己所不欲，勿施于人"（《论语·颜渊》），"求则得之，舍则失之，是求有益于得也，求在我者也"（《孟子·尽心上》），"先王有不忍人之心，斯有不忍人之政矣"（《孟子·公孙丑上》）。宋明儒者虽然认为仁爱的根源来自天理，但不管朱熹所说之"性即理"还是陆九渊所说之"心即理"，都不能离开人的主体性而谈天理，只有人

[①] 杨立华：《中国哲学十五讲》，北京大学出版社2019年版，第15页。

不断调动自我的主体性，才能尽心、知性、知天。实际上，陆九渊就曾明确地指出："'诚者自诚也，而道自道也'；'君子以自昭明德'；'人之有是四端，而自谓不能者，自贼者也'；暴谓'自暴'；弃谓'自弃'；侮谓'自侮'；反谓'自反'；得谓'自得'；'祸福无不自己求之者'。圣贤道一个'自'字煞好。"① 无论是修身进德的"自诚""自道""自反""自得"，还是纵欲损德的"自暴""自弃""自贼""自侮"，都离不开一个"自我"，否则谁在修身，谁在纵欲呢？因此，儒家之学确实是一种"为己"之学。关于这一点，文碧方教授亦有专文论述②，故不再赘述。

当然，有必要强调的是，儒家的"为己之学"并非自私的利己主义，也非西方的个人主义，而只是一种高扬主体性的自我主义。著名社会学家费孝通先生在《乡土中国》一书中亦认为儒学是以"己"为中心进行推爱从而形成一种差序的社会网络，他说："在这种富于伸缩性的网络里，随时随地是有一个'己'作为中心的。这并不是个人主义，而是自我主义。"③ 如果是简单的自私利己，那么儒学就变成儒家一直所批判的小人的"为人之学"了。自私主义和自我主义之间仍有较大差别，儒家的自我主义在某种程度上来说是一种舍己为人、大公无私的无私主义，与蝇营狗苟的自私自利是完全相反的。儒家所强调的先亲亲，从世间伦理的角度也具有一定的合理性，因为如若不先亲亲，就有可能落入无父无君的危险，正如阳明所强调的，亲亲是使仁爱有个发端入手之处。

但佛教思想的核心在于"无我"，其目的就在于破除一切人我执和法我执。也就是说，佛教所要破除的目标直指儒学的核心——"己"。对佛教来说，著不著相的分水岭就在于能否破除对自我和外境的执着而产生与真如空性相应的般若智慧。因此，从佛教的角度来看，儒学所强调的"为己之学"虽然可以培养出道德极为高尚的君子、圣人，但其所指向的

---

① 陆九渊：《陆九渊集》卷三十四，中华书局1980年版，第427页。
② 文碧方教授在《论作为"为己之学"的儒学》一文中，详细论述了先秦孔孟儒学和宋明儒学的"为己"思想，认为"为己之学"是儒学的真正宗旨。（参见文碧方《论作为"为己之学"的儒学》，《现代哲学》2006年第3期。）该文论述有理有据，笔者亦赞同。
③ 费孝通：《乡土中国》，北京出版社2005年版，第36页。

仍然是世间的伦理和政治秩序，而佛教的核心要义则是要走向出世间的无漏智慧。一者是世间法，一者是出世间法，这是两家思想的根本不同之处。

当然，佛教所强调的出世间并非指走入深山老林就叫"出世间"。实际上，"世间"即是指一切时空，任何人都不能脱离时间和空间而存在，走入深山老林乃至跑到火星上仍是在世间。在《杂阿含经》卷四十九中记载了一个赤马天子的故事。赤马天子曾向释迦牟尼佛请教可不可以超过世界的边界而到达不生、不老、不死之处？佛陀说这是不可能的。赤马天子非常赞同佛陀的回答，他回忆之前自己曾获得一种快速移动的"捷疾神力"，除了吃饭睡觉，在他生命的一百年时间之内，他以这种神通去寻找世界的边际，但始终都没找到。那么接着佛陀就给赤马天子说了出离世界的正确做法：

> 我今但以一寻之身，说于世界、世界集、世界灭、世界灭道迹。赤马天子！何等为世间？谓五受阴。何等为五？色受阴、受受阴、想受阴、行受阴、识受阴，是名世间。何等为色集？谓当来有爱，贪、喜俱，彼彼染着，是名世间集。云何为世间灭？若彼当来有爱，贪、喜俱，彼彼染着无余断、舍、离、尽、无欲、灭、息、没，是名世间灭。何等为世间灭道迹？谓八圣道，正见、正志、正语、正业、正命、正方便、正念、正定，是名世间灭道迹。赤马！了知世间，断世间；了知世间集，断世间集；了知世间灭，证世间灭；了知世间灭道迹，修彼灭道迹。赤马！若比丘于世间苦若知、若断，世间集若知、若断，世间灭若知、若证，世间灭道迹若知、若修。赤马！是名得世界边，度世间爱。①

首先佛陀解释了什么叫世间。世间就是色受想行识五蕴，也即一切物质现象和精神活动的总和。那么如何出离世间呢？就是要如实地认识世间是苦、苦的原因、灭苦后的涅槃以及灭苦的方法，知苦、断集、证灭、修道。换言之，只有利用八圣道破除贪、嗔、痴等种种烦恼，从而证见

---

① 《杂阿含经》卷四十九，《大正藏》第 2 册，第 359 页上一中。

烦恼染着永尽的涅槃境界,才是出离世间,并不是指像赤马天子之前的做法那样在空间上寻找一个世界的边际。出离世间并非指离开世间,而是就在世间而不染着世间。《坛经》中惠能大师也曾对法达道出世间和出世间的真义:

> 世人心邪,愚迷造罪,口善心恶,贪嗔嫉妒,谄佞我慢,侵人害物,自开众生知见。若能正心,常生智慧,观照自心,止恶行善,是自开佛之知见。汝须念念开佛知见,勿开众生知见。开佛知见,即是出世;开众生知见,即是世间。①

"世间"就是开众生知见,众生知见就是染着世间而有愚迷、贪、嗔、嫉妒、谄佞、我慢等种种烦恼;"出世"就是开佛知见,佛之知见就是止恶行善、自心常生智慧。《坛经》中讲的"世间"是指众生执着世间而产生种种烦恼,这和《杂阿含经》中佛说世间是五受阴、是苦具有一致性,因为苦的原因就在于众生执着世间;《坛经》中讲的"出世"是止恶行善、正心生慧,这和《杂阿含经》所说的断集、证灭、修道是一致的。因此真正的出世,实际上就是"于相而离相""于念而离念",于世间而不染着世间,当下就是出世间。《坛经·般若第二》云:"佛法在世间,不离世间觉,离世觅菩提,恰如求兔角。"在世间觉悟人生、奉献人生,就是出世间。如果像赤马天子那样去寻找世界的边际以求出离世间,是不可能的。佛教这种不离世间而觉悟菩提的思想也是后来太虚大师、星云法师等提倡人间佛教的思想资源。

从以上的分析可以看出,《坛经》虽然也倡导在世间遵循伦理道德,但其思想内核与儒家修身进德的"为己之学"是不同的。所以在解读《坛经·疑问第三》中惠能所提出的在家修行的伦理道德时,我们认为其仍然是遵循惠能一贯的"于相而离相"的原则,也即在孝、义、让、忍的当下远离能孝、所孝等自他、能所二边的执着,其实质仍是无相修行的一种表现。

---

① (元)宗宝编:《六祖大师法宝坛经》,《大正藏》第48册,第355页下。

三　无相修行下的念经

念经是佛教徒修行的一个重要日课，佛陀在说法之后，一般会讲述受持、读诵此经的功德，这也是让经文流传下去的一个方便。那么，在念经的时候，该如何念才是符合无相修行的正念呢？

在《坛经·机缘第七》中记载了法达常诵《法华经》已达三千遍，来参礼六祖却头不至地，可见法达心中有所傲慢。六祖大师曰："礼本折慢幢，头奚不至地？有我罪即生，亡功福无比。"意为：礼仪本来是为了对治傲慢，但法达心中因执着念三千遍《法华经》的功德而产生我慢心，故头不至地；如果能去除对诵经的功德（亡功），那么就能得到无量福德。接着惠能大师批评法达"汝名法达，何曾达法"，又说："汝若但劳劳执念以为功课者，何异牦牛爱尾。"为什么惠能大师对法达的这种念经持批评态度？

通过分析惠能大师和法达的对话可知，法达把念诵《法华经》执着为每天必须完成的功课，就像牦牛爱护自己的尾巴一样。可见法达的这种念经是执着诵经功德而念经，一直这样将《法华经》念了三千遍，而且念经的同时没有解义，不知宗趣，所谓"空诵但循声"。

如何才是正确的念经呢？惠能大师接着向法达宣说了一个偈子：

> 心迷《法华》转，心悟转《法华》。
> 诵经久不明，与义作仇家。
> 无念念即正，有念念成邪。
> 有无俱不计，长御白牛车。①

心中愚痴，迷心外见，著相修行，那就是被《法华经》转，也即虚假的念经（经念人）；如果心中悟道，与真如相应而无相修行，则是转《法华经》，才叫真念经（人念经）。所谓"口诵心行，即是转经；口诵心不行，即是被经转"。所以，念经最重要的就是"无念"，也即没有能念之我和所念之经的执着，外破相缚内破识缚，以这样的般若智念经才是真正念

---

① （元）宗宝编：《六祖大师法宝坛经》，《大正藏》第 48 册，第 355 页下。

经（"无念念即正"）。如果是有能念之我和所念之经，能所分明，即是邪念念经（"有念念成邪"）。"有无俱不计，长御白牛车"指有念、无念的二法都要远离，才能悟入佛之知见。"白牛车"在《法华经》中用来比喻大乘佛教，这里指悟入佛之知见。需要注意的是，这里讲的"无念"是指有人执着一个以无念为内容的"无念"，那么这个"无念"就又成了新的"有念"，又该遣除，所以说"有无俱不计"。如"空"本来是为了对治众生对"有"的执着，如果众生又把"空"作为新的执着对象，那么就要以"空空"来对治"空"。这样彻底的无虚妄分别之念，才是真念。六祖大师所肯定的这种"无念"的念经方法，也正是无相修行的具体体现。

无念念经，也并不是说不要念经。法达以为只要懂得经中的道理之后，就不要念经了，六祖大师当下就批评说："经有何过，岂障汝念？"又说："只教汝去假归实，归实之后，实亦无名。应知所有珍财，尽属于汝，由汝受用，更不作父想，亦不作子想，亦无用想，是名持《法华经》，从劫至劫，手不释卷；从昼至夜，无不念时也。"[①] 归一佛乘之后，亦没有佛之知见可得。父子财宝之喻出自《法华经·譬喻品》，"父"喻指佛陀，"子"喻指众生，"珍财"喻指佛之知见等一切功德。也即众生本具如来德智，既不执着有心外之佛可得，亦不执着有心内众生可得，亦没有佛之德智可享用、运用。如此一切皆不执着，才是持《法华经》，这样便能无时无刻不在念经（因为心心念念都在悟入佛之知见）。法达听了六祖大师的开示之后，言下大悟，这时，六祖才认可其"今后方可名念经僧也"，法达"亦不辍诵经"。因此，"无念"实际上是指无念而念，念而无念，才是真的念经。

在论及法达念经时，惠能大师亦说："但信佛无言，莲华从口发。"[②] 意为，如果相信佛陀没有说法，便可以做到真正的念诵《妙法莲华经》。佛陀说法四十九年，却说佛陀没有说法，而相信佛陀没有说法就能真正做到无念而念经？这是为什么呢？

《坛经》和《金刚经》的渊源很深，为了解答这个问题，我们来看一

---

① （元）宗宝编：《六祖大师法宝坛经》，《大正藏》第48册，第356页上。
② （元）宗宝编：《六祖大师法宝坛经》，《大正藏》第48册，第355页中。

段《金刚经》的经文：

"须菩提！于意云何？如来得阿耨多罗三藐三菩提耶？如来有所说法耶？"

"如我解佛所说义，无有定法名阿耨多罗三藐三菩提，亦无有定法如来可说。何以故？如来所说法，皆不可取、不可说、非法、非非法。"①

窥基大师《金刚般若经赞述》解曰："善现意云，若据世谛，报、化二身可有得菩提，可有说法；若约第一义谛者，真如法身内自堪寂，本无得菩提，亦无能说法。'无有定法'者，谓法身无相中，无有定法得菩提；亦无定法而可说也。但欲无定可得、可说，不遮世谛报、化之身亦有不定得、不定说也。"② 佛有法、报、化三身，如果从法身之体的角度来看，真如法身对应于根本智，内自堪寄，无法可说。如果根据世俗谛，报身和化身佛是有所说法，有所得菩提。因为报、化身佛与后得智相应，在清净缘起之相用上，可以思维分别相、语言文字相而如实说法，但所说之法不是有决定相的死法，所得之菩提亦不是有决定相的菩提，这种说法是远离能所与所说，对思维分别和语言文字不产生执着的说法，可以算是说而无说的如实宣说。因此佛陀所说的法是非法（非遍计所执性之法），非非法（清净圆成实法是有）。对此，蕅益大师在《金刚般若波罗蜜经破空论》说："实相彼岸，虽复言语道断，心行处灭，不可取、说，而如来以四悉檀因缘故，亦可得说，但所说法，由其随顺四悉檀故，所以一文一句，罔不超情离见，离过绝非，而皆不可取、不可说，非法、非非法也。"③ 也就是如来是随顺四悉檀④，与般若智相应而清净说法（远离二边），所以说出来的每一个字都是超情离见、理过绝非，每一个

---

① 《金刚般若波罗蜜经》，《大正藏》第 8 册，第 749 页中。
② （唐）窥基：《金刚般若经赞述》卷上，《大正藏》第 33 册，第 135 页中—下。
③ （明）智旭：《金刚般若波罗蜜经破空论》，《卍新纂大日本续藏经》第 25 册，第 137 页中。
④ 四悉檀指佛陀度化众生的四种方法：世界悉檀、各各为人悉檀、对治悉檀、第一义悉檀。

字都是远离二边的清净法。蕅益大师说:"以般若波罗蜜中,文字性离,不可以文字而说取故。故云四十九年不说一字,所谓终日说而无说,非以默然为不说也。"① 也即"不可说"并非不说法,而是没有能说、所说之执着,远离文字相而如实清净的说法,故云四十九年不说一字而说法四十九年。这种说法是以无说为体,有说为用,是无说而说,说而无说。这种关系可以用下图来表示。

```
⎡ 无说(无念)──真如法身──无实体说(未曾说一字)──体 ⎤
⎢                                                      ⎥  不二
⎣ 说(念) ──── 报、化身 ──── 有清净说(说法四十九年)──用 ⎦
```

因此,通过对《金刚经》的分析,《坛经》中"但信佛无言,莲华从口发"就可以理解为:如果能真切相信佛陀说法是无能所、无所说而如实言说,就能真正做到念《法华经》。因为如果能相信这无说而说的道理,就能进行无相修行而悟道,达到心与真如相应,无念而念。

四 无相修行下的反常行为

在《坛经》里面并没有出现"呵佛骂祖"的反常行为,但惠能大师的一贯宗旨是与真如相应的无相修行,不执着于善行,反之,也不会执着于恶行。行一切善行,心不染着,是无相修行;反之,做一切恶,心不染着,也是无相修行,同样有大功德。在《坛经》里面有许多的互文修辞手法,比如"见性是功,平等是德。内心谦下是功,外行于礼是德"(《疑问第三》)、"外离相为禅,内不乱为定"(《坐禅第五》)以及"智如日,慧如月"(《忏悔第六》)等,其中有一句"常自见己过,不说他人好恶"(《忏悔第六》),我们同样也可以认为它是互文修辞手法,可以说成"常自见他人过,不说自己好恶"。如果常见他人过错而不执着,不说自己好恶而不执着,这样是完全符合无相修行的。惠能大师说"虽修众善,心不执着"(《忏悔第六》),那么,我们此处根据无相的原则稍作

---

① (明)智旭:《金刚般若波罗蜜经破空论》,《卍新纂大日本续藏经》第 25 册,第 140 页上一中。

发挥,可以反过来说"虽修众恶,心不执着"。那么根据这种无相修行的修而无修的原则,我们便完全可以理解禅宗中德山宣鉴和临济义玄"呵佛骂祖"的行为,他们对佛、佛经并无执着,是骂而无骂,无骂而骂,目的是破除弟子们对佛、佛法的执着。

其实,这种"反常"甚至"反佛法"行为,早在《维摩诘经》中就已经存在。如《维摩诘经》中须菩提向维摩诘乞食,而维摩诘菩萨却对须菩提说:

> 若须菩提不断淫怒痴,亦不与俱;不坏于身,而随一相;不灭痴爱,起于解脱,以五逆相而得解脱,亦不解不缚;不见四谛,非不见谛;非得果,非不得果;非凡夫,非离凡夫法;非圣人,非不圣人;虽成就一切法,而离诸法相,乃可取食。……若须菩提入诸邪见,不到彼岸;住于八难,不得无难;同于烦恼,离清净法;汝得无诤三昧,一切众生亦得是定;其施汝者,不名福田;供养汝者,堕三恶道;为与众魔共一手作诸劳侣,汝与众魔,及诸尘劳,等无有异;于一切众生而有怨心,谤诸佛、毁于法,不入众数,终不得灭度,汝若如是,乃可取食。①

从这段文字的字面意思来看,要入邪见、住八难、同于烦恼才能解脱,要变得和众魔一样、毁谤佛法,甚至要犯下五无间重罪才能解脱。如果仅从字面意思理解,那么维摩诘菩萨的这些言论便是史上最严重的反佛言论。但其实不然,因为维摩诘也说得很清楚,要"不见四谛,非不见谛;非得果,非不得果;非凡夫,非离凡夫法;非圣人,非不圣人;虽成就一切法,而离诸法相"才能解脱,因为四谛、果报、凡夫、圣人、诸法都不是实体性的东西,其本性皆是真如空性,对诸法做到不取不舍、非得非不得、非离非不离的不二中道,就是无相修行,就能成佛。所以,即使入邪见、住八难、同于烦恼甚至造下五无间业,只要心不染着,就是在进行无相修行,是修而无修,这样才能解脱成佛。《维摩诘经》中认为能做到做一切恶而心不染着

---

① 《维摩诘所说经》卷上,《大正藏》第14册,第540页中—下。

的，都是不可思议菩萨，如其云：

> 十方无量阿僧祇世界中作魔王者，多是住不可思议解脱菩萨，以方便力教化众生现作魔王。又迦叶！十方无量菩萨，或有人从乞手足耳鼻、头目髓脑、血肉皮骨、聚落城邑、妻子奴婢、象马车乘、金银琉璃、砗磲玛瑙、珊瑚琥珀、真珠珂贝、衣服饮食，如此乞者，多是住不可思议解脱菩萨，以方便力而往试之，令其坚固。①

无量的菩萨示现为魔王，或示现为乞人，向修行人乞讨肉身、权力、眷属、财宝等这些修行人最执着的东西。《维摩诘经》认为这些大菩萨之所以这样做，也是为了方便示现度化众生。如《贤愚经》就记载了很多乞人向菩萨乞求头目脑髓的故事。《摩诃般若波罗蜜经》第二十七卷则记载了菩萨释提桓因化作一个婆罗门来买萨陀波仑的心、血和髓，以此试探其心是否真诚、坚固。当然，其中最典型的例子要数提婆达多，提婆达多曾以恶心出佛身血、破和合僧、打杀莲花色比丘尼（阿罗汉），犯下五无间业。但《法华经》中说提婆达多早在过去世就和释迦牟尼佛一起修行，并认为其是善知识，授记当得成佛。《大方便佛报恩经》记载提婆达多因五无间业下阿鼻地狱后，佛遣阿难去地狱看望，提婆达多却说："我处阿鼻地狱，犹如比丘入三禅乐。"② 从佛教角度来看，提婆达多应是菩萨方便示现，他对这些恶行心不染着，同样，对地狱之苦亦心不染着。在《央掘魔罗经》则记载央掘魔罗长得赤眼雄姿，让人一见就心惊毛竖，在其师摩尼跋陀罗的错误教导下，誓愿杀一千人而生天作婆罗门，而且每杀一人就取其手指戴在头上，作为装饰。就这样杀了九百九十九人，最后遇到了释迦牟尼佛，而被佛陀降伏度化。从央掘魔罗的模样和所作所为来看，简直就是无恶不作、穷凶极恶的大魔王。但其在与梵王、四天王及舍利弗、目犍连等声闻弟子的论辩中，却展现了极高的智慧。最终佛陀对波斯匿王说出了真相：

---

① 《维摩诘所说经》卷中，《大正藏》第14册，第547页上。
② 《大方便佛报恩经》卷五，《大正藏》第3册，第148页中。

大王！南方去此过六十二恒河沙刹有国，名一切宝庄严，佛名一切世间乐见上大精进如来、应供、等正觉，在世教化，无有声闻缘觉之乘，纯一大乘无余乘名。彼诸众生无有老病及不可意苦，纯一快乐，寿命无量，光明无量，纯一妙色，一切世间无可为譬，故国名一切宝庄严，佛名一切世间乐见上大精进，王当随喜合掌恭敬，彼如来者岂异人乎？央掘魔罗即是彼佛，诸佛境界不可思议。①

又说：

大王！如彼师及师妇、央掘魔罗母，彼三人者悉是我幻。我示幻化不可思议，因我教化央掘魔罗，度无量众生。②

《央掘魔罗经》认为央掘魔罗是他方国土佛陀的幻化，而其母亲以及师傅、师母则是释迦牟尼佛的幻化示现，因释迦牟尼示现教化降伏大恶魔，从而达到度化众生的目的。而央掘魔罗在杀人的过程中，并非以嗔恨等染污心而杀人，实际上他并没有能杀之我和所杀之人的分别、执着，而其所杀之众生，亦非真的众生。这种菩萨示现为恶人、外道的例子，在佛典中很多，如《华严经》便记载了甘露火王以严刑峻法惩罚恶人，胜热婆罗门则是个投火外道。当然，我们对于佛典中所记载的这些神奇的故事并不予以深究其真实性，而只是从这些故事中解读其中所蕴含的无相修行的思想。

《维摩诘经》中论述怎样行于非道才是通达佛道时提到："若菩萨行五无间，而无恼恚；至于地狱，无诸罪垢；至于畜生，无有无明憍慢等过；至于饿鬼，而具足功德；行色、无色界道，不以为胜；示行贪欲，离诸染着；示行嗔恚，于诸众生无有恚碍；示行愚痴，而以智慧调伏其心；示行悭贪，而舍内外所有，不惜身命；示行毁禁，而安住净

---

① 《央掘魔罗经》卷四，《大正藏》第 2 册，第 543 页上。
② 《央掘魔罗经》卷四，《大正藏》第 2 册，第 544 页上。

戒，乃至小罪犹怀大惧；示行嗔恚，而常慈忍；示行懈怠，而勤修功德；示行乱意，而常念定；示行愚痴，而通达世间、出世间慧；示行谄伪，而善方便随诸经义；示行憍慢，而于众生犹如桥梁；示行诸烦恼，而心常清净；示入于魔，而顺佛智慧，不随他教。"[1]《维摩诘经》认为之所以在地狱、畜生等道，菩萨没有罪垢、无明等烦恼，是因为菩萨于一切法无所着，而内心常与真如、智慧相应。实际上，佛典中所记载的提婆达多、央掘魔罗之所为是远离善、恶二边，而强名曰恶，同样是一种无相修行。

当然，惠能大师在《坛经》中没有展开这种"反常"的无相修行，应是考虑到社会教化的作用，因为如果有众生不加分辨地执着作恶也是修行，便会执着成狂，不仅是诽谤佛教，而且还会危害社会。佛教认为诸佛经中的"反常"无相修行，要是悟道的大菩萨才能做，"譬如龙象蹴踏，非驴所堪"[2]，而且这种反常的做法本质上依然是为了度化众生而开展的方便而已，并非真正作恶。

第五节　起修皆妄动与守住匪真精

《坛经·机缘第七》中，智通在悟道之后有偈曰："三身元我体，四智本心明，身智融无碍，应物任随形。起修皆妄动，守住匪真精，妙旨因师晓，终亡染污名。"大意为：法、报、化三身本来是我的自体，成所作智、妙观察智、平等性智、大圆镜智等四智本来是自心的智慧光明，三身四智可以圆融无碍，随顺众生的因缘而示现出无量的化身来度化众生。三身四智本来具足，如果要起心修行，那就是虚妄之行，如果执守自心本性即是三身四智而不去修行，那么也不是真实心性，三身四智的道理因惠能大师的指点而知晓，终于破除了假名的染污。从这里可以看出来，三身四智是自身本具，它并不在自心本性之外，所以修行是修不出来三身四智的，但是不修行也不能获得三身四智。在《圆觉经》中同样提到了这个问题：

---

[1]《维摩诘所说经》卷中，《大正藏》第14册，第549页上。
[2]《维摩诘所说经》卷中，《大正藏》第14册，第547页上。

一者作病。若复有人作如是言：我于本心作种种行，欲求圆觉。彼圆觉性非作得故，说名为病。二者任病。若复有人作如是言：我等今者不断生死，不求涅槃，涅槃生死无起灭念，任彼一切随诸法性，欲求圆觉。彼圆觉性非任有故，说名为病。①

圆觉指如来一切智慧功德，相当于《坛经》这里说的三身四智，也即是说，圆觉性不是修得，若是想通过修行获得圆觉，即是作病；相反，圆觉也不是任运自然就能得到，如果想不作为、不修行就能获得圆觉，那就是任病。惠能大师亦曾说："若欲修行觅作佛，不知何处拟求真。"也是修行不可作佛的意思。那么，这是为什么呢？

关于三身四智，我们先看其中的法身，法身是指真如无为法，并非修得，这是完全可以理解的。真如可以作为迷悟依，《成唯识论》卷九云："或依即是唯识真如，生死涅槃之所依故。愚夫颠倒迷此真如，故无始来受生死苦；圣者离倒悟此真如，便得涅槃毕竟安乐。"② 也即是说真如为虚妄分别所障覆，所以是凡夫，远离虚妄颠倒，开显此真如，即是圣者。需要注意的是，真如在转依的过程始终是本性清净，并不是真如发生了变化，如《辩中边论》云："颂曰：此杂染、清净，由有垢、无垢，如水界、金、空，净故许为净。论曰：空性差别略有二种：一杂染，二清净。此成杂染由分位别，谓有垢位说为杂染，出离垢时说为清净。虽先杂染后成清净，而非转变成无常失。如水界等出离客尘，空净亦然，非性转变。"③ 这里说的空性即是指真如无为法，真如并非由杂染转变而来，否则就有真如是无常性的过失。《辩中边论》以水、金、虚空为譬喻，此三者本性即净，只是为泥土所浑浊、为杂质所杂、为云雾所遮蔽，一旦去除，清净相即得显现。所以，真如法身，本来具足，本来清净，并非修得，这就是众生本来自性清净涅槃。但是，如果任运自然，不修行，那么凡夫永远是凡夫，真如法身永远无法开显，因此需要涤净障覆

---

① 《大方广圆觉修多罗了义经》，《大藏经》第 17 册，第 920 页中。
② 《成唯识论》卷九，《大正藏》第 31 册，第 51 页上。
③ 《辩中边论》卷上，《大正藏》第 31 册，第 465 页下—466 页上。

真如的客尘烦恼，使得真如法身从在缠转为出缠，从而成就法身佛。所以，成就法身佛，是需要修行的。在《圆觉经》中，金刚藏菩萨也问了一个类似的问题："若诸无明，众生本有，何因缘故如来复说本来成佛？"① 佛陀以金、矿之喻做了回答："譬如销金矿，金非销故有。虽复本来金，终以销成就。"② 这里，矿中之金比喻真如空性（圆成实性），冶炼加工比喻不断修行破除执着（遍计所执性）而开显圆成实性的过程，而清净的智慧功德即是真金加工成戒指、项链等饰品。圆成实性并非从外修得，就如金一直在金矿中而非冶炼才获得，但纯金的获得却离不开冶炼，同样圆成实性的开显也离不开修行。

那么，如何修行？如何涤净客尘烦恼？梁译《大乘起信论》在描述完心真如远离言说、毕竟平等之后，有言："问曰：若如是义者，诸众生等云何随顺而能得入？答曰：若知一切法虽说无有能说可说，虽念亦无能念可念，是名随顺。若离于念，名为得入。"③ 也就是说，要开显真如，要远离能所等二边的修行，也就是上文反复强调的无相修行，取相修行只会增加烦恼，无相修行才能对治烦恼。上文所述的无相修行是从有为法的角度，也即无漏种子的熏习角度论述的，此处所述的真如开显问题则从无为法的角度论述，无为法为体，有为法为用，正智的证得必是真如理体的开显，角度不一，但原理相同。

那么，《坛经》这里所说的众生本具三身四智，也就意味着众生之心体或心性不仅仅本具无为的真如法身，其中还包含有为的智慧功德。在《楞严经》里佛陀曾举演若达多的例子：演若达多清晨起来照镜子，以为自己的头跑到镜子里了，而恐惧狂走不已，而当如实认识到镜中之头本是虚妄，那么"狂性自歇，歇即菩提"④。这头并不是从外在获得，而本来一直在脖子上，只是因不如实知见，而有种种驰求、烦恼。众生若能如实认识到种种烦恼本是虚妄分别，了不可得，那么当下即得除灭烦恼，即得三身四智，这三身四智，亦不是从外获

---

① 《大方广圆觉修多罗了义经》，《大藏经》第17册，第915页中。
② 《大方广圆觉修多罗了义经》，《大藏经》第17册，第916页上。
③ 《大乘起信论》，《大正藏》第32册，《大乘起信论》，第576页上。
④ 《大佛顶如来密因修证了义诸菩萨万行首楞严经》卷四，《大正藏》第19册，第121页中。

得，而是如头一般本来具足。《坛经》亦有"一念悟时，众生即佛"，也即在众生因位时就已经具备与佛果一样的智能功德，只是怀宝在身而不自知，那么成佛，就是将这三身四智呈现出来，也即一念悟时，即可顿时获得圆满的佛果？

我们如果将真如视为体，有为法为用，那么无为之真如与有为法就构成一对特殊的体用关系。真如在众生位是杂染法之所依，此时真如被障覆；真如在圣者位是清净法之所依体，此时真如被开显。真如与有为法之间的关系是圆成实性与依他起性的关系，圆成实性是依他起性之实性，这二者是不一不异的体用关系。也就是说，真如体的开显，同时一定是清净依他起（智慧功德）的现行。那么，真如作为凡圣的平等所依，从以体摄用的角度，我们可以方便说在众生因位就具备如来智德，这种具备，并不是众生已然的、现实的具备，而是可能的、当然的具备。因为如果将三身四智看作众生所怀之一宝，成佛就是将此宝呈现出来，那么，三身四智就成了一个自性化的实体，而违背了缘起法，同时也错解了体用的不二关系。所以，我们认为《坛经》所说的众生本具三身四智，并非众生现实的具备如来智德，而是以体摄用的方便说法。成佛也并非将此智德呈现出来，而是真如不断被开显，而在用上则智德不断被圆满的一个过程。惠能大师亦说："世人妙性本空，无有一法可得，自性真空，亦复如是。"而且在《坛经·机缘第七》中，惠能也明确批评了神会将佛性视为诸佛本源的说法，可见惠能是否定将佛性或者三身四智作为常、一之实体或本源这种说法的。

从玄奘传译的唯识今学，也即从有为的角度来看，众生本具无漏种子，无漏种子由非阿赖耶识所摄，也即非阿赖耶识也是本有的，非阿赖耶识摄一切清净法，换言之，也可以方便说众生本来具足一切清净法，也即本来具有如来一切智慧功德。不过，这里的"本来具有"，"本来"是指无始以来，不是一个时间的起点，若是指时间起点，那就有违背缘起过；"具有"也不是指现实存在性的具有，而是因中说果的具有。那么，从唯识今学，也可以推出"本具"的思想。

以体摄用的角度，三身四智本来具有，所以不需要去修得，所以起修皆妄动；但是三身四智的现实性成就，却离不开修行，需要不断熏习无漏种子令其现行，乃至圆满成佛，故而守住匪真精。《佛说观无量寿佛经》中的"是心作佛，是心是佛"①就包含着这种义趣。当然，"起修皆妄动，守住匪真精"也包含着这样一种意思：著相修行不能成佛，所以起修皆妄动，无相修行可以成佛，所以守住匪真精。所以，这里依然包含着修而无修、无修而修的不二思想。

小 结

关于上文所论述的《坛经》的修与无修的思想，我们将用下图进行简洁的展示与说明：

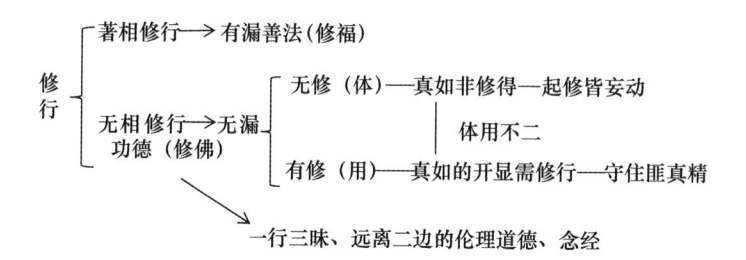

```
         ┌─ 著相修行 ─→ 有漏善法(修福)
         │                ┌─ 无修（体）── 真如非修得 ── 起修皆妄动
修行 ─────┤                │              │
         │                │              体用不二
         └─ 无相修行 ─→ 无漏 ┤              │
                   功德(修佛) └─ 有修（用）── 真如的开显需修行 ── 守住匪真精
                        ↓
                   一行三昧、远离二边的伦理道德、念经
```

惠能大师在《坛经》谈到的修行可分为著相修行与无相修行两种。惠能反对的是著相修行，因为著相的修行只能像梁武帝造寺度僧那样导向有漏福报，故说修行不可作佛；他肯定的是无相修行，因为远离二边的无相修行能得无漏功德，并导向成佛，故说成佛需要修行。无相指于相而离相，也即是不著相。关于不著相，在《大般若经》卷六百中有一段极好的说明：

> 善勇猛！言著、缚者，谓于法性执着系缚。法性既无，故不可说有著有缚。言解脱者，谓脱著、缚，彼二既无，故无解脱。善勇猛！无解脱者，谓于诸法都无有能得解脱性，若于诸法能如是见，

---

① 《佛说观无量寿佛经》，《大正藏》第12册，第343页上。

即说名为无著智见。善勇猛！言无著者，谓于此中著不可得。著无著性，著无实性，故名无著。以于此中能著、所著、由此、为此、因此、属此皆不可得，故名无著。善勇猛！言无缚者，谓于此中缚不可得。缚无缚性，缚无实性，故名无缚。以于此中能缚、所缚、由此、为此、因此、属此皆不可得，故名无缚。善勇猛！若于诸法无著无缚，如何于法可说解脱？善勇猛！无著无缚亦无解脱，离系清凉名真解脱。①

这一段文字中所述之"法性"应是指法的自性。著相、系缚的前提是有所著、所系缚之法可得，但实际上诸法皆无自性，也就无所谓著相、系缚。既无著相、系缚，何来解脱？因为所谓能解脱、所解脱皆无自性。无著也并不是著一个无，而是"著"根本就不可得，因为能著、所著皆无实性，皆是如幻如化。且正因为诸法无著、无缚、无解脱，所以恰好解脱。当然无著、无缚、无解脱，并不是说什么都不用做，如果什么都不做，那又著了一个"无著""无缚""无解脱"。之所以引用《大般若经》这一段话，是为了强调和说明：不著相，其逻辑不是说有能著和所著之法存在，然后再说主体对客体不著相，而是说这样能著之人和所著之对象本身就是自性空、无实性，如幻如化，认识和体悟到了这一点，才是真正的不著相、无相。无系缚、无解脱亦是如此。《景德传灯录》卷三曾载僧璨度化道信："有沙弥道信，年始十四，来礼师曰：'愿和尚慈悲乞与解脱法门。'师曰：'谁缚汝？'曰：'无人缚。'师曰：'何更求解脱乎？'信于言下大悟。"② 僧璨反问道信谁缚汝，意在让道信悟能缚、所缚皆不可得，既无人缚，也就无解脱，而无解脱可得，才是得真解脱。包括禅宗史上二祖慧可所说的"觅心了不可得"，以及三祖僧璨所谓"觅罪不可得"，其逻辑前提皆是诸法无自性。所以六祖所说的无相修行，其所指向的依然是佛教的核心思想：缘起无自性。于相而离相，就是于缘起相远离实体相，若能如此，当下就是清凉解脱。

---

① 《大般若波罗蜜多经》卷六百，《大正藏》第 7 册，第 1108 页下—1109 页上。
② 参见《景德传灯录》卷三，《大正藏》第 51 册，第 221 页下。

惠能大师在"无相"的原则上进而提出了一行三昧、远离二边的伦理道德、念经等修行方法。

其中一行三昧指在一切行住坐卧中都和真如本性相应，远离能所、自他等二边，五祖所谓"轮刀上阵，亦得见之"。所以一行三昧这种法性大定，无有坐卧、出入之相可得。后世禅宗则着重发挥和践行了一行三昧的思想，担水砍柴，皆是修行。禅宗的这种修行在表面行为上好像与一切任其自然的自然主义没有差别，好像消解了宗教的修持。但实际上，禅宗所主张的一行三昧是指在生活的当下远离对生活的执着，所谓"于相而离相"，其恰好是一种高级的宗教修持。六祖在《坛经》中要求在家人要孝顺、忠义、忍耐、礼让等，也是站在"无相"的角度来说的，也即在家人要做到"心平""行直"，虽然在生活中做到符顺因缘的伦理道德，但并没有对能所、自他的执着。所以佛教提倡的真正的出世并非要跑到深山老林之中做不问世事的沙门，而是指在世间而不染著世间。六祖将之称为开众生知见（染著世间而产生种种烦恼）即是世间，开佛知见（破除种种烦恼执着）即是出世间。世间和出世间的分水岭不在于空间上的转移，而在于内心的转染成净。六祖在给志道开示的涅槃真义中说："劫火烧海底，风鼓山相击。真常寂灭乐，涅槃相如是。"常人以为佛教所说涅槃就是死亡或者进入某种灰身灭智的状态，实际上，如果能在世间的当下与不生不灭之真如本性相应，就是真正的出世大涅槃，即使是身处劫末这种极度动乱的世界中，也是常在涅槃寂乐之中。近代太虚大师提出"仰止唯佛陀，完就在人格。人圆佛即成，是名真现实"的人间佛教，当代的星云法师提倡的"人间净土"以及净慧长老提出"觉悟人生、奉献人生"的生活禅，都是比较契合六祖这种不离世间而觉悟人生的精神的。此外，六祖在给法达的开示中提出了无念而念的念经法门，这种念经方式是远离能念、所念而如是念，同样是无相修行的一种表现。

当然，无相修行又可以分为随顺无相和真正的无相修行，随顺无相指的是加行智阶段的修行，而悟道之后的后得智则可以做到真正的无相修行。无相修行是以无修为体，有修为用，"无修"中的"修"是指实体性的修行也即著相修行,"有修"中的"修"是指随顺缘起的修。因此,无修是指对实体性的修或著相的修的否定,有修则指对缘起修的肯定,对著相修的否定必然导致对缘起修的肯定。因此,可以说是无修而如是修,如是修而无修。无修侧重于说真如非修行造作可得,如纯金的获得并非从外而得,所以有"起修皆妄动";有修侧重于说真如的开显需要随顺缘起的修行,如金矿石需要锤打冶炼方能成就真金,所以有"守住匪真精"。从以体摄用的角度,可以方便说众生本具三身四智,从以用摄体的角度,后世的洪州禅则发展出了"性在作用"的思想。

第四章

佛性的非断非常与可增可断不二

第一节 《坛经》中所谈到的佛性

佛性是众生修行成佛的内在依据，修行的目标是将佛性开显出来而成就佛果，在《坛经》中，惠能大师多次谈到佛性，但却经常有前后不一致的说法。

惠能大师有时认为佛性是非断非常的不二之性。如惠能在《坛经·行由第一》给印宗法师讲不二之法时，举《大般涅槃经》卷二十二的经文曰："佛言：'善根有二，一者常，二者无常。佛性非常非无常，是故不断，名为不二。一者善，二者不善，佛性非善非不善，是名不二。'蕴之与界，凡夫见二，智者了达其性无二，无二之性即是佛性。"可见惠能认为佛性远离常与无常、善与不善等二边，是不可断的不二之性。即使是犯四重禁和五无间罪的一阐提，也不会断佛性。在《坛经·宣诏第九》中又谈道："明与无明，凡夫见二；智者了达，其性无二。无二之性，即是实性。实性者，处凡愚而不减，在贤圣而不增，住烦恼而不乱，居禅定而不寂，不断不常，不来不去，不在中间，及其内外，不生不灭，性相如如，常住不迁，名之曰道。"这里讲的"实性"指真如本性，因其是一切法之体性，故又称实性。佛性是真如之异名，这实性实际上也就是指佛性。从这段文字来看，佛性也是不增不减、不断不常、不来不去、不生不灭的不二之性。无论是凡夫与贤圣，还是处在烦恼与禅定的不同状态，其中的佛性是没有任何变化的。这种佛性不二特征，在惠能大师刚见五祖的时候，就有所表述："人虽有南北，佛性本无南北。獦獠身与和尚不同，佛性有何差别？"也即佛性并不会因为人的南北、凡圣的不同而有差别。《坛经·般若第二》亦有："当知愚人智人，佛性本无差别。"说的也是这个意思。

但在《坛经》其他地方，惠能大师又说佛性可增可断。如《坛经·般若第二》吩咐禅宗顿教法门不能在"不同见、同行"的人之中传播，"恐愚人不解，谤此法门，百劫千生，断佛种性"。如果这些人不解此法门，反而会诽谤此顿教法门，佛教认为诽谤佛法的罪极重，会导致百劫千生的漫长时间里，中断佛性。从这里的描述看，佛性似乎是可以中断的，并不是非断非常的不二之性。禅宗在中国初传的时候，也确实遭到其他僧人的诽谤，其祖师甚至遭到追杀。如禅宗初祖达摩大师被人下毒；二祖慧可大师遭辨和法师诽谤，后被加害；六祖惠能本人也屡次遭到北禅宗的追杀，避难猎人队十五年。这大概也是顿教法门早期只在得法弟子中秘传的原因。秘传不仅是保护祖师和佛法，也是在保护其他不解顿教法的愚人，因为这些人会因诽谤顿教而断佛性。在《坛经·付嘱第十》中惠能大师则以佛法比喻时雨，佛性比喻为种子，认为佛性可以像种子遇到时雨一样，发芽生长。如其云："我今说法，犹如时雨，普润大地。汝等佛性，譬诸种子，遇兹沾洽，悉得发生。承吾旨者，决获菩提；依吾行者，定证妙果。"种子可以长成参天大树，佛性可以不断增长直至获得菩提，证得佛果。由此可见，佛性是可以增长的。在《坛经·顿渐第八》中，惠能大师对张行昌讲解《大般涅槃经》中的"常、无常"之义，认为"无常者，即佛性也。有常者，即一切善恶诸法分别心也"。也即佛性是前文所说的可断可增的无常。而惠能在《坛经·行由第一》中给印宗法师讲《大般涅槃经》时，却说佛性是远离常与无常二边的不二之性，这不是自相矛盾吗？从表面文字来看，惠能关于佛性的观点确实有前后互相矛盾的地方。但即使是一个普通的学者，对于自己所构建的思想体系也会前后自圆其说，惠能作为禅宗六祖，其智慧高超，断不至于犯如此低级之错误。如果惠能关于佛性的说法是不矛盾的，又该怎样解决这些文字上的冲突呢？

"佛性"一词内容十分丰富，在佛教不同的宗派中有不同的侧重，周贵华在《唯识、心性与如来藏》[①]一书中有较为详细的说明，本书便不再

[①] 周贵华：《唯识、心性与如来藏》，宗教文化出版社2006年版，第62—189页。

做详细分析。为了分析惠能大师关于佛性的矛盾表述，本书根据唯识今学的观点，将佛性分为理佛性和行佛性（事佛性）二分，并从这两个方面分析惠能大师所说的佛性增减问题。

第二节 理佛性与行佛性略述

众生和佛果在因果上必定存在着某种内在关联，"佛性"一词便是从佛果看向众生因位而建立的。"佛性"一词在佛教历史的发展过程中，其内涵被不断丰富，不同学派对佛性的理解也稍有不同，但基本上不出佛因性和佛体性这两个大框架。本书主要探讨的是佛因性。

早在小乘部派佛教中就出现了"心性本净"的说法，比如《大毗婆沙论》中就提到分别论者主张："心性本净，客尘烦恼所染污故相不清净"[1]，在天亲菩萨的《佛性论》中则提到：分别部认为空是佛性，毗昙萨婆多等部则主张"无有性得佛性，但有修得佛性"[2]。小乘佛教的修行目标并不侧重于成佛，故对佛性的探讨并不多，而大乘佛教则对佛性有非常丰富的讨论。关于佛性之结构，在早期大乘的经典《大般涅槃经》给出了佛因性的结构：

> 因有二种：一者生因，二者了因。能生法者是名生因，灯能了物故名了因。烦恼诸结是名生因，众生父母是名了因。如谷子等是名生因，地水粪等是名了因。[3]
>
> 因有二种：一者正因，二者缘因。正因者如乳生酪，缘因者如醪、暖等。[4]

这里，生因是指成佛的发生因，如谷子能生芽，是亲因；正因是指成佛的内在依据，如乳能生酪；了因和缘因都是生因和正因在发生过程中的

---

[1] 《阿毗达磨大毗婆沙论》卷二十七，《大正藏》第 27 册，第 140 页中。
[2] 《佛性论》卷一，《大正藏》第 31 册，第 787 页下。
[3] 《大般涅槃经》卷二十八，《大正藏》第 12 册，第 530 页上。
[4] 《大般涅槃经》卷二十八，《大正藏》第 12 册，第 530 页中。

辅助条件，如粪水能帮助谷子生芽，醪、暖能助乳生酪，是缘的性质。随着对佛性的深入研究，世亲菩萨的《佛性论》给出了一个三分结构：

> 所谓三因者，一应得因，二加行因，三圆满因。应得因者，二空所现真如；由此空故，应得菩提心及加行等，乃至道后法身，故称应得因。加行因者，所谓菩提心；由此心故，能得三十七道品、十地、十波罗蜜助道法，乃至道后法身，是名加行因。圆满因者，即是加行；由加行故，得因圆满及果圆满；因圆满者，谓福慧行，果圆满者，谓智、断恩德。①

其中，应得因指人我空和法我空所显之真如，也即空性，是一切菩提道和佛果之所依；加行因指发菩提心，是菩提道之最初发动；圆满因指一切菩提道法，如三十七道品、十波罗蜜等，能实现佛果的不断圆满。从有为、无为角度来看，应得因是无为法，加行因和圆满因是有为法性质。如果说有为、无为的佛性二分结构在《佛性论》中还比较模糊，那么在玄奘传译的中国唯识学那里便得到了明确的区分。

玄奘传译的中国唯识学所建立的佛性观主要是对五种性说的解释。在玄奘初传唯识时，关于佛性问题，曾产生了激烈的争辩，中国唯识学家主张五种种姓中的定性二乘和一阐提是不能成佛的。五种性说在《解深密经》《瑜伽师地论》《大乘庄严经论》《显扬圣教论》《佛地经论》《成唯识论》《楞伽经》等经论中皆有论述，比如其中《佛地经论》云：

> 无始时来，一切有情有五种性：一、声闻种性；二、独觉种性；三、如来种性；四、不定种性；五、无有出世功德种性。如余经论广说其相，分别建立前四种性，虽无时限，然有毕竟得灭度期，诸佛慈悲巧方便故，第五种性无有出世功德因故，毕竟无有得灭度期。②

---

① 《佛性论》卷二，《大正藏》第31册，第794页上。
② 《佛地经论》卷二，《大正藏》第26册，第298页上。

其中，声闻种姓、独觉种姓皆不能成佛，只能分别成就声闻果和辟支佛，而第五种一阐提种姓，则决定不能产生出世间果报。这与中国其他佛教宗派所主张的众生皆能成佛产生了矛盾，唯识学为了调和这种矛盾，将佛性分为理佛性和行佛性二分。因为成佛是无漏种子的圆满现行，佛性也是建立在本有无漏种子上的。其中理佛性是指真如法性，而行佛性则指大乘如来本有无漏种子。从前面的佛因性与佛体性的划分，理佛性指佛体性，或者是佛因性中的应得因，行佛性指佛因性中的亲因。声闻种姓只有声闻乘解脱道无漏种子；独觉种姓只有独觉解脱道无漏种子；不定种姓具有多圣道无漏种子；如来种姓则具有大乘菩提道无漏种子；一阐提种姓则没有本有无漏种子，其第八识所摄为人天乘有漏种子。也就是说，所有种姓的众生都具有真如法性，也即理佛性，但只有不定种姓和如来种姓具有行佛性。对于理、行佛性，窥基大师的弟子慧沼在《能显中边慧日论》还做了一些新的论述：

> 依诸经论所明佛性不过三种：一、理性，二、行性，三、隐密性。言理性者，《佛性论》云：为除此执故佛说佛性。理性者即是人、法二空所显真如。……行性者，通有漏、无漏一切万行。若望三身，无漏为正生了，有漏为缘，疏名生了。无漏正名佛性，有漏假名非正佛性。……隐密性者，如《维摩经》云："尘劳之俦为如来种等。"[①]

理佛性是指真如理体，属无为法，《佛性论》主要侧重于论述的佛性即是指人法二空所显真如。行佛性指修行成佛过程中的道前有漏加行和道后无漏修习，其中又以无漏修习为正生了，当然这种无漏修习追溯到种子则是指大乘无漏种子。所以行佛性主要是指大乘无漏种子，而道前修行时的有漏种子可起到一种诸缘作用。隐密佛性则是指烦恼尘劳，因智慧可转烦恼为菩提，且烦恼之体性即是法性真如，故说烦恼亦是佛性。这是从烦恼与菩提不二的角度，方便、隐密地说烦恼也是佛性。但实际上，佛性主要是指理佛性和行佛性，前者是指真如，属无为法，后者是大乘

---

① （唐）慧沼：《能显中边慧日论》卷四，《大正藏》第45册，第439页上。

无漏种子，是有为法。无为法是有为法之体性，理佛性和行佛性就构成一个体用的关系，体用不一不异，是一种不二的关系。

中国佛教也曾对佛性有丰富的探讨，天台宗的智者大师在《金光明经玄义》中借用《大般涅槃经》的二因佛性，提出了三因佛性："云何三佛性？佛名为觉，性名不改，不改即是非常非无常，如土内金藏，天魔外道所不能坏，名正因佛性。了因佛性者，觉智非常非无常，智与理相应，如人善知金藏，此智不可破坏，名了因佛性。缘因佛性者，一切非常非无常，功德善根资助觉智，开显正性，如耘除草秽，掘出金藏，名缘因佛性。"① 其中的正因佛性非常非无常，无可破坏，应是指作为迷悟依的真如；了因佛性指正智，缘因佛性则指所修功德、善根。此外，天台宗还有一念无明法性心的思想，凡夫现前一念具备三千大千世界，荆溪湛然则提出无情有性的说法，无情作为识的相分，本来也就不离识，从依正不二的角度，说无情有性亦未尝不可。华严宗则提出一切皆是法界自性清净心的显现。天台、华严是站在佛果的角度安立教法，其中天台侧重即相之性，华严侧重及性之相，实际上都是从性相不二的角度来说佛性的。所以从佛果的角度看众生，天台、华严，包括禅宗皆认为一切皆具如来藏、自性清净心，或称本觉，佛与众生本无差别。但是从众生的角度来看，佛与众生是宛然有差别的。

近代太虚大师在分析"佛性"一词时谈道："然此一性五性别者，盖以佛性二字，诠义不同。一、佛之性，此性即真如体。……二、佛即性，此又分二：一、谓心性，性者、是自相义，如火热为自相，水湿为自相，地坚为自相，风动为自相，而心即以觉为其自相——如起信论云本觉——故此佛性即指心之自相。……二、即法空智种。"② 此处太虚大师主要承唯识之说，佛之性即是理佛性，心性则是站在佛果角度而言，法空智种则是大乘无漏种子。无论将佛性做出何种阐释，皆不出有为、无为二类。因此，佛性可分为有为与无为两大类，其中无为佛性指真如，有为佛性主要指大乘无漏种子。因有漏、无漏之种种修行对大乘无漏种

---

① （隋）智𫖮：《金光明经玄义》卷上，《大正藏》第39册，第4页上。
② 释太虚：《唯识讲要》，载《太虚大师全书》第9册，宗教文化出版社2005年版，第267—268页。

子有熏增、熏生之作用，故大乘无漏种子亦摄有漏无漏一切修行，这样便以理佛性摄《佛性论》中的应得因，以行佛性摄《佛性论》的加行因、圆满因以及《大般涅槃经》中的正因、缘因。

此外，唯识学这种理、行佛性的二分，虽然可以调和众生皆可成佛与部分众生不能成佛的矛盾，但这种调和其实并不彻底。因为众生虽都具备理佛性，具备成佛之内在依据（非动力因），但并非所有众生都具备行佛性（菩提道无漏种子，直接动力因），所以并非所有众生都有成佛之现实可能性。也就意味着，在现实上，依然不能排除有一部分众生永远成不了佛的可能。但我们认为，关于此大乘无漏种子（行佛性）仍可做进一步探讨。唯识学关于无漏种子由来，虽有新熏说、本有说、本新并建说，但种子必是因缘之下熏习所致，否则就有将种子实体化的危险。那么，也就意味着并非众生自始至终无因无缘就有五性差别，这种性也是在无始缘起过程中建立起来的。所以，我们不应把五种性看作已经拘定的实体，而应看作一个动态过程的展现。定性二乘并非永远是定性二乘，无性众生也并非永远是无性众生，而是可以在佛菩萨的辗转增上缘之下，熏习大乘无漏种子而改变种性，否则就把种性认成实体，而违背佛教缘起性空的理论基石。

因此，五种姓众生更应看作一个动态的众生群体，当众生诽谤大乘造无间罪，便成一阐提，而当一阐提在佛菩萨的辗转教化之下，发菩提心而修习，便脱离一阐提这个群体，而成为大乘种性。如《大般涅槃经》卷五云："是人若于佛正法中心得净信，尔时即便灭一阐提。若复得作优婆塞者，亦得断灭于一阐提。犯重禁者灭此罪已，则得成佛，是故若言毕定不移不成佛道，无有是处。"[1]《大般涅槃经》卷二十六言："若能发于菩提之心，则不复名一阐提也。"[2] 又说："若一阐提信有佛性，当知是人不至三恶，是亦不名一阐提也；以不自信有佛性故即堕三恶，堕三恶故名一阐提。"[3] 关于这一点，太虚大师在《唯识讲要》一文中亦有精彩的论述：

---

[1] 《大般涅槃经》卷五，《大正藏》第12册，第393页中。
[2] 《大般涅槃经》卷二十六，《大正藏》第12册，第519页上。
[3] 《大般涅槃经》卷二十六，《大正藏》第12册，第519页中。

> 然论智种之具不具,复有二门:一、现实如是门:谓依众生一刹那现行心,观过去之过去,或未来之未来,皆不离此一刹那心;若此现前一刹那心无如来性,则尽未来际亦不能成佛。如是就现前一念心上,具不具二空智种等,则可说决定有五性差别。二、展转增上门:不论现前一念之心或具不具,但由佛之平等意愿为增上缘,务使一切众生决定成佛,如法华言:唯有一乘法,佛种从缘起。虽无现具佛种,而有佛之增上缘、或菩萨等各各互为增上,亦得新起法空智种;依唯识之新熏种义,亦不相违。由是则五性可决定可不决定,应说有情非一非五性。①

现实如是门是指从众生现前一刹那心出发,在此一时间点,自然众生有五性差别,因现前一念心不离过去、未来,故可以现前刹那心摄过去、未来,故可说众生无始以来有五种姓,亦有出世三乘之果。这只是以现前这一动态众生群体而言。若从无始之时间长河、无量之缘起来说,也即从辗转增上门来看,佛菩萨之愿在于平等度化一切有情,为一切众生开示悟入佛之知见,虽有部分众生现前未具大乘无漏智种,但在佛菩萨的辗转增上缘下,将来亦可熏习成新佛种。此亦通唯识学的种子新熏说以及《法华经》所谓"佛种从缘起"。周贵华在《唯识通论——瑜伽行学义诠》一书中则提出了"五俱种姓说",也即每一众生皆具有声闻、独觉、菩萨、如来、无性五种种姓。② 这样,一来可以由发心不同,众生趋向不同善果,成立三乘;二者,即使下乘极果,也可以由佛力加持而回小向大,最终有成佛的可能。

因此,我们不应该把无漏种子及五种姓说执定,而应以"佛种从缘起"的观点来看待行佛性。因此本书在下文论述行佛性时,便不再严格区分种姓,而是倾向于唯识学的新熏说,即通过熏习大乘教法(如听六

---

① 释太虚:《唯识讲要》,载《太虚大师全书》第9册,宗教文化出版社2005年版,第268—269页。
② 周贵华:《唯识通论——瑜伽行学义诠》(下),中国社会科学出版社2009年版,第559—562页。

祖惠能讲法）即可增长行佛性。

第三节 《坛经》中的自性与佛性

一 《坛经》中的自性

从前文的分析可知，理佛性是空性真如，空性真如遍于一切万法，落实在众生则变成心性真如，此"心性"指心之实性或心之体性，并以此心性为佛性，称为自性清净心。《坛经》也多谈自性，"自性"一词出现的频率远超过了"佛性"。需要注意的是，《坛经》中所说的"自性"不是指唯识学和中观学所说的具备常、一、主宰、自在部分特征或全部特征的"自性"，这种"自性"是佛教所破斥的对象，《坛经》中讲的"自性"是惠能大师所肯定的对象。当代唯识学者罗时宪先生在《〈六祖坛经〉管见》一文中将"自性""本性""性"等词进行过详细的分析，共列出55条，认为"自性"一词多兼指真如、阿赖耶识二者，有时偏指真如，有时偏指阿赖耶识。① 比如"菩提自性本来清净""何期自性本自清净""何期自性本不生灭"等，其中"自性"皆指真如；而"何期自性能生万法""自性能含万法，名含藏识"等，这里的"自性"则指阿赖耶识，如"祖已知神秀入门未得，不见自性"中的"自性"则可兼指赖耶和真如。

罗时宪先生的这种分法，有助于我们研究《坛经》，但还有少许不足。比如惠能大师所说的，"一切般若智皆从自性而生，不从外入"（《般若第二》），这里的"自性"便不能指真如，也不能指阿赖耶识。因为阿赖耶识所摄为有漏种子，是安立杂染缘起之根本所依，而般若智是清净之用，是无漏种子所生，非阿赖耶识所摄；而真如作为无为法并不是清净有为法的生因。但是，不管摄有漏种子的阿赖耶识，还是摄无漏种子的非阿赖耶识，都可以归为第八识。在这一点上，太虚大师说得比较好：

自性若邪，起十八邪——有漏异熟识缘有漏种起有漏现行；自

---

① 罗时宪：《〈六祖坛经〉管见》，载《六祖坛经研究》（一），中国大百科全书出版社2003年版，第271—283页。

性若正，起十八正——无漏无垢识缘无漏种起无漏现行；若恶用即众生用，善用即佛用——"由此有诸趣及涅槃证得"——。用由何等，由自性有——"无始时来界，一切法等依"——。依此观之，曹溪确指第八识名自性，明矣！①

也即是说，"自性若邪，起十八邪"指第八识的杂染缘起，"自性若正，起十八正"则指第八识的清净缘起，此总括杂染与清净二分的第八识便是《阿毗达磨大乘经》里所说的"无始时来界，一切法等依，由此有诸趣，及涅槃证得"。接着太虚大师认为此"自性"亦可指真如或一真法界，比如《坛经》中有"何期自性，本不生灭"（《行由第一》）、"无名可名，名于自性，无二之性，是名实性"（《顿渐第八》）等说法，可知自性可指真如。所以，根据以上分析，便可将自性划分为两类：一类指真如，一类指第八识。

需要注意的是，有学者认为："'六祖革命'中最根本性的'革命'就是把传统佛教作为抽象本体的'心'变成更为具体、现实之'人心'，变成一种儒学化了的'心性'。"② 其举《坛经》之例云："人性本净，由妄念故盖覆真如；但无妄想，性自清净。""世人性自本净，万法从自性生。""自性能含万法是大，万法在诸人性中。"从罗时宪先生和太虚大师的分析，可知惠能这里所说的人性或者自性是指真如或者第八识。其中"人性本净"指真如，如惠能自云"人性本净，由妄念故盖覆真如"。而"万法在诸人性中"的"人性"指第八识，因为第八识含一切杂染法和清净法。儒家所谈人性，是指人区别于动物的人之特性，儒者多从善、恶这两方面来阐释人性。人性之善、恶，乃是相待法，不能是佛教的真如，亦不能是第八识。因为真如是一切法的体性，远离善、恶二边；而第八识的伦理属性则是无覆无记性。况且佛教所说之人性是人之心性，此心性，一切众生皆具有，并非人类特质。学者仅因《坛经》中出现过"人性"二字，就断定《坛经》所谈人性或自性是儒学化之心性，是有失偏

---

① 释太虚：《曹溪禅之新击节》，载《太虚大师全书》第16册，宗教文化出版社2005年版，第365—366页。

② 赖永海：《佛学与儒学》，中国人民大学出版社2017年版，第44页。

颇的。洪修平教授就曾经指出："惠能所说的解脱之境为自性起智慧观照，顿现万法，万法在自性，其思想之路数虽不离心法一如，但他从般若无相的角度，更强调了心、法皆不可执着，这是与儒家心性论有根本区别的。"①

二 《坛经》中自性与佛性的等用

太虚大师在分析《坛经》时认为第八识颇难分解，"在有漏位，或曰阿赖耶识，或曰界趣生体，或曰异熟识；在无漏位，或曰庵摩罗识，或曰大圆镜智，或曰真佛身。就有漏中指无漏界曰如来藏，亦曰佛性。以假智诠指绝言思界曰一真法界，亦曰真如"②，也就是说，第八识在众生因位中可称阿赖耶识，此中寄附在阿赖耶识的无漏种子可以称为佛性③，有时也指真如。那么"自性"一词的范围应该包括真如和第八识，而其中第八识包括有漏的阿赖耶识和无漏的非阿赖耶识，其中因位众生阿赖耶识的无漏种子可称为佛性。可简示如下：

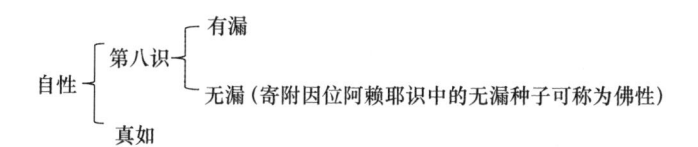

$$
自性\begin{cases} 第八识\begin{cases} 有漏 \\ 无漏（寄附因位阿赖耶识中的无漏种子可称为佛性） \end{cases} \\ 真如 \end{cases}
$$

结合前面谈到的佛性可以分为理、行二分，其中行佛性指大乘无漏种子，可以知道，佛性和自性的区别在于：自性可包括有漏的阿赖耶识，而佛性不包括阿赖耶识。当然，如果按照慧沼的分法，行佛性包括有漏无漏一切万行，那么佛性便与自性无别。

在细读《坛经》之后，我们发现《坛经》在以下三个方面，"自性"

---

① 洪修平、孙亦平：《惠能评传》，南京大学出版社1998年版，第359页。

② 释太虚：《曹溪禅之新击节》，载《太虚大师全书》第16册，宗教文化出版社2005年版，第366页。

③ 在凡夫位，无漏种子可以看成寄附在阿赖耶识中，如水乳和合一般。如《摄大乘论》云："此闻熏习随在一种所转依处，寄在异熟识中，与彼和合俱转，犹如水乳。"之所以采用水乳的譬喻，是为了说明二者截然不同，只是和合俱转。（《摄大乘论本》卷一，《大正藏》第31册，第136页下。）

一词会和佛性等同使用。第一，在"见性"的表述中，见自性和见佛性是等同的。如"除真除妄，即见佛性"（《忏悔第六》）、"和尚留何教法，令后代迷人得见佛性"（《付嘱第十》）、"识自心众生，见自心佛性"（《忏悔第六》），又说，"祖已知神秀入门未得，不见自性"（《行由第一》）、"见取自性，直成佛道"（《疑问第三》）等。这里的见性指悟道，是亲证真如，因此，在"见性"的表述，佛性和自性都是指真如的意思。第二，指"无二实性"的时候，自性和佛性是等同的。如其云，"无二之性，即是佛性"（《行由第一》），又说，"念念圆明，自见本性，善恶虽殊，本性无二，无二之性，名为实性"（《忏悔第六》）、"无名可名，名于自性，无二之性，是名实性"（《顿渐第八》）。这种"无二实性"远离善恶二边，无可名状，而强名曰自性、佛性，可见这里说的自性和佛性也是指真如。第三，在指"本自清净"的时候，佛性与自性等同。如"菩提自性，本来清净"（《行由第一》），而敦煌本《坛经》中有"佛性常清净，何处有尘埃"① 的说法。对于敦煌本惠能偈子的记载，学术界一直有争议，这里，我们暂且认为，此偈也是惠能所作，对于"本自清净"的表述中，依然可以认为自性和佛性都是指真如。因为第八识虽然在圣者位是清净的，但不能说"本来"清净，而真如远离清净和杂染的二边，可强名曰：清净。

《坛经》中也常有"万法从自性生"的表述，但从未提到过佛性可以生万法，可以知道，佛性在这一点上是与自性有别的，也即佛性不包括有漏法。② 当然，也可以在把佛性作为真如的情况下，将佛性作为万法的根本所依因而"生"万法，不过，这样的话，佛性则指真如，是万法的所依因，这种所依因其实是所缘缘的性质，而自性则指第八识，是万法的亲因，所以这种情况下也不能将自性与佛性等同。值得注意的是，郭朋从"万法从自性生"这一句推出："惠能讲的心（自然是'真心'）、性（自然是'法性'），确乎是宇宙实体，世界本原。"③ 从前面分析，我

---

① （唐）法海集：《南宗顿教最上大乘摩诃般若波罗蜜经六祖惠能大师于韶州大梵寺施法坛经》，《大正藏》第 48 册，第 338 页上。

② 这里要注意，如果按照慧沼的说法，行佛性是可以包括有漏法的，这样佛性就与自性无别。

③ 郭朋：《坛经校释》，中华书局 1983 年版，第 42 页。

们知道如果将"自性"解为真如、法性,那么真如作为无为法,并不能成为有为法的生因,如《成唯识论》卷二云:"能熏生种,种起现行,如俱有因得士用果。种子前后自类相生,如同类因引等流果。此二于果,是因缘性。除此余法,皆非因缘,设名因缘,应知假说。"① 也就是说,只有种子才能称作因,其余称为"因"的,皆是方便假说。因此,真如无为法只能作为万法生起的所缘缘,而方便称其"生"万法。如我们平时说大地生长万物,但大地只是作为万物之所依,而方便说大地生长万物,实际上,万物的亲因是万物自己的种子。所以无为法亦不能成为世界本原,更不是什么宇宙实体。惠能亦早有论断佛性是不二之性,既然"不二",又怎能是本原的"一"。若是将自性解为第八识,第八识的种子确实是万法之生因,但种子亦不是世界本原,因为万法亦同时是种子之因,种子与万法是俱时因果,非一非异,何来本原之说?种子只是一种功能差别,也是假名施设,何来实体之说?总之,无论自性是真如还是第八识,皆不是宇宙实体、世界本原,惠能大师也不是真心一元论者。

从上面的分析中,我们可以得出一个结论:自性在和佛性等同使用时,都是指不生不灭的真如,而真如也不是实体或者本原。在分析完自性和佛性等同使用的情况之后,我们就可以讨论佛性的增减与不增不减是否矛盾了。

第四节 佛性的不增不减与可增可断

一 理佛性的不增不减

从前面的讨论可知,自性在和佛性等用的时候都是指理佛性,即真如。真如不增不减、不生不灭,所以凡是自性与佛性等用时,自性都是不增不减的,故下文对"自性"的增减问题就不再讨论。惠能大师在《坛经》中多次提到佛性是不二之性,远离常、无常,善、恶二边,如其云:

> 善根有二,一者常,二者无常,佛性非常非无常,是故不断,

---

① 《成唯识论》卷二,《大正藏》第31册,第10页上。

名为不二。一者善，二者不善，佛性非善非不善，是名不二。……无二之性，即是佛性。（《行由第一》）

佛性因为远离二边，所以无所谓断、不断，此佛性是五蕴、十八界等有为法的不二实性。从前文的分析可知，这种佛性即指理佛性。《心经》云："是诸法空相，不生不灭，不垢不净，不增不减。"[1] 诸法空相指真如，也即理佛性无生灭、垢净、增减可得，所以理佛性不增不减。实际上，惠能在谈到佛性是无二实性，都是指理佛性，如"无名可名，名于自性，无二之性，是名实性"（《顿渐第八》）、"无二之性，即是实性。实性者，处凡愚而不减，在贤圣而不增，住烦恼而不乱，居禅定而不寂。不断不常，不来不去，不在中间，及其内外。不生不灭，性相如如。常住不迁，名之曰道"（《宣诏第九》）等，其中的实性皆是指理佛性。理佛性是真如无为法，远离凡、圣、烦恼、禅定、断、常、来、去、内、外等种种二边，如如不动，亦远离语言文字，而强名曰"道"。惠能大师亦曾据卧轮禅师的诗偈而作一偈曰："惠能没伎俩，不断百思想。对境心数起，菩提作么长。"（《机缘第七》）其中"不断百思想，对境心数起"，按照惠能大师"无念"的原则，是指面对外境的如理作意，虽念念不断，但心不染着。"菩提作么长"意为菩提无所谓增长与否，应当指真如无为法，所以此处的"菩提"亦当指理佛性。

需要注意的是，理佛性虽远离二边，不增不减，但不是一团死物，更不是指在概念上远离两头。在《坛经·顿渐第八》中记载了神会的一个故事：

一日，师告众曰："吾有一物，无头无尾，无名无字，无背无面，诸人还识否？"神会出曰："是诸佛之本源，神会之佛性。"师曰："向汝道无名无字，汝便唤作本源佛性。汝向去有把茆盖头，也只成个知解宗徒。"

惠能大师的话，可以看成禅宗的一种勘验和机锋，理佛性也即真如远离这种种二边，惠能之言已经斩断了用语言回答的可能性（无名无字），但

---

[1] 《般若波罗蜜多心经》，《大正藏》第 8 册，第 848 页下。

神会依然回答"是诸佛之本源,神会之佛性",神会的回答在教理上是没有错的,但是却不符合与真如相应的般若智。因为神会的回答依然是落在言诠分别上,有着能分别之神会,所分别之本源、佛性。结合《坛经》前面神会所说的"亦痛亦不痛""亦见亦不见"(《顿渐第八》),便可知神会的回答处处落在二边,而一个有悟道体验的宗教实践者,是不会落在二边的。贾题韬居士就曾说:"神会下的全是死语,全是在概念的两头打滚,不落在这边,就落在那边。"[1] 佛性本来是无头无尾、无名无字、无背无面的不二中道,但神会这里所回答的佛性却还是有实体执在的。惠能大师亦呵斥神会"为知解宗徒",也即于禅解悟为多,并未彻悟。被惠能印证悟道的行思禅师亦认为神会"犹持瓦砾在"[2]。

结合上面的分析可知,由此可知神会禅师在宗教实践上,离悟道还有一定的距离。近代的胡适先生将神会抬得过高[3],是不太妥当的。当然,也并不能全盘否定神会的禅法,只是离见道尚有距离。

二 行佛性的可增可断

惠能大师在谈及佛性是非断非常的不二实性的同时,也经常谈到佛性是可断可增的。如六祖说:

> 善知识,后代得吾法者,将此顿教法门,于同见同行,发愿受持,如事佛故,终身而不退者,定入圣位。然须传授,从上以来,默传分付,不得匿其正法。若不同见同行,在别法中,不得传付。损彼前人,究竟无益。恐愚人不解,谤此法门,百劫千生,断佛种性。(《般若第二》)

又说:

---

[1] 贾题韬:《转识成智》,四川人民出版社1999年版,第215页。
[2] (南唐)静、筠二禅师编撰,孙昌武点校:《祖堂集》,中华书局2007年版,第157页。
[3] 胡适在《荷泽大师神会传》一文中认为神会是《坛经》的作者,新禅学的建立者,甚至认为是惠能座下唯一得道的弟子。(参见麻天祥主编《20世纪佛学经典文库·胡适卷》,武汉大学出版社2008年版,第423—459页。)对于这种观点,钱穆和印顺等人都早已进行了有力的反驳。

> 我今说法，犹如时雨，普润大地。汝等佛性，譬诸种子，遇兹沾洽，悉皆发生。承吾旨者，决获菩提；依吾行者，定证妙果。（《付嘱第十》）

《坛经》是顿教法门，前文已述，顿悟禅的特点侧重在证悟真如，而不在于加行智的渐修。所以，《坛经》的对机者是上根器之人，故而惠能大师吩咐顿教法门不能在不同见、不同行的人中传播，也不能在别的法门传承。因为小根器的人无法接受顿教，甚至可能会认为其有违佛法而诽谤顿教法门，诽谤大乘佛教是重大罪业，会导致佛性的中断。那么六祖这里说的佛性便是指行佛性——无漏种子。因为重大罪障会障止大乘无漏种子势力的增长，甚至长劫不能再遇佛法，无法进行闻思熏习，而导致长时间不能成佛。那么，反过来，如果能听闻佛法（如听闻六祖讲法），闻思熏习种子便能旁熏大乘无漏种子令其势力增长，按照新熏说则能熏生大乘无漏种子，就如世间种子遇到雨水的滋润就能发芽生长，最终便能证悟成佛。这里六祖说的佛性即是指大乘无漏种子，是行佛性，无漏种子是亲因，惠能大师所说法要是增上缘，因缘和合就能成就佛果。如同种子（因）遇上雨水（缘）就能发芽长成大树。因此，惠能大师在谈及佛性可增可减时，其角度皆是行佛性的角度。

在惠能从岭南来到黄梅刚见到五祖弘忍时，五祖认为惠能来自岭南荒蛮之地，未闻佛法，又是獦獠（对南方以打猎为生的少数民族的蔑称），怎么能作佛呢？而惠能认为"人虽有南北，佛性本无南北"，自己虽是獦獠，但是在佛性上却和五祖弘忍没有差别。惠能刚见五祖，志向广大，只求成佛，认为佛性不会因为人的地位和地域的差异而有差别。从表面上看，五祖似乎怀有傲慢心而轻侮惠能，而惠能内心平等，反而更胜一筹。但透过文字表面，从佛性的理、行二分来看，五祖弘忍是站在行佛性的角度对惠能进行堪问，惠能此时身是南方獦獠，此前除了听客诵读《金刚经》之外，并未进行佛法的闻思熏习，从无漏种子势力强盛上来看，开悟的五祖确实远胜于此时的惠能；而惠能大师则是从理佛性的角度来回答五祖，认为理佛性没有凡圣和南北地域的差别。五祖弘忍和六祖惠能的一问一答，显出师徒初见的机锋与智慧。

在五祖传顿教及衣钵给惠能大师之后，五祖说了一个耐人寻味的偈子：

> 有情来下种，因地果还生。无情既无种，无性亦无生。(《行由第一》)

弘忍的这个偈子有些令人费解，六十卷本的《华严经》有云："下佛种子于众生田，生此觉芽，是故能令佛宝不断。凡有情一预法会，不能无下种得果之益。"[①] 也就是说，"有情来下种，因地果还生"可以解释为：众生由听闻善知识所说之佛法，集积清净无漏种子，就能证成无上佛果。其中大乘无漏种子是因，成佛是果。对于此偈的后二句，丁福保先生笺注的《坛经》解释为："无情如木石之类，则无佛性。既不下种子于田，则无生佛果之望。"[②] 这里将"无情"看作一个词，解为无情器界，那么此偈的前两句是从行佛性（大乘无漏种子）的角度来描述成佛的过程；而后两句则是说无情不具无漏种子，亦即不具备动力性的行佛性，所以"无性亦无生"，不能成就佛果。这样解，在句意上是没问题的。不过，从禅宗空有不二的立场来看，在描述完"有"的一面，必然会描述"空"的一面。参考丁小平导读和译注的《〈坛经〉·〈心经〉·〈金刚经〉》[③]，我们可以将"无情"二字分开解为：无实体性的"有情"。这样，"无种"则指无实体性的大乘无漏种子，"无性"指无实体性的佛性，"无生"指无实体性的佛可以生得。那么，此偈的前两句则是在说行佛性的有，后两句就是站在理佛性的角度，来破除实体执，侧重说空，以达到空有不二。《坛经·付嘱第十》中六祖亦有付法偈云："心地含诸种，普雨悉皆萌，顿悟花情已，菩提果自成。"众生心地含藏诸无漏种子，如果能听闻佛法就能熏习无漏种子，令其势力增长，就像花草树木之外种遇到雨水，就能发芽生长。如果无漏种子一旦现行，根本智证真如，那么就能按照悟境自修自度，自然成就菩提之果。这也是从行佛性的角度来描述成佛的过程。

[①] 《大方广佛华严经》卷十，《大正藏》第9册，第461页中。
[②] 陈兵导读，哈磊整理，丁福保笺注：《坛经》，上海古籍出版社2011年版，第25页。
[③] 丁小平导读、译注：《〈坛经〉·〈心经〉·〈金刚经〉》，岳麓书社2018年版，第27页。

从理佛性和行佛性的角度，我们不仅解释五祖的传法偈，而且对于禅宗的几位祖师的付法偈都可以尝试做一个阐释。二祖慧可的付法偈为："本来缘有地，因地种花生。本来无有种，花亦不曾生。"① "地"指心，如六祖云"心地含诸种"（此心地或与《大乘起信论》中的"众生心"相等）。因为众生有心地，心地中含有无漏种子，所以能发芽开花，悟道成佛。此句侧重于行佛性。后一句说本来没有实体之无漏种，亦没有实体之菩提可得，则侧重于理佛性之真如远离种种二边。三祖僧璨的付法偈云："华种虽因地，从地种华生。若无人下种，华地尽无生。"② 菩提之华以及无漏种子虽然来自众生心地，但如果没有善知识说法、加持，无漏种子就无法生起（这里偏向于《摄大乘论》之新熏说），菩提之华也就成为无本之木。这里侧重讲善知识对于无漏种子生起的重要性。四祖道信之付法偈则云："华种有生性，因地华生生。大缘与性合，当生生不生。"③ 无漏种子有产生菩提之果的功能，这一切因众生心地而有，内因佛性配合外缘，就能产生菩提之果，这菩提是生而无生（没有实体生而如是有缘生）。这里依然是说行佛性和理佛性不二的意思。六祖得法弟子怀让禅师有付法偈云："心地含诸种，遇泽悉皆萌。三昧华无相，何坏复何成。"④ 前一句和六祖的付法偈子是一个意思，后一句则从真如理佛性的角度描述所成之菩提智慧本是无相，远离种种二边，没有实体性的成、住、坏、空。

第五节 《坛经》中的理、行佛性不二

前文已述，理佛性指真如，行佛性指大乘无漏种子。无漏种子现行时，即生起根本无分别智，根本无分别智是对真如的冥相亲证，其生起要以真如为所缘缘。如《瑜伽师地论》云："诸出世间法从真如所缘缘种子生，非彼习气积集种子所生。"⑤ 真如是无为法，不具种子六义，此处

---

① （宋）道原：《景德传灯录》卷三，《大正藏》第51册，第220页下。
② （宋）道原：《景德传灯录》卷三，《大正藏》第51册，第221页下。
③ （宋）道原：《景德传灯录》卷三，《大正藏》第51册，第222页中。
④ （宋）道原：《景德传灯录》卷五，《大正藏》第51册，第241页上。
⑤ 《瑜伽师地论》卷五十二，《大正藏》第30册，第589页上。

称真如是种子，乃是从所缘缘角度的方便说法。根本无分别智生起后，一切清净法才能生起，无漏种子才得以现行，并因清净法之现行熏习而成新的无漏种子。而一切清净法则以真如为所依，如《辩中边论》云："由圣法因义，说为法界。以一切圣法缘此生故。此中界者，即是因义。"① 此中，一切圣法即指一切清净法，缘于法界而生。法界是真如的异名，也即是说真如为一切清净法之所依，所以真如被称为圣法之因。此因是指所缘缘，并不是亲因。清净法和无漏种子是不一不异的种现关系，那么，同样，我们可以称真如是无漏种子之所依。

实际上，这种所依是指真如理佛性作为无为法，是一切有为法之实性（体性），与一切有为法非一非异。大乘无漏种子亦为清净依他起所摄，真如又名圆成实性，此圆成实性和依他起性的关系在《成唯识论》卷八有所论述："此圆成实与彼依他起非异非不异，异应真如非彼实性，不异此性应是无常。"② 圆成实性是依他起性的体性，故言非异；依他起是有为之无常，圆成实性是无为之常，故言非不异。实际上，真如无为法为体，有为法是用，体用不一不异，非即非离。这种体用不二关系实则是大乘佛教的老生常谈。这样，理佛性和行佛性就构成一个体用不二的关系，如下图所示：

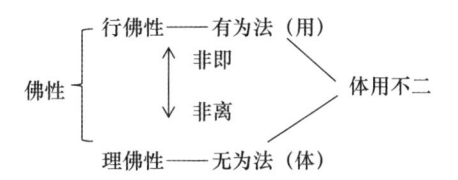

```
         ┌─ 行佛性 ── 有为法（用）┐
         │      ↑ 非即          │
佛性 ────┤      ↓ 非离          ├── 体用不二
         │                      │
         └─ 理佛性 ── 无为法（体）┘
```

在《坛经·顿渐第八》中惠能大师以佛性的常即无常来体现这种理、行佛性不二思想。这也是我们断定《坛经》中所讲的佛性非断非常是指理佛性而佛性可增可断是指行佛性的原因之一。

在《坛经·顿渐第八》中，张行昌（志彻）曾问惠能大师《涅槃经》中的常、无常义，惠能大师回答："无常者，即佛性也；有常者，即

---

① 《辩中边论》卷上，《大正藏》第31册，第465页下。
② 《成唯识论》卷八，《大正藏》第31册，第46页中。

一切善恶诸法分别心也。"张行昌对六祖的回答感到非常疑惑："经说佛性是常，和尚却言无常；善恶诸法，乃至菩提心，皆是无常，和尚却言是常。此即相违。令学人转加疑惑。"惠能大师刚出山，在法性寺中向印宗讲解《涅槃经》的时候，就谈到佛性非常非无常，而且《涅槃经》亦说佛性是常，惠能此处怎么又说佛性是无常呢？接着，惠能大师向张行昌说：

> 佛性若常，更说什么善恶诸法，乃至穷劫，无有一人发菩提心者。故吾说无常，正是佛说真常之道也。又一切诸法若无常者，即物物皆有自性，容受生死，而真常性有不遍之处。故吾说常者，正是佛说真无常义。佛比为凡夫外道执于邪常，诸二乘人于常计无常，共成八倒。故于涅槃了义教中，破彼偏见，而显说真常、真乐、真我、真净。汝今依言背义，以断灭无常，及确定死常，而错解佛之圆妙最后微言，纵览千遍，有何所益？（《顿渐第八》）

要理解惠能大师这段话，主要要弄清"常"和"无常"的意思。从这段话不难看出张行昌和惠能所理解的"常"与"无常"都不一样。这里我们以下图来表示：

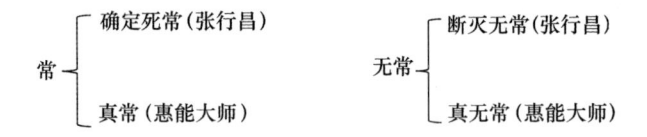

$$\text{常}\begin{cases}\text{确定死常（张行昌）}\\\text{真常（惠能大师）}\end{cases}\qquad\text{无常}\begin{cases}\text{断灭无常（张行昌）}\\\text{真无常（惠能大师）}\end{cases}$$

我们先来看张行昌的理解。张行昌所理解的"常"是永恒不变的常，其实质是一种实体执，如神我、梵我、极微等实体性的事物与概念。也就是说，张行昌将佛性作了实体性的构造，佛性在他那里被视为一切刹那变化的现象背后的本体而永恒不变，其与刹那变化之无常是完全相反的。张行昌的这种理解在佛教中被视为"常见"，是一种不正确的边见。故惠能批评其是"确定死常"。他理解的"无常"指的是善恶诸法以及菩提心不断生灭变化的无常，其实质指的是某物不断刹那变化。这种见解与我们的经验常识是相符合的，也即一切事物都处在不断运动变化之中，对我们来说似乎已经成为一种绝对的真理，何以惠能又批评其是"断灭无常"呢？既然惠能认为这种见解依然不对，那么佛教认为正确的"真无常"观又该是怎样呢？

为了解决这个问题，我们还得从佛教的理论基石——"缘起性空"理论中去寻找答案。"性空"指的是自性空①，"自性"的梵文为 svabhāva，其中的 bhāva 意为"成为、存在"，sva 具有反身代词的意思，表示对某物自身的指代。所以"自性"一词最初意思是对某物自身之存在的意指。吴可为在《华严哲学研究》一书中将"自性"一词的意思概括为"自性十义"：(1) 自身性，(2) 同一性，(3) 确定性，(4) 本质性，(5) 单纯性，(6) 恒定性，(7) 实存性，(8) 自在性，(9) 实体性，(10) 自因性，并指出"同一性"是"自性十义"中最基础和最重要的。② 那么"自性"一词的意思就不仅是指西方哲学意义上的实体，更重要的是指某物自身，即当我们谈起某物时，必然已经先在地隐含着对某物自身的判断与确认。这种对某物自身的判断与确认可称为"同一性"（同一律），即 A = A，A ≠ 非 A。那么自性空就意味着某物不能是某物自身，或者说 A = 非 A。如《金刚经》常有"某物即非某物，是名某物"的句式。这种逻辑似乎完全违背了形式逻辑的基本定律——同一律。但从佛教的缘起理论来看，却又是完全合理的。缘起论认为一切事物都是仗因托缘而起，可称依他起，即某物不能自己便是自己，某物的存在必须依于其他条件而存在（当然，条件必须再依条件而存在），那么，某物就无自性。这是一种简单的分析推理：一切事物都是缘起的存在，缘起的存在即无自性，所以一切事物都无自性。从这段推理中已经可以较为清晰地看出来 A ≠ A，也即我们在对某物进行思考时，这种不言自明地先在性地对某物的判断和确认是不靠谱的，因为根本就没有这样逻辑在先的某物存在。《大般若经》卷五百七十四就说："诸法本性都无所有，不可施设在此、在彼、此物、彼物。"③ 但人类在思考某物时其意识的意向性则先天性地趋向于

---

① "自性空"的"自性"非《坛经》中六祖惠能所肯定的"自性"，这一点本书已屡次强调。

② 吴可为：《华严哲学研究》，社会科学文献出版社 2014 年版，第 73—78 页。本书在探讨常与无常时，会借用该书论述"自性空"的相关理论。

③ 《大般若波罗蜜多经》卷五百七十四，《大正藏》第 7 册，第 967 页中。

先构造出某物，然后再说某物是有还是无、是无常还是常、是染还是净。对人类的意识来说，"无"永远是第二位的，是后于"有"的，因为当人们说"无"时，其逻辑前提恰好是先设定某物之"有"，在此设定的基础上，再说某物是"无"。吴可为说："一切否定判断在形式上都隐含着一种结构上的悖谬，否定某物必以对某物的先行设定为前提。"① 这是人类思维的一种局限性，而大乘佛学所要阐明的正是这种不言自明的先在之"物"是不存在的，即一切万法皆无自性。

那么，张行昌的思维模式就是犯了人类思维都会犯的错误，即在认为善恶诸法是无常的时候，其逻辑前提是先在性地设定了"善恶诸法"的存在。姑且称这种思维模式为"自性思维"。所以惠能大师批评他说："又一切诸法若无常者，即物物皆有自性，容受生死。"即先设定有"物"，再说此有自性之"物"是生、灭。这里我们再引《坛经·宣诏第九》中的一段话来说明之：

> 外道所说不生不灭者，将灭止生，以生显灭，灭犹不灭，生说不生。我说不生不灭者，本自无生，今亦不灭，所以不同外道。

"外道"并非一个贬义词，而是指其他执着外境的思想家们，其实质是指有自性思维的哲学思想。外道和佛教虽然也同样使用"不生不灭"这个词，何以有所不同呢？外道是"以灭止生、以生显灭"，其逻辑前提是先设定有"生者""灭者"以及"生""灭"之法的存在，然后在此设定的基础上，或以灭止生，或以生显灭，其思维总是不出自性思维的表现范畴。比如如何使 A 不生呢？那么就是要将 A 永远地灭掉。如何使 A 不灭呢？就是要想办法使 A 永远地存在。这两者的逻辑前提都是先预设了 A 的存在。那么惠能讲的"不生不灭"，其逻辑前提恰好是对"同一律"的解构，也即根本就没有这样先在性的"生者""灭者"以及"生""灭"之法，所谓"本自无生，今亦不灭"，故曰"不生不灭"。因此，张行昌讲的刹那变化之"无常"以及外道讲的"不生不灭"，其本质上都可以看作一种自性思维的表现，是一种断灭无常和确定死常。这种自性空的思

---

① 吴可为：《华严哲学研究》，社会科学文献出版社 2014 年版，第 88 页。

想在《大般若经》论述最多,这里我们再举《大般若经》卷五百七十五的一段文字来说明:

> 尔时,曼殊室利童子即白佛言:"我观如是甚深般若波罗蜜多,无相、无为,无诸功德,无生、无灭、无力、无能、无去、无来、无入、无出,无损、无益,无知、无见,无体、无用,非造作者,亦不能令诸法生灭,不令诸法为一、为异,无成、无坏,非慧、非境,非异生法、非声闻法、非独觉法、非菩萨法、非如来法,非证、不证,非得、不得,非尽、不尽,不入生死、不出生死,不入涅槃、不出涅槃,于诸佛法不成、不坏,于一切法非作、不作,非可思议、不可思议,离诸分别、绝诸戏论。如是般若波罗蜜多都无功德,云何如来劝有情类精勤修学?"①

这段文字基本上是由否定词加名词的方式构成,我们可以把每一个否定词后面的名词看作自性化的事物,也即该事物的存在具备同一性、确定性、实存性等特征。那么无论这种有自性的事物被冠以什么样的名称,乃至被称作智慧、如来法、涅槃等这些大乘佛教一直追求的目标,都应该通通被否定。因为一切法皆无自性,而只是缘起下的存在。如果将般若智、如来法、涅槃等执为自性化的事物,那么就应该被否定与遣除。《大般若经》卷四百九十九说:"我于今者,不但说我乃至菩提如幻、如化、如梦所见,亦说涅槃如幻、如化、如梦所见。天子当知!设更有法过涅槃者,我亦说为如幻、如化、如梦所见。何以故?诸天子!幻、化、梦事与一切法乃至涅槃,悉皆无二无二分故。"②一切法乃至涅槃乃至有超过涅槃者皆是缘起的,这种缘起下的存在,佛教常以幻、化、梦等比喻来表明其不真实性、不确定性和不实存性,也就是一切法皆无自性。

那么我们接着从"缘起无自性"的角度入手,再来分析惠能大师所讲的"真无常"。既然自性思维下的"断灭无常"在佛教看来是错误的,那么"真无常"必然意味着对同一律的解构,也即某物不能是某物自身,

---

① 《大般若波罗蜜多经》卷五百七十五,《大正藏》第7册,第971下。
② 《大般若波罗蜜多经》卷四百九十九,《大正藏》第7册,第541页中。

事物的存在必然要仗因托缘而起。换言之，在事物的缘起性存在之中，实际发生和存在着的只有无自身的缘起存在，而决无这个"某物"。大乘经典中常以"梦、幻、泡、影"等比喻来说明事物存在的无自身性。为了便于表达和理解，我们这里借用吴可为在《华严哲学研究》一书中所展示的数学函数来表示这种缘起思想。"X = R（A；B，C……），其含义为在以 A 为因，以 B、C 等为缘构成的某一缘起场（R）中，有作为结果的现象 X 之生起、显现和存在。"① 当然，其中的 X 也可以换成 A、B、C 等。这里的显项 X 是隐项 R（A；B，C……）的函数表达值，隐项是显项的函数说明式。任何事物的生起、显现和存在，都不再是作为自身而单独出现，其恰好是作为隐项的一个表达值而出现。也就是说，任何事物的生起、显现和存在就恰好意味着其他事物的生起、显现和存在。从这个角度来说，再无某物自身可言，而是可以成立这样的等式：A = 非 A，且此中的"="是同时性的。而惠能大师所讲的"真无常"指的就是这样一种缘生缘灭。"真无常"的建立不再是以一个不言自明的先在性的某物为逻辑起点，相反，其恰好是以无自性作为逻辑前提的。所以这种"真无常"实质上远离了确定死常和断灭无常的二边（因为确定死常和断灭无常是以自性为逻辑前提），是非常非无常的不二中道。

在《大般若经》第五百七十一卷中有一段文字很好地说明了《坛经》中"真无常"的思想。其文曰："真实理中无有一法可生可灭。何以故？世间诸法皆因缘生，无我、有情、作者、受者，因缘和合说诸法生，因缘离散说诸法灭，无一实法受生灭者。"② 在缘起实相中，没有任何一实法可生可灭，如果有一个实法在容受生灭，那就是《坛经》所批评的"物物皆有自性，容受生死，而真常性有不遍之处"，那就是张行昌理解的断灭无常。这种断灭无常的逻辑是首先预设 A 的存在，然后再穷尽一切逻辑说 A 是无常，或者常，或者即常即无常，或者非常非无常。而问题在于这种先在性的逻辑起点——A 却是不存在的，所以《大般若经》说"无一实法受生灭者"。大乘佛经中常言"不舍生死、不证涅槃"，其蕴含的逻辑也是在表明：无生死可舍，无涅槃可证。那么大乘佛教所强

---

① 吴可为：《华严哲学研究》，社会科学文献出版社 2014 年版，第 259 页。
② 《大般若波罗蜜多经》卷五百七十一，《大正藏》第 7 册，第 948 页下。

调的"真无常"其实是指缘生缘灭的无常——"因缘和合说诸法生，因缘离散说诸法灭"，其逻辑在于表明这种先在性的 A 是不存在的——"无我、有情、作者、受者""本自无生，今亦不灭"，也即 A 的存在一定是缘起下的存在，是无自性的存在。既无自性，A 就不具备确定性、实存性，而是如梦、如幻、如泡、如影。

那么，何以惠能大师说"真无常"就是"真常"呢？《大般涅槃经》所述佛性是常，侧重于指诸佛所证清净平等之理体，可称为法性，常如其性，不虚妄、不变易，故可名真如，又名空性，也就是前文所指的理佛性。此空性意为空之性，是无自性所显之诸法真实体性，《大般若经》中常称之为"无性为性""无自性性"。"空性"并非指某一具体的事物，而是一切事物的存在实相、本性、真理。且正因为一切事物的存在实相是空性（无自性性），其才能如是缘起般地存在，此所谓"性空而缘起"。也正因为一切事物是缘起下的存在，其存在实相才是空性（无自性性），此所谓"缘起而性空"。因此，《坛经》中惠能大师说"有常者，即一切善恶诸法分别心也"，即是意在说明：缘生缘灭的一切善恶诸法分别心（真无常）的当下其体即是不生不灭的真如体性（真常）。故曰："吾说常者，正是佛说真无常义。"而惠能大师说"无常者，即佛性也"，则是意在说明：《大般涅槃经》所述之不生不灭的真如理佛性（真常）的当下即是缘生缘灭的行佛性（真无常）。故曰："吾说无常，正是佛说真常之道也。"惠能大师以佛性之真无常即是真常来说明：行佛性是理佛性之行佛性，理佛性是行佛性之理佛性。其中理佛性是体，行佛性是用，用不离体，故真无常即真常；体不离用，故真常即真无常；体用不二，故真常与真无常不二。

理佛性的真常与行佛性的真无常之间体用不二关系与前文所谈到的在缘起事相上的 A = 非 A 稍有不同。前文所谈到的 A = 非 A，是指在缘起的事实上，任何事物的存在都不能脱离其他事物而存在。而这里所谈到的"真常 = 真无常"，则并非在缘起的事实层面上，而是从缘起的事物与无自性性之真实体性的层面来说的，属于性、相关系。一如无常与诸行、无我与诸法之间的关系，前者属一切事物的共相、共性，后者则指具体的事物。无论是事事无碍，还是理（性）事（相）无碍，都不是简单的形式逻辑，而是一种佛教特有的、不二的逻辑。在这种立体体用的逻辑下，以下等式皆可成立：不生不灭＝缘生缘灭，空（性空）＝有（缘起），理佛性＝行佛性。最后，我们可以将上图再变化一下呈现出来以说明《坛经》中惠能大师与张行昌的逻辑：

真常＝真无常，确定死常＝断灭无常。

此外，《坛经》所说佛性之常与无常的精神实质与《大般涅槃经》是一致的。在《大般涅槃经》第二十六卷以箜篌为喻来说明佛性并非有自性的东西：

> 譬如有王闻箜篌音，其声清妙，心即耽着，喜乐爱念，情无舍离。即告大臣："如是妙音从何处出？"大臣答言："如是妙音从箜篌出。"王复语言："持是声来。"尔时大臣即持箜篌置于王前，而作是言："大王，当知此即是声。"王语箜篌："出声，出声。"而是箜篌声亦不出；尔时大王即断其弦，声亦不出；取其皮木，悉皆析裂，推求其声，了不能得。尔时大王即嗔大臣："云何乃作如是妄语？"大臣白王："夫取声者法不如是，应以众缘善巧方便，声乃出耳。"众生佛性亦复如是，无有住处，以善方便故得可见，以可见故得阿耨多罗三藐三菩提。①

箜篌的妙音既不是出自箜篌，也不是来自箜篌之弦，即使将箜篌层层打碎，也是找不到箜篌妙音的。因为箜篌之声本身就不是一个东西，它不是一个具有常、一、主宰、自性等特征的实体。所以无论怎样都找不到。佛性亦是这样，并非一个可以指陈的实体，所以不可得，非实体性之常，亦非实体性之断灭无常。我国宋代的苏轼有一首《琴诗》，也表达了这个道理："若言琴上有琴声，放在匣中何不鸣？若言声在指头上，何不于君指上听？"那么如何才能得到这箜篌之声呢？这需要箜篌、箜篌弦、会弹箜篌的人等众缘和合，才能出声，这就叫作缘生；而当缺少任何一缘，箜篌声即灭，这就叫缘灭。如果箜篌声本就是实体性的存在，那就不待众缘就可以存在，那就是实体生了。佛性也是这样，并不是众生心内有个实存的东西叫佛性，佛性本身无住无相，而当努力听闻佛法，修行六

---

① 《大般涅槃经》卷二十六，《大正藏》第12册，第519页中。

度万行，众缘和合即见佛性，证得无上菩提，这就是《法华经》所谓"佛种从缘起"。

实际上，《大般涅槃经》中所说佛性之无常也是指缘生缘灭之无常，而常则指不生不灭之常（不生不灭是指对实体性生灭的否定）。如此经卷十四云："我观诸行悉皆无常。云何知耶？以因缘故。若有诸法从缘生者则知无常，是诸外道无有一法不从缘生。善男子，佛性无生无灭、无去无来、非过去、非未来、非现在、非因所作、非无因作、非作、非作者、非相、非无相、非有名、非无名、非名、非色、非长、非短、非阴界入之所摄持，是故名常。"① 因缘生缘灭故说无常，此无常并非实体性生灭的断灭无常；因无实体性生灭、去来、过未现、有因、无因、作、作者、有相、无相、有名、无名、名、色、长、短、阴界入等，故说诸法是"常"，此常既远离确定死常又非断灭无常。《大般涅槃经》的这种思想与《坛经》中不二佛性的精神实质是一致的。不仅常、无常是如此，《大般涅槃经》所说的乐与苦、我与无我、净与不净亦是如此，都是远离二边的不二中道而强名曰常、乐、我、净。如此经卷二十三论及"乐"时云："涅槃之性无苦无乐，是故涅槃名为大乐。"② 又此经卷五说："断一切受名无受乐，如是无受名为常乐，若言如来有受乐者，无有是处，是故毕竟乐者即是涅槃。"③ 说涅槃是"乐"，并不是有个身体在受乐，如果有个身体受乐，便有能受之我、所受之乐，能所分明，怎么会是破除执着的如来呢？所以《大般涅槃经》所说的"乐"是远离乐与苦的二边，而强名曰：乐。此乐是无受而受，受而无受。

在《坛经·机缘第七》中惠能大师就曾批评志道"又推涅槃常乐，言有身受用：斯乃执吝生死，耽着世乐"。并说："刹那无有生相，刹那无有灭相，更无生灭可灭，是则寂灭现前；当现前时，亦无现前之量，乃谓常乐。此乐无受者，亦无不受者。"远离生灭、受不受等种种二边的中道才是常乐。有些学者说佛教前门赶走了常、乐、我、净的"实体"，后门又迎进了常、乐、我、净的"实体"，这其实是以确定死常、确定死

---

① 《大般涅槃经》卷十四，《大正藏》第12册，第445页中—下。
② 《大般涅槃经》卷二十三，《大正藏》第12册，第503页中。
③ 《大般涅槃经》卷五，《大正藏》第12册，第396上。

乐、确定死我、确定死净来理解《大般涅槃经》中所说的不二中道之常、乐、我、净以及《坛经》中所说的不二中道之常与无常，从而产生的莫大误解。佛教之所以强调诸行无常、诸受是苦、诸法无我、涅槃寂静的思想是为了对治不同人的执着。《大般若经》第五百七十一卷云："佛为菩萨略说四法，谓世沙门、婆罗门等及长寿天多起常见，为破彼执说行无常；有诸天人多贪着乐，为破彼故说一切苦；外道邪见执身有我，为破彼执说身无我；增上慢者谤真涅槃，是故为说涅槃寂静。说无常者，令其志求究竟之法；为说苦者，令于生死远离愿求；说无我者，为显空门令其了达；说寂静者，令达无相离诸相执。"① 如果有人认为有一个恒常不变的主宰神，佛陀便说无常法；有人贪着世间之乐，佛便说诸受是苦；有人认为有一个实体性的"自我"存在，佛便说无我；有人认为自所得定境是涅槃而诽谤真涅槃，佛陀便为其开示无相涅槃寂静。佛陀说法如应病与药，针对不同的执着说不同的法来对治，并非说有实存的无常、苦、无我、寂静，否则就又落入了新的执着。

如果说在《大般涅槃经》是以"常"来表达这种不二中道，那么在《维摩诘经》即是以"无常"来陈述不二中道：

> 忆念昔者佛为诸比丘略说法要，我即于后敷演其义，谓：无常义、苦义、空义、无我义、寂灭义。时维摩诘来谓我言："唯！迦旃延，无以生灭心行说实相法。迦旃延，诸法毕竟不生不灭，是无常义；五受阴洞达空无所起，是苦义；诸法究竟无所有，是空义；于我、无我而不二，是无我义；法本不然，今则无灭，是寂灭义。"②

释迦牟尼的弟子迦旃延在佛陀说法之后，重新为其他比丘说无常义、苦义等佛法，维摩诘却说迦旃延是以"生灭心行说实相法"。为什么佛陀和迦旃延都是说无常义、苦义等佛法，而迦旃延却受到维摩诘批评？因为迦旃延虽是阿罗汉，已破我执，但并未破除法执，故仍是以有生灭之二边的心来演说大乘不生不灭之实相法。维摩诘接着开示了大乘实相之真

---

① 《大般若波罗蜜多经》卷五百七十一，《大正藏》第 7 册，第 949 页下。
② 《维摩诘所说经》卷上，《大正藏》第 14 册，第 541 页上。

义,大乘所说之无常、苦、空、无我、寂灭,是远离常与无常、苦与乐、空与有、我与无我、生与灭之二边的不二中道,而强名曰:无常、苦、空、无我、寂灭。所以缘生缘灭之无常即是不生不灭之常。大乘所说之常与无常,乐与苦,我与无我,净与不净都是对不二实相的表达。

《坛经》中的理佛性的常与行佛性的无常,亦是如此,皆是远离二边之不二中道。理佛性为体,行佛性为用,说理佛性时即含行佛性,说行佛性时即有理佛性,两者不一、不异,体用不二。

小 结

在本章中,我们主要是引用了唯识学将佛性分为理佛性和行佛性的方法来探讨《坛经》中的佛性问题。我们认为将佛性分为这两者是可行的,也是佛教佛性思想发展的一种必然。前文在论述的过程中已经指出,在《大般涅槃经》《佛性论》等佛典中其实已经有将佛性分为正因和缘因的趋势,而随着唯识学将一切法分为有为法和无为法两大类,也必然意味着佛性也将分为有为和无为两种,其中有为无漏种子是亲因缘(行佛性),而无为真如是所缘缘(理佛性)。《坛经》虽然没有明确提到佛性可分为理佛性和行佛性两种,但理、行佛性不二作为缘起性空不二思想的体现,其应是《坛经》不二法门的必然内涵。且《顿渐第八》中所述佛性的真常与真无常之间的关系,已暗合理佛性和行佛性之间的关系。基于这些考虑,我们采用理佛性和行佛性的概念来解读《坛经》中的佛性不二思想,这也算是本章的独特视角和创新之处。

那么,从理佛性、行佛性的视角,我们认为六祖惠能在说佛性可断可增时,说的是行佛性;而他说佛性是非断非常的不二之性时,说的是理佛性。惠能大师这种前后不一致的说法中,其中贯穿着前后一致的原则与思想,那就是理、行不二。六祖在说行佛性可断可增的时候,就体现着理佛性的不断不常;在说理佛性非断非常的时候,就包含着行佛性的无常。理佛性的"常"不是"确定死常",行佛性的"无常"也不是"断灭无常",实际上这两者都是远离断、常二边的。这一点在《顿渐第八》中惠能大师给张行昌的开示中说得很清楚。张行昌所理解的佛性是常,即是佛性是永恒不变的实法;善恶诸法是无常,也即善恶诸法是实体性的生灭——"物物皆有自性，容受生死"，也即生灭的实体容受实体的生灭，这依然是一种法执。张行昌这两种见解，很显然都是大乘佛教所破斥的对象。惠能大师理解的"常"是指远离了实体性断、常二边的常，指的是真如理佛性，这真如理佛性正是善恶诸法的体性，而在用上就会表现为缘生缘灭——善恶诸法、发菩提心乃至转染成净、修行成佛；而"无常"则指的是这种远离二边的真如佛性之用，是行佛性，所以众生能发起菩提心乃至修行成佛，而其体则又是不生不灭之真常。佛性非常非无常，反过来也可以说佛性即常即无常。因为不生不灭之体（常）必然表现为缘生缘灭之用（无常），所以惠能说"故吾说无常者，正是佛说真常之道也"。这其中的差别就是：张行昌的逻辑是先在性地预设了某物的存在，那么"无常"就被理解成了实体性的生灭；而惠能大师的逻辑是一切万法皆无自性，其理解的"无常"是远离实体性生灭的缘生缘灭。张行昌把"常"理解为永恒不变之确定死常，而惠能大师理解的"常"是远离断灭无常和确定死常二边的不二中道。

《坛经》的这种理、行佛性的不二中道，在《大般涅槃经》则以常、乐、我、净来表示，在《维摩诘经》中则以无常、苦、空、无我、寂灭来表示，皆是远离二边的中道表述。

此外，《坛经》中的张行昌之所以会认为佛性是常而不能是无常，是将佛性作了实体性、自性化的执着。佛性无论是指真如理佛性还是指大乘无漏种子之行佛性，皆并非某种实体化或自性化的存在者，而是佛教在度化众生时为伸入众生境域而随顺安立的方便假说，无论是无为佛性还是有为佛性，都不能脱离缘起性空之实相。但凡夫众生在思考"佛性是常还是无常"这个问题时，已经先天地将此"佛性"做了对象化的构造，而"佛性"一旦被对象化，佛教意图用佛性说来阐明缘起成佛的真相便已牢牢被遮盖。

首先，我们来对大乘无漏种子（行佛性）的来源进行反思。见道成佛即是大乘无漏种子产生现行，所以众生有没有成佛的因，终归还要追溯到大乘无漏种子由来的问题。关于种子之由来，在《成唯识论》中有护月的本有说、难陀的新熏说和护法的本新并建说。[①] 护月的种子本有说

---

① 详见《成唯识论》卷二，《大正藏》第31册，第8页上—9页中。

认为：一切种子皆本性有，熏习只能熏增不能熏生。本有说的困难在于：如果种子本来就有，那么就违背了转识与阿赖耶识互为因缘的道理。难陀的种子新熏说认为：种子一定都是无始以来熏习产生的。新熏说的难处在于：如果种子只是新熏的，那么无漏种子就永远无法产生，因为在见道前无始以来就是有漏现行而没有无漏现行，没有无漏现行就无法熏习产生无漏种子。为了解决本有说和新熏说的困难，护法建立了本新并建说，也即无漏种子是本有的，可被有漏的闻思熏习熏增，待无漏现行之后则可熏生新无漏种。有漏种也是如此。所以护法认为无始以来就有本有和新熏两类种子。这看起来好像解决了本有说和新熏说的理论困难，实际上并没有。当护法的本新并建说兼具了本有说和新熏说的优点，同时便也拥有了这两说的缺点，本有说和新熏说的理论困难依然适用于本新并建说。

答案的局限性，归因于问题本身的局限性。我们的问题在于追问最初的无漏种子的来源，该问的逻辑是以凡夫自性思执作为基础而提出的，也就意味着问题本身在一开始就是有问题的。在《圆觉经》中金刚藏菩萨也以类似的逻辑提过这样的问题：如果众生本来成佛，最初的无明是从哪来的？若无明本有，何故说众生本来成佛？《成唯识论》在于立足众生阿赖耶识的杂染性而提出最初的无漏种子从何而来，《圆觉经》则立足于众生心性本净而提出最初无明从何而来。这两个问题虽然恰好相反，但是问题的内在逻辑却是一致的，也即是追问第一因。在《圆觉经》中佛陀给予的回答是："未出轮回而辨圆觉，彼圆觉性即同流转。"[1] 也即是该问是以轮回心、虚妄分别心来测如来圆觉境界，其逻辑本身就是错误的，非为正问。因为追问第一因的问题都是众生先确立某种实体化、自性化的存在者，然后再追问其由来，其逻辑恰好是以自性思执为前提的。而这自性思执对众生来说又恰是绝对自明的真理和一切知识的先天形式与逻辑基础。故而对于众生追问第一因，其问题本身的逻辑即是错误的。但唯识学在安立五种性教法的时候，为了随顺众生的逻辑，又不得不在理论上回答种子来源的问题，于是要么将种子的来源推向久远的过去，要么立足现实的熏习而主张种子新熏，或者结合因缘和增上缘二者而说

---

[1] 《大方广圆觉修多罗了义经》，《大正藏》第17册，第915页下。

种子既有熏生也有熏增。这三种教法的安立,实际上都是佛菩萨利用后得智随顺众生逻辑而在世俗谛上的方便安立,是针对不同众生给予的方便引导。对于佛菩萨来说,这三种教法都是符顺缘起性空的,种子说皆是符合缘生而无生、无生而缘生的实相。

其次,对真如理佛性的反思。真如(空性)作为一切法之体性,其并非某种具体的存在者,前文的运动与物质之喻已经说明了这一点。如果将真如认作某种具备清净相的东西,便已落入自性思执之中。《成唯识论》卷二就曾明言:"真如亦是假施设名,遮拨为无故说为有,遮执为有故说为空。勿谓虚幻故说为实,理非妄倒故名真如,不同余宗离色心等有实常法名曰真如,故诸无为非定实有。"[①] 事实上,真如是在破除自性思执之后所开显出来的真实实相。说其是真实,并非说其是实存的某物,而是因为真如是在破除遍计所执之虚妄性而敞明的实相,故称真实。在许多佛教经典中常以"清净"一词来描述真如空性,但真如之"清净"实则是远离清净与染污二边而强名曰清净,说其清净,是为了引导众生进行追求。在《大般若经》中就经常以无染无净为清净之义,如卷二百九十三言:"真如无生无灭、无染无净故清净"[②],卷四百一十言:"即一切法不生不灭、不出不没、无得无为,如是名为毕竟净义。"[③] 因此理佛性也并非某种清净的存在者,不可执有执无或者执常执无常。

从以上的分析可知,凡夫众生无论是追问无漏种子的来源还是追问真如的有无,其都是以一个不言自明的自性化的存在者作为基点,然后在此基础上穷尽一切逻辑说其是有、是无、既有既无、非有非无。但事实上,这种不言自明的自性化的存在者本身就是不存在的,这就是问题的问题所在。在《摄论》中曾以绳上蛇觉来比喻依于依他起上而起的遍计所执性[④],蛇自始至终都是人在无明条件下产生的错觉,绳子的内、外、中间都没有这条蛇,蛇尚且没有更遑论蛇的大小、长短、有毒无毒,基于蛇觉而分析蛇的大小、长短等,只能是妄上加妄。这就是《大般若

---

① 《成唯识论》卷二,《大正藏》第31册,第6页下。
② 《大般若波罗蜜多经》卷二百九十三,《大正藏》第6册,第490页上。
③ 《大般若波罗蜜多经》卷四百一十,《大正藏》第7册,第52页中。
④ 详见《摄大乘论本》卷中,《大正藏》第31册,第143页上。

经》为什么会说:"此中尚无真如等可得,何况有彼常与无常!汝若能修如是般若,是修般若波罗蜜多。"① 这也是佛陀不回答十四无记的原因,世界尚不可得,更遑论其有边、无边!《大智度论》就曾明确指出这一点:"十四难中若答,有过罪。若人问:'石女、黄门儿,长短好丑何类?'此不应答,以无儿故。"② 石女、黄门是无法生育儿女的,如果问石女、黄门之儿的高矮、好丑如何,这是没办法回答的。所以佛陀以置答的方式回答了十四无记。因此,追问佛性之有无、常与无常等,实非正问。《大般涅槃经》曾以箜篌妙音以喻佛性,箜篌之音非事先存在于其弦,亦非在于其皮木,而是众缘和合而出,众生佛性亦复如是。《法华经》所谓"佛种从缘起",佛性常与无常的问题最终仍归于缘起性空不二之实相。

---

① 《大般若波罗蜜多经》卷一百四十七,《大正藏》第 5 册,第 797 页上。
② 《大智度论》卷二,《大正藏》第 25 册,第 75 页上。

第五章

自性净土与西方净土不二

第一节 《坛经》与净土宗经典的表面文字冲突

在《坛经·疑问第三》中记载韦刺史曾为六祖惠能设大会斋，趁此机会，韦刺史向六祖请教了念阿弥陀佛是否可以往生西方净土的问题，可见净土宗①在当时的唐代已经流传很广，就连不甚发达的岭南地区也已经有所传播。早在东晋时期，就有庐山慧远大师结社念佛，与刘遗民等人发愿往生西方净土，不过这时的念佛仍以观想念佛为主，到唐代的善导大师才广泛提倡持名念佛。善导大师在年龄上稍长于六祖，其对净土宗持名念佛修行法门的传播，有很大的贡献，可以说善导大师是中国净土宗的实际创宗者。受到当时净土宗的影响，韦刺史也很关心念佛往生的问题。

实际上，禅宗也有念佛的，比如记述禅宗北宗传法世系的《传法宝纪》就说道："忍、如、大通之世，则法门大启，根机不择，齐速念佛名，令净心。""忍"指五祖弘忍；"如"指五祖弟子，潞州法如；"大通"则是指神秀禅师。从这段文字来看，五祖和他的两位有名的弟子的修行法门之一就是念佛名。这种念佛名的修行法门应该是来自《文殊说般若经》，《楞伽师资记》就谈道："则天大圣皇后，问神秀禅师曰：所传之法，谁家宗旨？答曰：禀蕲州东山法门。问：依何典诰？答曰：依

---

① 佛典上记载的净土非常之多，我国历史上还出现了往生兜率净土的信仰，本章所说的净土宗指的是信仰西方阿弥陀佛净土的中国佛教宗派。

《文殊说般若经》一行三昧。"① 在曼陀罗仙所译的《文殊师利所说摩诃般若波罗蜜经》描述"一行三昧"时有：

> 文殊师利言："世尊！云何名一行三昧？"
> 佛言："法界一相，系缘法界，是名一行三昧。若善男子、善女人，欲入一行三昧，当先闻般若波罗蜜，如说修学，然后能入一行三昧。如法界缘，不退不坏，不思议，无碍无相。善男子、善女人，欲入一行三昧，应处空闲，舍诸乱意，不取相貌，系心一佛，专称名字。随佛方所，端身正向，能于一佛念念相续，即是念中，能见过去、未来、现在诸佛。何以故？念一佛功德无量无边，亦与无量诸佛功德无二，不思议佛法等无分别，皆乘一如，成最正觉，悉具无量功德、无量辩才。如是入一行三昧者，尽知恒沙诸佛、法界，无差别相。"②

这里所描述的"一行三昧"的内涵就包括一心称念佛的名字，当然不一定是念阿弥陀佛。但是这种念佛，主要还是从法界一相的角度出发，"系缘法界"，也就是以念真如为主，所以，念一佛的名字即是念无量诸佛的功德，与净土宗念佛往生西方极乐是不同的。印顺法师在《净土新论》亦谈道："上来五祖门下的念佛，并非称念佛名以求往生净土，主要是'佛'这个名词，代表了修行目标。念佛是念念在心，深求佛的实义，也就是启悟自己的觉性，自成佛道的。"③ 六祖惠能在《坛经》则主张净心念摩诃般若波罗蜜多，其实，般若正智实乃真如之用，如来即是诸法如义，念般若就是念佛，所以六祖讲的念佛就是念般若，念真如实相。而六祖认为"菩提般若之智，世人本自有之"，所以念佛也就是念自性佛，念自性般若。因此，《坛经》特别强调自性自度。印顺法师亦说："二、四祖、五祖、六祖，凡自认达摩系的禅，'念佛'、'净心'的方便，极为

---

① （唐）净觉：《楞伽师资记》，《大正藏》第85册，第1290页上—中。
② 《文殊师利所说摩诃般若波罗蜜经》卷下，《大正藏》第8册，第731页上—中。
③ 释印顺：《净土与禅》，载《印顺法师佛学著作集》第17册，中华书局2009年版，第202页。

普遍，也有不念佛、不看心、不看净的。然有一共同点，即从自心中自净成佛道。'念佛'，浅的是称念佛名（一字佛），深的是离念或无念就是佛。'念佛'是自力，而不是仰凭佛力以求往生净土的。"①

因此，六祖大师的念佛，还是以念自性佛，以自力为主。那么，面对韦刺史所提出的依靠弥陀他力往生西方净土的问题，六祖大师是如何回答的呢？《坛经·疑问第三》云：

> 师言："使君善听，惠能与说。世尊在舍卫城中，说西方引化经文，分明去此不远。若论相说里数，有十万八千，即身中十恶八邪，便是说远。说远，为其下根；说近，为其上智。人有两种，法无两般。迷悟有殊，见有迟疾。迷人念佛，求生于彼；悟人自净其心。所以佛言：'随其心净，即佛土净。'使君东方人，但心净即无罪。虽西方人，心不净亦有愆。东方人造罪，念佛求生西方；西方人造罪，念佛求生何国？凡愚不了自性，不识身中净土，愿东愿西，悟人在处一般。所以佛言：'随所住处恒安乐。'使君心地但无不善，西方去此不遥。若怀不善之心，念佛往生难到。今劝善知识，先除十恶，即行十万；后除八邪，乃过八千。念念见性，常行平直，到如弹指，便睹弥陀。使君但行十善，何须更愿往生。不断十恶之心，何佛即来迎请？若悟无生顿法，见西方只在刹那。不悟，念佛求生，路遥如何得达？"

这段话很重要，可以从以下几个层面来理解。首先，六祖大师并未否定西方净土，而是肯定了释迦牟尼佛曾在舍卫城说了西方净土的法门。谈到西方净土的经典有很多，但净土宗所宗的主要经典有"五经一论"之说，分别为：《佛说阿弥陀经》《佛说无量寿经》《佛说观无量寿佛经》《楞严经·大势至菩萨念佛圆通章》《华严经·普贤行愿品》以及世亲菩萨所造之《往生论》。《坛经》这里讲的"西方引化经文"应是指《佛说阿弥陀经》，因为此经正是佛在舍卫城所说，而净土宗所宗之《佛说无量

---

① 释印顺：《净土与禅》，载《印顺法师佛学著作集》第17册，中华书局2009年版，第215页。

寿经》和《佛说观无量寿佛经》皆是在王舍城所说。其次，六祖大师认为净土就在自心之中。他认为一个悟了道的人，能够自净其心，并引《维摩诘经》的经文"随其心净，则佛土净"为证，也即自净其心的人，其所依报的环境也会成为清净庄严的净土。所以，悟人去哪都是净土，不需要愿东愿西，最要紧的是在于自净其心，开发自性净土，这与禅宗一直强调自力自度、念自心佛是一致的。最后，六祖大师站在自性净土的角度，对于西方净土的论述在表面文字上与净土宗的经典有许多不一致的地方。这些不一致的地方表现在以下几个方面。

（1）《坛经》中六祖说西方净土距此娑婆世界"里数有十万八千"，而《佛说阿弥陀经》则明说："从是西方过十万亿佛土，有世界名曰极乐。其土有佛，号阿弥陀，今现在说法。"[1]《佛说无量寿经》亦说："法藏菩萨今已成佛，现在西方，去此十万亿刹，其佛世界名曰安乐。"[2] 可见净土宗经典认为西方净土离此娑婆世界有十万亿佛土，而非十万八千里。

（2）《坛经》说："东方人造罪，念佛求生西方；西方人造罪，念佛求生何国？"也即西方净土中人也会造罪。但《佛说阿弥陀经》说"极乐国土众生生者，皆是阿鞞跋致"[3]。"阿鞞跋致"意为不退。也即生在西方极乐国土的众生皆不会退转，窥基的《阿弥陀经通赞疏》云："问：'生居净土何故不退？'答：'无五退缘故：一、无病苦缠故；二、无违行故；三、常诵经法；四、常营善事；五、长和顺无诸违诤事，所以不退。此界人多退，反此应知。又有欲境所牵，多诸退屈也。'"[4] 也即西方阿弥陀佛净土没有让众生退转的缘，即缺缘不退，并不是一往生就证得八地菩萨。当然，若是根据《佛说观无量寿佛》中的往生九品位次之说，因不同众生往生的位次不一，不退就包括"信不退""位不退""证不退""行不退""烦恼不退"等不同层次的内涵。在《佛说无量寿经》阿弥陀佛的四十八大愿中，亦有"设我得佛，国有地狱、饿鬼、畜生者，不取

---

[1] 《佛说阿弥陀经》，《大正藏》第12册，第346页下。
[2] 《佛说无量寿经》卷上，《大正藏》第12册，第270页上。
[3] 《佛说阿弥陀经》，《大正藏》第12册，第347页中。
[4] （唐）窥基：《阿弥陀经通赞疏》卷中，《大正藏》第37册，第342页下。

正觉。设我得佛，国中人天寿终之后复更三恶道者，不取正觉。……设我得佛，国中人天乃至闻有不善名者，不取正觉"①。西方净土的众生不会再堕入三恶道，甚至连"不善"的名都没有。此经又说："为德立善，正心正意，斋戒清净一日一夜，胜在无量寿国为善百岁。所以者何？彼佛国土无为自然，皆积众善，无毛发之恶，于此修善十日十夜，胜于他方诸佛国中为善千岁。所以者何？他方佛国为善者多、为恶者少，福德自然，无造恶之地。唯此间多恶无有自然，勤苦求欲转相欺殆，心劳形困饮苦食毒，如是匆务未尝宁息。"②之所以在此娑婆世界修行一日一夜胜于在西方净土修行百岁，是因为，在西方净土的众生无毛发之恶，也就难以修行布施、持戒、忍辱等菩萨行。因此，从净土宗的经典来看，西方净土的众生不会再造恶，也不会再堕入三恶道，甚至连"不善"之名也没有，而这与《坛经》的说法是不一致的。

(3)《坛经》说："若怀不善之心，念佛往生难到。"又说："不断十恶之心，何佛即来迎请？"可见《坛经》认为十恶不善之人难以往生。十恶不善之人可不可以往生净土？不同的经典也有不同说法。在《佛说阿弥陀经》中认为"不可以少善根福德因缘，得生彼国"③。《佛说无量寿经》亦有："设我得佛，十方众生至心信乐欲生我国，乃至十念，若不生者，不取正觉，唯除五逆、诽谤正法。"④《佛说观无量寿佛经》则有："欲生彼国者，当修三福：一者孝养父母，奉事师长，慈心不杀，修十善业。二者受持三归，具足众戒，不犯威仪。三者发菩提心，深信因果，读诵大乘，劝进行者。如此三事名为净业。"⑤ 从这几段话来看，其说法与《坛经》差不多，十恶不善之人难以往生。但是在《佛说观无量寿佛经》所谈到的下品往生中，即使是造众恶业的众生也可以往生，其中尤以下品下生的说法较为经典："下品下生者，或有众生作不善业，五逆、十恶，具诸不善。如此愚人以恶业故，应堕恶道，经历多劫，受苦无穷。如此愚人临命终时，遇善知识，种种安慰，为说妙法，教令念佛，彼人苦逼不遑念佛。善友告言：'汝

---

① 《佛说无量寿经》卷上，《大正藏》第12册，第267页下—268页上。
② 《佛说无量寿经》卷下，《大正藏》第12册，第277页下。
③ 《佛说阿弥陀经》，《大正藏》第12册，第347页中。
④ 《佛说无量寿经》卷上，《大正藏》第12册，第268页上。
⑤ 《佛说观无量寿佛经》，《大正藏》第12册，第341页下。

第五章　自性净土与西方净土不二　/　169

若不能念彼佛者,应称归命无量寿佛。'如是至心令声不绝,具足十念,称南无阿弥陀佛。称佛名故,于念念中,除八十亿劫生死之罪。命终之时见金莲花,犹如日轮,住其人前,如一念顷,即得往生极乐世界。于莲花中满十二大劫,莲花方开。当花敷时,观世音、大势至以大悲音声,即为其人广说实相,除灭罪法。闻已欢喜,应时即发菩提之心。是名下品下生者。"① 即使是犯下五逆、十恶之人,命终至心念南无阿弥陀佛,具足十念,也得往生西方净土。佛经中的不同说法应该是针对不同根机的人说的,历代的佛教祖师对这个问题也多有讨论,如窥基大师说:"十念得生净土,接引懈怠众生;却谈多善因缘,乃被精进勤学者。或广或略,理不相违。"② 可以说,《佛说观无量寿佛经》所说的下品往生是专门给恶人说的,是没办法的办法,佛陀在讲法的时候,还是会多提倡多行善法而争取中、上品往生,若是专讲下品往生,就会使人懈怠造恶。这一点,印顺法师说得很明白:"所以《观无量寿佛经》的恶人往生,经文非常明白,是临命终时,再没有别的方法;确能回心向善的,这才临终十念,即得往生。如平时或劝人平时修行念佛的,决不宜引此为满足,自误误人!这譬如荒年缺粮,吃秕糠也是难得稀有的了。在平时,如专教人吃秕糠,以大米白面为多事,这岂不是颠倒误人!"③ 所以,总的来说,净土宗的经典还是认为十恶不善之人也是可以下品往生西方净土的,这与《坛经》说十恶不善之人难以往生亦有出入。

实际上,上述三处《坛经》和净土宗经典的表明文字冲突之处,归根到底还是:侧重证自心净土的自性净土与侧重弥陀他力往生的西方净土之间的矛盾。对于这些表面冲突,历史上许多佛教祖师已有辩解,贾题韬居士亦说:"六祖大师在《坛经》中有关净土的开示,与其说是批评念佛,不如说是提持禅宗,也就是用禅宗的方法,达到和超过念佛法门所希望达到的目的。"④ 我们认为,《坛经》是站在自性净土的角度,特别提倡自净其心,见自心净土,侧重于法性净土的证得,所以在文字上就显得特别强调

---

① 《佛说观无量寿佛经》,《大正藏》第12册,第346页上。
② (唐)窥基:《阿弥陀经通赞疏》卷中,《大正藏》第37册,第343页中。
③ 释印顺:《净土与禅》,载《印顺法师佛学著作集》第17册,中华书局2009年版,第55—56页。
④ 贾题韬:《转识成智——贾题韬与佛学》,四川人民出版社1999年版,第111页。

自力而不重视他力，所谓矫枉必须过正；而净土宗则侧重弥陀他力加持，从报化身净土入手，先往生西方净土进而再证得自性净土。虽然侧重不一，不掩原理相同。这也是本章下文将要论述的重点所在。

第二节　自性净土与西方净土的内涵

一　三身净土的内涵

在论述自性净土和西方净土之前，我们首先应当清楚"净土"一词在佛教中的内涵。土即国土，这个"国"并不是指国家之国，而是指世界的意思，如佛教认为我们这个地球即是娑婆世界的一部分。净指清净庄严，与染污、垢秽相对。净土是指清净庄严的世界，也即是一个充满真、善、美的地方。从佛典的记载来看，净土的自然环境大致有四个特征：（1）平坦。也即少有高低不平的地方，更别说荆棘沙砾的存在。（2）整齐。净土中的树木大多很整齐，枝叶相对。（3）洁净。净土中是没有污垢的，池中大多栽满各种颜色的莲花，池底也是金沙铺成，没有泥垢。（4）富丽堂皇。净土中的街道、楼阁等都是以金、银、琉璃、砗磲、玻璃、赤珠、玛瑙等装饰而成，还有七宝池、八功德水，池中莲花各色各样，大如车轮，微妙香洁。当然，净土的环境也不一定就只是这样，这些描述旨在表明净土的自然环境是极为优美的。净土除了自然环境的优美，更重要的是人文环境的优美，净土众生的内心非常高尚，物质极大丰富，不存在偷盗、杀生、邪淫、妄语等罪恶现象，没有私有财产、怨敌、强弱，甚至连男女之别也没有。大家都在佛菩萨的教化下，共同努力向前，以求内心更为净化、智慧更为广大、功德更加圆满。中国古代也有大同世界的说法，西方亦有乌托邦之说，这种清净优美的世界应该是古今人类的共同追求吧。

佛教中所描述的净土的"净"除了自然环境的优美，最重要的还是指净土中所居众生内心的清净。根据佛教依正不二[①]的原则，只有正报心

[①]《菩萨璎珞本业经》卷上说："若凡夫众生，住五阴中，为正报之土；山林大地共有，为依报之土。"（《菩萨璎珞本业经》卷上，《大正藏》第24册，第1016页上。）众生内在身心五蕴与外在依报之国土是不一不异的。

灵之清净，才会感得依报环境之优美，这也是《维摩诘经》所讲"心净则佛土净"的意思。在《维摩诘经》中还以一个非常神奇的故事来说明这个道理：

> 尔时舍利弗，承佛威神作是念："若菩萨心净则佛土净者，我世尊本为菩萨时意岂不净？而是佛土不净若此？"佛知其念，即告之言："于意云何？日月岂不净耶？而盲者不见。"对曰："不也，世尊。是盲者过，非日月咎。""舍利弗！众生罪故，不见如来佛土严净，非如来咎。舍利弗！我此土净而汝不见。"尔时螺髻梵王语舍利弗："勿作是意！谓此佛土以为不净。所以者何？我见释迦牟尼佛土清净，譬如自在天宫。"舍利弗言："我见此土，丘陵坑坎荆棘沙砾，土石诸山秽恶充满。"螺髻梵言："仁者心有高下，不依佛慧故，见此土为不净耳。舍利弗！菩萨于一切众生，悉皆平等，深心清净，依佛智慧则能见此佛土清净。"于是佛以足指按地，即时三千大千世界若干百千珍宝严饰，譬如宝庄严佛无量功德宝庄严土，一切大众叹未曾有，而皆自见坐宝莲华。佛告舍利弗："汝且观是佛土严净。"舍利弗言："唯然，世尊！本所不见，本所不闻，今佛国土严净悉现。"佛语舍利弗："我佛国土常净若此，为欲度斯下劣人故，示是众恶不净土耳。譬如诸天共宝器食随其福德饭色有异，如是，舍利弗！若人心净，便见此土功德庄严。"①

引文简单易解，舍利弗因其过去业力之果报而见此国土丘陵坑坎、秽恶充满；而螺髻梵王因自身的福报，则见此国土如大自在天宫那么美妙；最后舍利弗等在佛陀的加持下，见到了三千大千世界即是清净庄严的佛土，因为佛陀所见之土一直都是这样，盲者不见日月，非日月咎，乃盲者过也。换言之，每个人因自心之清净程度不一，所见到的国土也就净秽有别。这"心净则佛土净"的思想即是佛教净土所产生的原理。

所以，净土一般是自心清净者所感得的国土，当然其中内心最清净的即是佛陀。那么，根据佛的法、报、化三身，相应也就有三身净土。

---

① 《维摩诘所说经》卷上，《大正藏》第14册，第538页下。

关于佛的三身，《成唯识论》《佛地经论》都有较为详细的论述。如《成唯识论》卷十云：

> 一，自性身。谓诸如来真净法界，受用、变化平等所依，离相寂然绝诸戏论，具无边际真常功德，是一切法平等实性。即此自性亦名法身，大功德法所依止故。二，受用身。此有二种：一、自受用，谓诸如来三无数劫修集无量福慧资粮所起无边真实功德，及极圆净常遍色身，相续湛然尽未来际，恒自受用广大法乐。二、他受用，谓诸如来由平等智示现微妙净功德身，居纯净土为住十地诸菩萨众现大神通转正法轮决众疑网，令彼受用大乘法乐。合此二种名受用身。三，变化身。谓诸如来由成事智变现无量随类化身，居净秽土为未登地诸菩萨众、二乘异生称彼机宜现通说法，令各获得诸利乐事。①

《成唯识论》这里是从法身的角度来说三身，所以广义的法身其实可以包括三身。而狭义的法身则指这里讲的"自性身"。所以自性身（法身）即是一切法平等实性，也即真如实相。受用身分为自受用身和他受用身，令自他受用种种大法乐。其中的自受用身，是佛陀修行三无数大劫的果报体，为佛自身受用；他受用身则是为了度化登地菩萨而显现的。变化身则为度化地前菩萨而随机示现的。因为佛有三身，相应的就有三身所居之土，《成唯识论》卷十云：

> 又自性身依法性土，虽此身土体无差别，而属佛法相性异故。此佛身土俱非色摄，虽不可说形量小大，然随事相其量无边，譬如虚空遍一切处。自受用身还依自土，谓圆镜智相应净识由昔所修自利无漏纯净佛土因缘成熟，从初成佛尽未来际相续变为纯净佛土，周圆无际众宝庄严，自受用身常依而住。如净土量身量亦尔，诸根相好一一无边，无限善根所引生故。功德智慧既非色法，虽不可说形量大小，而依所证及所依身亦可说言遍一切处。他受用身亦依自

---

① 《成唯识论》卷十，《大正藏》第 31 册，第 57 页下—58 页上。

土，谓平等智大慈悲力由昔所修利他无漏纯净佛土因缘成熟，随住十地菩萨所宜变为净土，或小或大或劣或胜，前后改转，他受用身依之而住，能依身量亦无定限。若变化身依变化土，谓成事智大慈悲力由昔所修利他无漏净秽佛土因缘成熟，随未登地有情所宜化为佛土，或净或秽或小或大，前后改转，佛变化身依之而住，能依身量亦无定限。①

首先，佛陀自性身（法身）所依之土为法性净土，也可称为自性净土，这种身土远离大小、长短等种种二边，非色蕴所摄而遍一切处。法性净土实际上就是佛菩萨证得真如法身之后开显的净土，如窥基大师说："若法性土者，即是无垢真如，自性清净第一义空，本来湛然不假修成，为一切法之所依止，无一佛出世间法不有，名性净土。凡圣同有，凡夫尚隐，诸佛明显。"② 因我人皆有真如法身，所以法性净土亦是众生本具，只是凡夫隐而不显。法性净土登地菩萨分证法身即可获得，而以佛陀的最为圆满。天台宗把这种法性净土称为常寂光土，如天如禅师在《净土或问》中说："常寂光土者，妙觉极智所照如如法界之理，名之为国，亦名法性身，但真如佛性，非身非土而说身土。"③ 这种法性净土或常寂光土，为佛菩萨所自知，是一种不共土。

其次，自受用净土，是佛历经三无数大劫修行之自受用身所居，是佛陀的大圆镜智相应之无漏识所变，是纯无漏之净土，虽非色法而遍一切处。这种净土其他佛菩萨亦不可见，但得听闻，唯佛自受用，也是佛的报身净土。

再次，他受用净土，是佛陀因平等性智之大慈悲力，为了度化地上菩萨而所变的净土，亦是纯无漏土，为他受用身所居。实际上，这种净土是菩萨业力所感，佛陀则随菩萨机宜作增上缘而现的净土，是佛与菩萨的共土，也可以看作登地菩萨的报身土。因此，不同的菩萨因自身的智慧功德不一样，所见之净土也就不同。《净土或问》云："实报无障碍

---

① 《成唯识论》卷十，《大正藏》第31册，第58页中—下。
② （唐）窥基：《阿弥陀经疏》，《大正藏》第37册，第311页中。
③ （元）天如则：《净土或问》，《大正藏》第47册，第294页下。

土者，无有二乘，纯法身菩萨所居，破无明，显法性，得真实果。而无明未尽，润无漏业，受法性报身，亦名果报国。"① 所以这他受用土相当于天台宗所说的实报庄严土或实报无障碍土。

最后，化身土是佛陀为了度化地前众生而随机变现的，为佛之变化身所居。化身土有净也有秽，当然，对于佛陀来说，都是纯无漏的，但对于所度之众生来说，则因自身业力之染净，其所依之土也有秽净之别。因此，化身土是化身佛与众生的共土，因众生业力不同，其所见之土亦有差别。这相当于天台宗所谓的凡圣同居土和方便有余土，如太虚大师云："变化净土，在天台教，即所谓凡圣同居与方便有余净土是也。此为佛菩萨应六道凡夫与二乘贤圣之机，所示现之清净佛土也。"②

因此，从佛之三身的角度，大致可以将净土分为法性净土、自受用净土、他受用净土和化身土，其中化身土随众生机宜则有净、秽之别。这四种净土，未证真如法身的凡夫无法依靠自力显现净土，只有登地之后的菩萨和佛才能依自力证法性净土，从而变现报身净土，而其中所依据的原理就是心净则国土净、心染则国土染，也即依正不二的道理。

二 《坛经》侧重于自性净土

在本书第一、二两章中已经谈到，《坛经》特别强调证见真如本性而成就法身佛，相应地，从所得净土方面来说，《坛经》也就特别重视上述四种净土中的法性净土，也即常寂光土。《楞严经》谈到真心与万法之间的关系时说，"色身外洎山河虚空大地，咸是妙明真心中物"③，并认为此真心非五蕴、十二入、十八界，而又即五蕴、十二入、十八界，此真心是离一切相，即一切法，也就是心、土不二的意思。在《坛经·般若第二》中，六祖亦认为"世界虚空，能含万物色像。日月星宿，山河大地，泉源溪涧，草木丛林，恶人善人，恶法善法，天堂地狱，一切大海，须弥诸山，总在空中。世人性空，亦复如是。善知识，自性能含万法是大，

---

① （元）天如则：《净土或问》，《大正藏》第47册，第294页中—下。
② 释太虚：《佛说无量寿要义》，载《太虚大师全书》第16册，宗教文化出版社2005年版，第5页。
③ 《大佛顶如来密因修证了义诸菩萨万行首楞严经》卷二，《大正藏》第19册，第110页下。

万法在诸人性中"。也即一切万法都不离自心本性,我人所依报之国土自然也不离自性。这里六祖所说的"性""自性"便与《楞严经》所说的"妙明真心"相当。六祖进一步把修行落在我人现前的自心本性之上,认为"菩提般若之智,世人本自有之,只缘心迷,不能自悟",又说"若识自心、见性,皆成佛道""若识自性,一悟即至佛地"等。从智如不二的角度来看,证见真如本性,实际上也就是开发自心般若之智,所证为真如,能证即是自心的般若智慧。所以,证真如法身得法性净土,实际上也就是开显自性净土、自心净土。此土并非离开我人自心而别有一土,而是心、土非一非异。

那么,如何才能开显这自性净土呢?《坛经》认为应当依自力自净其心而顿悟真如本性,即可见自性净土。《坛经》中的六祖惠能就是从这个角度回答韦刺史的问题的,如云"迷人念佛,求生西方;悟人自净其心,……凡愚不了自性,不识身中净土,愿东愿西,悟人在处一般",也就是说,未悟道的迷人念佛求生西方,而对于悟了道的人则能自净其心,识自心净土,那么也就南北东西,在在处处,皆是寂光妙土,所以,"若悟无生顿法,见西方只在刹那"。接着,六祖惠能从自性净土的角度为大众从本质上讲解了西方净土:

> 自性迷即是众生,自性觉即是佛。慈悲即是观音,喜舍名为势至,能净即释迦,平直即弥陀。人我是须弥,邪心是海水,烦恼是波浪,毒害是恶龙,虚妄是鬼神,尘劳是鱼鳖,贪嗔是地狱,愚痴是畜生。善知识,常行十善,天堂便至。除人我,须弥到。去邪心,海水竭。烦恼无,波浪灭。毒害忘,鱼龙绝。自心地上觉性如来,放大光明。外照六门清净,能破六欲诸天。自性内照,三毒即除。地狱等罪,一时消灭。内外明彻,不异西方。不作此修,如何到彼?(《疑问第三》)

"慈悲喜舍"不仅是大、小乘佛教共同修行的四种法门,也是外道婆罗门教修行的禅定。但是大乘佛教在修行慈悲喜舍四无量心时,最重要的还是要以空性无生之正见贯穿其中,既无能观之我,亦无所观之众生,这样修出来的慈心等观,才是真正的无缘大慈、大悲、大喜、大舍。"能净"指能自清净之心,"平直"指与空性相应的能所平等正直之心。这几句话其实可以看作一种互文的修辞手法,因为悟道的佛及大菩萨,都是因为自净其心并充满慈悲喜舍的。惠能大师短短几句便点出了观世音、大自在菩萨以及释迦牟尼佛和阿弥陀佛的本质特征,其实就在于能自净其心,在自心中做到慈悲喜舍、平等正直。而下面几句则点出了恶龙、鬼神、鱼鳖、地狱、畜生等三恶道众生的本质就在于自心的毒害、虚妄、尘劳、贪嗔和愚痴。而当众生有贪嗔痴等染污心理状态时,当下即是饿鬼、畜生和地狱的状态。而当众生将贪、嗔、痴等恶法完全破除,就能转染成净,使六识出六门,了了分明而清净污染,当下即悟道成就自性净土,当下便与西方净土无异,就如《维摩诘经》中舍利弗所见国土为秽恶充满,而释迦牟尼佛所见之国土当下即是清净庄严的妙土。这其中的原理依然还是依正不二的道理。可见,惠能这里确实侧重于自净其心,成就自性净土,而不重他力加持往生西方净土。

  需要注意的是,《坛经》只是侧重自性净土或法性净土的证得,并非就只讲自性净土而否定其他净土。实际上,证得法性净土,自然也就会获得报化身净土,三身不相离,三身净土亦不相异。而且禅宗人因所证有深有浅,所获净土亦有胜有劣。前文已述,惠能并未否定西方净土的存在,亦未否定报身、化身净土的存在。六祖在《忏悔第六》和《机缘第七》中都谈到了报、化身佛,如云:"法身本具,念念自性自见,即是报身佛,从报身佛思量,即是化身佛。"可见《坛经》中惠能依然还是从自性的角度阐释法、报、化三身。这和《成唯识论》卷十将自性身、受用身和变化身摄归法身有异曲同工之妙。

三 西方净土侧重于化身和他受用身净土

  佛经中记载西方净土是当年法藏比丘发四十八大愿,经历无数劫的修行所成就的清净佛国,法藏所成之佛即名阿弥陀佛,所成之净土即是西方极乐世界。现今很多普通民众以为西方净土就像天堂一样,是一个供人享乐的地方,这其实误解了佛教的净土思想。佛教认为往生西方净土,首先当发上求佛道、下化众生的菩提心,去往西方净土并非为了享乐,而是要去亲近善友,在一个优美的环境中以求更好、更快地学习佛法,将来学成本领,再倒驾慈航去度化无量的众生。西方阿弥陀佛净土属于法性土、受用土和化身土中哪一种呢？古代佛教祖师对这个问题多有讨论，大致可以分为三种观点。如唐代怀感大师在《释净土群疑论》设问自答道：

> 问曰："今此西方极乐世界，三种土中，是何土摄？"
>
> 释曰："此有三释：一是他受用土，以佛身高六十万亿那由他恒河沙由旬，其中多有一生补处，无有众苦但受诸乐等故，唯是于他受用土；二言，唯是变化土，有何圣教？言佛高六十万亿那由他恒河沙由旬等，即证是于他受用身土，何妨净土变化之身高六十万亿那由他恒河沙由旬？以《观经》等皆说为凡夫众生往生净土，故知是变化土；三通二土，地前见变化土，地上见他受用土，同其一处，各随自心，所见各异，故通二土，由此经言，是阿弥陀佛非凡夫境，当作丈六观也。"①

第一种观点认为：西方阿弥陀佛净土是他受用土。因为《佛说观无量寿佛经》中描述阿弥陀佛是"佛身高六十亿那由他恒河沙由旬，眉间白毫右旋宛转，如五须弥山，佛眼清净如四大海水，清白分明，身诸毛孔演出光明，如须弥山"②。非常之相好庄严，而往生西方净土的又多有一生补处菩萨，所以是他受用净土。第二种观点认为：西方净土是变化身土。虽然《观经》说阿弥陀佛身高六十亿那由他恒河沙由旬，但也并不妨碍说是化身。佛身高矮并不能作为判定西方净土是否属于他受用土的标准，况且经中也指出许多凡夫众生往生西方净土，而地前凡夫只能见到佛的化身。第三种观点则是前两种观点的结合，也即往生的地前众生则见阿弥陀佛之变化土，地上菩萨则见他受用土。

当然其中还有一些疑问，比如说第一种观点，如果西方净土是他受用土，那么地前众生如何得往生？怀感大师认为地前菩萨虽然不能如登地菩萨依靠自力变现微妙的净土，"然以阿弥陀佛殊胜本愿增上缘力，令彼地前诸小行菩萨等，识心虽劣，依托如来本愿胜力，还能同彼地上菩

---

① （唐）怀感：《释净土群疑论》卷一，《大正藏》第47册，第31页上—中。
② 《佛说观无量寿佛经》，《大正藏》第12册，第343页中。

萨所变净土，微妙广大清净庄严亦得见，故名生他受用土"①。因此依靠不可思议之佛力加持，地前菩萨也可以像地上菩萨那样见到清净庄严的净土，方便称之为"他受用土"。太虚大师也曾说到这个问题："平常得生净土，须至初地菩萨方能成就自他受用净土，其所成之净土乃由修行至其地位自然而成，非一发愿即可往生。吾人欲生极乐净土，不必须修满净土之因，可但由发愿往生而得。此虽于寻常所讲'非有所修之因，不成所证之果'之因果律，有所相违，然佛法中有五不思议事，此不假修因——非不要念佛，是说不须如修初地菩萨之行，得初地所成自他受用土——得生净土，即五不思议中之愿力不思议。"② 也就是说，一般经论中所说的初地以上才得生自他受用净土，是依据自力来说的，但净土宗特别强调佛之本愿他力，依佛力加持，凡夫众生也可往生得见净土。

  对于上述三种观点，总的来说，以第三种观点更加准确一些。如唐代窥基大师在《阿弥陀经疏》中讲道："西方有二土，若登地菩萨各见他受用土，若地前生者便见化土。"③ 明代蕅益大师虽然认为西方净土指凡圣同居土，但是亦包括方便有余土、实报庄严土和常寂光土，如其云："今云极乐世界，正指同居净土，亦即横具上三净土也。"④ 实际上，在《佛说观无量寿佛经》中讲述了往生的九种品位，在唐代善导大师的《观无量寿佛经疏》以及怀感大师的《释净土群疑论》中都对往生九品位次进行了详细的辩论与解说：有的认为上品往生都是地前菩萨；有的认为上品上生才是地前菩萨；有的认为上品上生是十行十回向，上品中生是十住，上品下生是十信位等等，总共有五六种不同的观点。怀感大师认为，对上品往生之所以有不同的说法，"以无生法忍经论判位或下或上"。因为《观经》中谈到上品上生的菩萨"闻已即悟无生法忍"，上品中生的菩萨则"经一千小劫得无生法忍"，上品下生的菩萨"经三小劫得百法明门，住欢喜地"，而各种经论对于无生法忍的判位是有出入的，所以就有不同的说法了。考虑到马鸣、龙树等登地菩萨皆发愿往生西方净土，那

---

① （唐）怀感：《释净土群疑论》卷一，《大正藏》第47册，第31页中。
② 释太虚：《往生净土论讲要》，载《太虚大师全书》第16册，宗教文化出版社2005年版，第258页。
③ （唐）窥基：《阿弥陀经疏》，《大正藏》第37册，第311页下。
④ （明）智旭：《佛说阿弥陀经要解》，《大正藏》第37册，第367页上。

么实际上不管哪种说法，从九品位次来看，都有登地菩萨和地前菩萨往生净土。当然，实际上往生的品位远不止九品那么简单，无量的众生往生必然有无量位次的差别，只是以九品代指而已。因此，西方净土应该是他受用土和变化土，其中地前菩萨见阿弥陀佛的化土，地上菩萨见他受用土。

第三节　自性净土与西方净土不矛盾

一　三身净土非即非离

前文已经谈到《坛经》的自性净土是侧重于自力角度的自性净土（法性净土），阿弥陀佛的西方净土是侧重于化身净土和他受用净土。那么这几种净土之间的关系是什么呢？首先，我们来看法报化三身之间的关系。在《坛经》中六祖谈道："三身者，清净法身，汝之性也；圆满报身，汝之智也；千百亿化身，汝之行也。若离本性，别说三身，即名有身无智。"也即三身都不离众生之自心本性，可以说三身是从不同的三个侧面在描述自心本性。《成唯识论》《佛地经论》等皆认为三身可以摄归四智，这一点在前文论述"《坛经》与唯识学"时已经谈到，大致可以认为大圆镜智摄自受用身，平等性智摄他受用身，成所作智摄变化身，而法身则是作为四智所证之清净法界的理体，也就是六祖大师所说的"汝之性也"，此"性"指一切法之平等实性。因此，从唯识学的角度看，三身亦不离自心之般若智慧，这和六祖所说的三身不离自心本性是一致的。也就是说，三身本来只是自心本性之不同层面，并非三个独立的、互不相同的东西，如六祖在《付嘱第十》中说道："法身报身及化身，三身本来是一身。"

在《摄大乘论本·彼果智分》中分别从相、证得、自在、依止、摄持、差别、德、甚深、念、业等十个方面详细阐释了法身的广大甚深之义。我们来看一下《摄论》中谈到的法身之德："应知法身几德相应？谓最清净四无量、解脱、胜处、遍处、无诤、愿、智、四无碍解、六神通、三十二大士相、八十随好、四一切相清净、十力、四无畏、三不护、三念住、拔除习气、无忘失法、大悲、十八不共佛法、一切相妙智等功德相应。……诸佛法身与如是等功德相应，复与所余自性、因、果、业、相应、转功德相应，是故应知诸佛法身无上功德。"① 从其中的法身之德的层面来看，这其实是讲的受用身的种种智慧功德。法身本来无可言说，但是《摄论》却从十个层面来言说法身的特点，这其实是以体摄用、借用显体，将受用身和化身佛都包含在内，可谓三身本不相离。而《摄论》在阐释了法身的十个方面之后，紧接着又从六个层面论述了受用身非自性身（自性身即法身②）、从八个角度阐释了变化身非自性身（法身）。兹举其中的受用身非自性身为例："何故受用身非自性身？由六因故，一、色身可见故；二、无量佛众会差别可见故；三、随胜解见自性不定可见故；四、别别而见自性变动可见故；五、菩萨、声闻及诸天等种种众会间杂可见故；六、阿赖耶识与诸转识转依非理可见故。佛受用身即自性身，不应道理。"③ 也即受用身佛有色身，而法身佛只是色身之实性；受用身佛为度化地上菩萨可显现为无量清净众会，法身佛则无差别相；地上菩萨可随各自胜解不同见到不同受用身佛，法身佛则平等周遍；每一位菩萨随着自身功德智慧的前后变化，见到的受用身佛也不一样，而法身佛则无有变异；在受用身佛的众会中，有菩萨、声闻、天、龙等不同众生间杂在一起，而法身无此间杂；阿赖耶识转为法身佛，前七转识转为受用身佛。由这六种情况，法身不能等同于受用身。也即《摄论》此处是对用显体，突出了法身佛的无为特点，可谓三身本不相即。由此，我们便可以得出一个结论：三身佛本来不即不离，非一非异。

关于三身佛非一非异的道理，明代蕅益大师在《佛说阿弥陀经要解》中也说得很明白：

>　　大乘经皆以实相为正体。……实相之体非寂非照，而复寂而恒照、照而恒寂。照而寂，强名常寂光土；寂而照，强名清净法身。又照寂强名法身，寂照强名报身。又性德寂照名法身，修德寂照名报身。又修德照寂名受用身，修德寂照名应化身。寂照不二，性修

---

① 《摄大乘论本》卷下，《大正藏》第 31 册，第 150 页上—中。
② 《摄大乘论本·彼果智分》已经明言："自性身者谓诸如来法身，一切法自在转所依止故。"
③ 《摄大乘论本》卷下，《大正藏》第 31 册，第 151 页中—下。

不二，身土不二，无非实相，实相无二亦无不二。①

蕅益大师这里是从实相非寂非照而又即寂即照的角度入手，阐明三身佛非一非异的道理。从实相侧重于"寂"的角度，可名法身佛，从侧重于"照"的角度可名报、化身佛，但寂与照又何曾相离，离开"寂"没有孤零零的"照"，离开"照"也没有孤零零的"寂"，三身佛的关系也是如此。

在明白了三身佛的关系，我们很自然地就清楚了三身净土之间的关系，三身净土也是不一不异的关系。近代太虚大师在《往生净土论讲要》中也提到："极乐世界是阿弥陀佛之化土，然化土即报土，报土即法性土；法性即真如、实相、一真法界，是第一义谛妙境界相，故曰：彼无量寿佛土庄严，第一义谛妙境界。佛之三身、依正二报，本不可分，三身即一身，三土即一土，而后人妄执分别，以为化佛非报佛，报化土非法性土，不知化佛必依法、报佛而起，法、报佛必为化佛之所依。"② 太虚大师这里认为西方净土是化身土，跟蕅益大师的观点较为接近，但实际上他们也都认同三土即一土，化身必依法、报佛而起，和窥基大师的观点其实没有本质的不同。既然三身土非一非异，《坛经》所讲的自性净土和净土宗讲的西方净土也就没有二致了。

二 达实相念佛即证自性净土

净土宗最重要的修行方式就是念佛，但念佛其实可以分为三种：称名念佛、观想念佛和实相念佛。在《阿含经》中佛陀就常教弟子们念佛、念法、念僧。净土宗的称名念佛即是念阿弥陀佛之名，《佛说阿弥陀经》中说执持阿弥陀佛名号，若一日、若二日、若三日、若四日、若五日、若六日、若七日，一心不乱，到临命终时，心不颠倒，就可以往生西方弥陀净土。《佛说观无量寿经》也说下品下生的人以至心具足十念，称南无阿弥陀佛，也能往生西方极乐世界。观想念佛则是配合禅定而观想西

---

① （明）智旭：《阿弥陀经要解》，《大正藏》第37册，第364页上—中。
② 释太虚：《往生净土论讲要》，载《太虚大师全书》第16册，宗教文化出版社2005年版，第249页。

方极乐净土之清净,以及佛的相好庄严、智慧、功德、光明等,这在《观经》中有详细记载。中国的净土宗,在东晋时期庐山的慧远大师念佛还是以观想念佛为主,到北魏昙鸾开始注重称名念佛,到唐代善导大师,传说念一声佛号就出一道金光,是非常有名的称名念佛的大师。不过,佛典中还有一种念佛,叫作实相念佛,是念诸法实相,如《佛藏经》说:

> 舍利弗!云何名为念佛?见无所有,名为念佛。舍利弗!诸佛无量不可思议,不可称量,以是义故,见无所有,名为念佛;实名无分别,诸佛无分别,以是故言,念无分别,即是念佛。复次,见诸法实相名为见佛,何等名为诸法实相?所谓诸法毕竟空无所有,以是毕竟空无所有法念佛。复次,如是法中,乃至小念尚不可得,是名念佛。舍利弗!是念佛法,断语言道过出诸念,不可得念,是名念佛。舍利弗!一切诸念皆寂灭相,随顺是法,此则名为修习念佛。不可以色念佛,何以故?念色取相贪味为识,无形无色无缘无性,是名念佛。是故当知,无有分别,无取无舍,是真念佛。[①]

什么叫作诸法实相?就是诸法毕竟空、无所有、不可得,因为一切法皆无自性,本来缘起性空,没有所念之实体佛、实体法,也没有能念之实体我,这样念而无念,就是念诸法实相,也即实相念佛。这样子念佛,是不执着色相而念,也不执着念佛的智慧、功德、相好。比如《摩诃般若波罗蜜经》说:

> 须菩提!云何菩萨摩诃萨修念佛?菩萨摩诃萨念佛,不以色念,不以受想行识念。何以故?是色自性无,受想行识自性无。若法自性无,是为无所有。何以故?无忆故,是为念佛。复次,须菩提!菩萨摩诃萨念佛,不以三十二相念,亦不念金色身,不念丈光,不念八十随形好。何以故?是佛身自性无故。若法无性,是为无所有。何以故?无忆故,是为念佛。复次,须菩提!不应以戒众念佛,不应以定众、智慧众、解脱众、解脱知见众念佛。何以故?是众无有

[①] 《佛藏经》卷上,《大藏经》第15册,第785页上—下。

自性。若法无自性，是为无所有。何以故？无忆故，是为念佛。复次，须菩提！不应以十力念佛，不应以四无所畏、四无碍智、十八不共法念佛，不应以大慈大悲念佛。何以故？是诸法自性无。若法自性无，是为非法。无所念，是为念佛。复次，须菩提！不应以十二因缘法念佛。何以故？是因缘法自性无。若法自性无，是为非法。无所念，是为念佛。①

不以五蕴、三十二相、八十随形好、五分法身、十力、四无畏、四无碍智、十八不共法、大慈大悲、十二因缘等而念佛，因为一切诸法皆无自性、不可得、不可念，从而如是念诸法性空之实相，才是真的念佛。《般舟三昧经》中的念佛也是侧重于自力的实相念佛。这种实相念佛在般若系经典中描述得比较多。

《坛经》的核心修行法门也是无念、无相、无住，六祖在解释无念时说道："无者，无何事？念者，念何物？无者，无二相，无诸尘劳之心。念者，念真如本性。"《摩诃般若波罗蜜经》中说的不念佛的智慧功德，是指不能将佛的智慧功德执着而念，一旦执着，所念之法就成了相待对立的实体性的二法，而能念之心就成了有分别之妄心。所以真正的"无忆""无念"其实就是六祖讲的无二相、无妄心而如是念诸法的真如本性。真如即是无自性、空性、实相等异名，《金刚经》又说，"如来者，诸法如义"，证真如者即名佛，六祖亦常教人念摩诃般若波罗蜜，般若菩提亦是佛之异名。因此，实际上《坛经》的修行法门与实相念佛是一致的。

那么实相念佛即是念诸法真如，也即是念法身佛，所证净土即是法性净土。这种实相念佛法门当然是非常高了，一般的凡夫众生是难以做到的。所以龙树菩萨在《十住毗婆沙论》第十二卷说："是故行者先念色身佛，次念法身佛。何以故？新发意菩萨，应以三十二相八十种好念佛，如先说，转深入得中势力。应以法身念佛，心转深入得上势力，应以实相念佛而不贪着。"② 对于新发意的菩萨，还只能做到有相念报化身佛，

---

① 《摩诃般若波罗蜜经》卷二十三，《大正藏》第 8 册，第 385 页中—下。
② 《十住毗婆沙论》卷十二，《大正藏》第 26 册，第 86 页上。

功夫逐渐深了之后，才能念法身佛，达到实相念佛而不执着一切相。所以，古德又将念佛分为事持和理持。不过，中土大德讲实相念佛或者理持，一般不在持名外观佛的实相和法身，而是就在持名念佛的当下，以离分别的实相心持佛名号，及以圆解理持为实相念佛。如宋代真歇清了禅师说：

> 若理一心，亦非他法，但将阿弥陀佛四字做个话头，二六时中，直下提撕，不以有心念，不以无心念，不以非有非无心念，前后际断，一念不生，不涉阶梯，径超佛地。①

这是用禅宗的方法将"阿弥陀佛"四字当作话头来参，以远离有无、能所二边的无分别心来念佛，无念而念，念而无念，顿见理佛性，名理一心。事持则是指信有西方阿弥陀佛净土而志愿求生，但是未达是心是佛、是心作佛，相当于龙树菩萨讲的新发意菩萨念报化身佛；理持即是已悟唯心净土、自性弥陀而念佛，则相当于功夫转深之后的实相念佛。蕅益大师说："不论事持理持，持至伏除烦恼乃至见思先尽，皆事一心；不论事持理持，持至心开见本性佛，皆理一心。事一心不为见思所乱，理一心不为二边所乱，即修慧也。不为见思乱，故感变化身，佛及诸圣众现前，心不复起娑婆界中三有颠倒，往生同居、方便二种极乐世界。不为二边乱，故感受用身佛及诸圣众现前，心不复起生死、涅槃二见颠倒，往生实报、寂光二种极乐世界。"② 理持至伏除烦恼，即是事一心；事持至真如本性，即是理一心。事持理持，最后所要达到的目的都是一样的。只是所持有功夫深浅，如果是事持，则感化佛来迎，生化身土；理持则感报佛来迎，生受用土和法性土。《观经》中讲往生品位分为上中下九品，如果是实相念佛（理持至一心不乱），便可以达上品往生，生他受用土，分证法性净土，这就与禅宗所说的自性净土没有差别了。佛教中的龙树菩萨已证初地，已达实相念佛，其往生的西方净土即是自性净土、他受用土。

---

① （元）天如则：《净土或问》，《大正藏》第 47 册，第 296 页中。
② （明）智旭：《阿弥陀经要解》，《大正藏》第 37 册，第 371 页中—下。

因此从实相念佛的角度来看,《坛经》的自性净土与西方净土是一致的。

三 西方净土亦是唯心净土

《坛经》中六祖惠能认为净土就在我人之自心之中,实际上,西方净土又何尝在自心之外呢?

佛经中记载西方净土是当年法藏比丘发四十八大愿之后,经无数劫的修行最后成就的净土,此净土即是阿弥陀佛的报身土和化身土而又即法性土。所以西方净土不离阿弥陀佛之自心本性。我人往生西方净土之后,所见到的西方净土也不离我人之自心。按照唯识学的说法,五位百法都不离识,色法为识所变,实际上是识的相分;心所恒与心相应,如太阳光与太阳;心不相应行是色、心等的分位假法;真如无为法是识之体性。因此,万法唯识,心外无法。故《维摩诘经》有言"随其心净即佛土净",《大乘起信论》则说"心生则种种法生,心灭则种种法灭"[1],八十卷本《华严经》亦云"心如工画师,能画诸世间,五蕴悉从生,无法而不造"[2],说的都是万法唯心现的意思。因此,西方净土中的众生所见的净土实际上也是各自的心所变现的,比如怀感大师在《释净土群疑论》中谈道:

> 当用此心观彼佛时,阿弥陀佛为本性相,众生观心缘彼如来,不能心外见佛真相,当观心变作影像相,是影像相名曰相分,能观之心是于见分,见相两分皆不离于自证分。见分之力能现相分,故名"是心作佛"也;此相分即是自证分心,无别有体,故名"是心是佛"。欲观如来一切功德,皆用自心所变影像,故名诸佛正遍知海从心想生也。[3]

按照护法关于识的四分说,当我人观阿弥陀佛时,阿弥陀佛是本质分,

---

[1] 《大乘起信论》,《大藏经》第32册,第577页中。
[2] 《大方广佛华严经》卷十九,《大藏经》第10册,第102页上。
[3] (唐)怀感:《释净土群疑论》卷六,《大藏经》第47册,第66页上。

我人之识托本质分而现影像相分，此影像相分是见分所变，为见分所缘，见、相二分皆不离自证分，也即认识的产生都是在识内进行的。往生西方的众生所见之净土也是自识所变之相分，并非在心外有独立的净土实体。如《成唯识论》卷一说："'变'谓识体转似二分，相、见俱依自证起故，依斯二分施设我、法，彼二离此无所依故。……内识所变似我、似法，虽有而非实我、法性，然似彼现，故说为假。外境随情而施设故，非有如识；内识必依因缘生故，非无如境。由此便遮增、减二执。"① 其中的"我""法"指具备常、一、主宰、自在等部分或全部特征的实体我、实体法。内识转变的见、相二分，是似我、似法，属于依他起性，可称为有体施设假。依此缘起如幻的见、相二分而施设实我、实法。所以，内识的见（似我）、相（似法）是缘起有的；但是外境（实我、实法）却是绝无的，可称为无体随情假。这其中贯穿的逻辑是"假必依幻"，而非"假必依实"。

因此，实体性的外境和实体性的内识都是不存在的，存在的只是缘起如幻的内识的见、相二分。从这个角度看，一切万法皆是自心所现影像，不存在心外之净土，也不存在心外之佛。天如禅师在《净土或问》亦云："十方微尘国土，唯吾心之土也；三世恒沙诸佛，唯吾心之佛也。无土不依吾心建立，无佛不由吾性发现。岂十万亿外之极乐独非唯心之净土乎？极乐国中之教主独非本性之弥陀乎？"② 可见，西方净土亦是唯心净土，西方弥陀亦是自性弥陀，本来非自非他。《坛经》亦侧重自净其心，除去自心中的人我、邪心、烦恼、毒害，顿时"内外明彻，不异西方"，也即自心当下清净，当下即是净土，净土不离开我人之心。从这个角度，西方净土与《坛经》说的自性净土是没有二致的。

当然，还有一些问题需要解决。

（1）如果西方净土皆是众生自识变现，那么西方净土是有漏还是无漏？

《坛经·机缘第七》六祖给智通说的八识转四智偈中有"五八六七果因转"，对比《成唯识论》卷十的《四智相应心品》可知，第八识和前

---

① 《成唯识论》卷一，《大藏经》第 31 册，第 1 页上—中。

② （元）天如则：《净土或问》，《大正藏》第 47 册，第 294 页下。

五识要在成佛时的金刚喻定才能顿转成为大圆镜智和成所作智。这是从般若用上来说的,在识体上,则第八识要在圆满成就佛果时才转为无漏识。所以窥基大师在谈到西方净土的性质时说:"若是佛本质净土,唯无漏摄;若往生有情及菩萨所变净土,唯是有漏,谓第八识果转非因故。"① 阿弥陀佛的第八识因为已经圆满转得大圆镜智,所以佛所变之报、化身土皆是无漏的,但是往生于西方净土中的众生,因第八识未转为大圆镜智,故其自识所变之净土是有漏的。窥基在《成唯识论述记》中则讲得更清楚些:"他受用身、土,体唯是净。然能变者通有、无漏。如来及十地中菩萨无漏后得所变,即纯净无漏。若十地第八识,若并五识,及七地以前有漏观心,及有漏后得所变,即纯净有漏。"② 佛陀和登地菩萨无漏后得智所变则是无漏土;登地菩萨的第八识、前五识都是在成佛果上才顿转,七地以前仍有有相观,所以登地菩萨的第八识、前五识及七地以前的有漏心观,以及有漏后得所变,皆是有漏土。怀感大师在《释净土群疑论》中从体、相的角度将佛土分为四种:

> 谓十地已下乃至凡夫,有体净相秽,有体秽相净,有体相俱净,有体相俱秽。体净相秽者:谓佛心无漏清净,故所现之土亦复清净,然所现土现于秽相,名体净相秽,故《维摩经》言:"为欲度斯下劣人,故示是众恶不净土耳";体秽相净者:如十地已还,本识及有漏六、七识,并地前凡夫一切有漏心所现净土,是有漏故,名为体秽,以依如来清净佛土,自识变似净土相现,故名相净也;体相俱净者:如佛及十地已还无漏心中所现净土,名体相俱净;体相俱秽者:如有漏心所现秽土等是也。今此得生西方,虽是凡夫,然前第二句,体秽相净也。③

第一种体净相秽土,是站在佛陀的角度来说的,佛陀已经成就四智菩提,但是为了度化一些心不净的凡夫众生,所以随宜示现秽相化土。这种佛

---

① (唐)窥基:《阿弥陀经通赞疏》卷中,《大藏经》第37册,第338页上。
② (唐)窥基:《成唯识论述记》卷十,《大正藏》第43册,第605页上。
③ (唐)怀感:《释净土群疑论》卷一,《大正藏》第47册,第34页上。

土,站在心不净的凡夫众生角度来说,即是第四种体相俱秽土,凡夫有漏心展现有漏秽土。体相俱净土、体秽相净则分别相当于窥基在《成唯识论述记》里提到的纯净无漏土和纯净有漏土。西方净土,对于往生的众生来说,正是指的这种体秽相净土或纯净有漏土。虽然西方净土众生的本识是有漏,但因为自识所变之土是依阿弥陀佛的清净佛土为本质分所变现的,在相上便如同跟阿弥陀佛所现无漏净土一般,仍是清净庄严的。这是因为阿弥陀佛的佛力、愿力作为强大的增上缘,而产生的不可思议的效果。就像《维摩诘经》中记载的那样,释迦牟尼佛以足指按地加持舍利弗等大众,使得大众当下所见三千大千世界"若干百千珍宝严饰,譬如宝庄严佛无量功德宝庄严土"。当然,西方净土的维持,除了佛菩萨之不可思议的加持力之外,还与净土众生共同的愿力以及清净行等有关,所以欲往生西方净土的众生必先发菩提之愿。

总而言之,西方净土对于阿弥陀佛来说是纯无漏净土,对于往生的众生来说是有漏之净土,虽是有漏,但其相极似无漏而庄严清净,并不会因此而有众恶过患。如怀感大师说:"又托如来无漏净土,虽以有漏心现其净土,而此净土从本性相土,土亦非缘缚、相应缚缚,不增烦恼,如有漏心缘灭道谛烦恼不增。"[①]

(2) 如果每个众生见到的西方净土都有差别,会不会互相质碍?

前文已述,西方净土作为阿弥陀佛的他受用土和化身土,也是唯心所现。实际上,往生西方的众生因自心清净程度不同,所见之净土也是有差别的,《解深密经》就谈到佛的化身"非是有心,亦非无心。何以故?无自依心故,有依他心故"[②]。也即佛陀会根据每个众生不同的情况展现不同的身、土以及教法,所谓随机度化。比如凡夫众生往生西方所见为化净土,后精进修行,登地之后则所见为他受用土,此后地地胜进,前后既有转变,所见之土也必有胜劣之分。也许有人会难以理解为什么西方净土还会有差别,我们可以做个类比,地球上有七十多亿人口,但实际上每个人见到的地球虽然极为相似,但仍有微细的差别,更别说动物和人类见到的世界的差别,这并不奇怪。净土虽清净庄严,但也是由

---

① (唐)怀感:《释净土群疑论》卷一,《大正藏》第47册,第33页上—中。
② 《解深密经》卷五,《大正藏》第16册,第710页下。

色声香味触等五尘、地水火风等四大所造，"色蕴"的主要特征即是质碍为性，那么不同众生所见胜劣不同的净土是在同一处还是不同处，若是同一处，会不会互相质碍？

古德对这个问题也有所讨论。窥基大师在《阿弥陀经疏》中设问自答曰：

> 问："登地见报身者，为灭前化相而见报身，为复不灭而见报身？"
>
> 答："即于前所见身相上而见妙身，如人服药惺时即于针上见种种华草，如是地地见佛身相转转胜妙，唯佛与佛见常不异无增减相。"……
>
> 问："若是化土，众生生者初见何土？后见何土？"
>
> 答："初见化土，后见受用土。"
>
> 问："何处见此二土？"
>
> 答："于一界中一相之土，初见粗、后见细，非灭前土而见后土，亦非异处见其二土。故《佛地论》云：'释迦如来说佛地经时，地前大众见变化身居秽土说法，登地菩萨见受用身居佛净土说法。'"①

往生西方净土的地前众生所见为化身佛和化身土，那么当登地时所见报身佛和他受用土，是需要灭前化身佛和化身土吗？答案是否定的。万法唯心，心的清净程度的改变，导致所见的阿弥陀佛和西方净土都会相应有所改变。在《佛地经论》第一卷谈到，释迦牟尼佛在讲《佛地经》时，地前众生见化佛居化土讲法，地上菩萨见受用身佛居他受用净土讲法。在《摄大乘论本·彼果智分》谈到受用身和法身的六个区别的时候，其中第二、三、四个方面的差别即是指受用身为度化地前菩萨而显现出无量的差别相，也即菩萨随着自身善根功德的变化，而见到不同色身的受用身。可以说，众生登地之前所见身、土为粗，登地所见身、土为细，此后地地胜进，所见身、土也就更为庄严，也即就在前所见身、土之上

---

① （唐）窥基：《阿弥陀经疏》，《大正藏》第 37 册，第 311 页中—312 页中。

而转见更为清净胜妙的身、土。并非在前所见身、土之外见一个别的身、土。做个类比的话，就像我们去眼镜店里配眼镜，首先裸眼所看到的面前景象是非常模糊的，而随着所戴眼镜的度数接近眼睛近视的度数，我们对景象中的颜色、明暗、大小等细节的认识就会越来越明朗清晰，总体上就会觉得所见景象越来越美妙。而我们所见到的景象，在时间上，并非灭掉前景而见后景；在空间上，也并非去别的地方再见一不同的景象。

自身是如此，不同众生所见净土亦是如此，并非要灭掉他人的净土才在同处显现自己的净土。前文已述，众生所见之净土皆是内识所变，无境外实体。既无实体，何来质碍。说色蕴之极微有质碍性，乃是小乘有部之执，极微只是佛教为度化众生安立的假法，并非真的有一个极微是物质的最小单位。实际上，万法唯识，随心净秽，每个众生都各一宇宙，互为增上，互不妨碍。如一室众灯，灯灯相照，互不质碍。又如一水四见，饿鬼见水如猛火，鱼虾见水如窟宅，天人见水如琉璃宝，同一水，不同众生随各自业力自识变现为不同的东西。大乘佛教更是说芥子可纳须弥，毛孔可藏巨海，千载可成片时，其重点在于内外皆无实体可得，自然不会互相质碍。

总而言之，我人所见之西方净土亦是自识所变，随着内心清净程度的不同而变现有胜劣差别的净土，其根本原理依然是：心净则佛土净，心秽则佛土秽。这一点和《坛经》所说的自性净土是一致的，所见净土皆不离自心。

四 往生而无生，无生而往生

既然西方净土亦是自心所变，只要自净其心即可，那么还需要往生西方吗？六祖惠能在《坛经·疑问第三》也说，"凡愚不了自性，不识身中净土，愿东愿西，悟人在处一般"，"自性内照，三毒即除，地狱等罪，一时销灭，内外明彻，不异西方"。似乎只要识自性净土，当下就是西方，并不需愿东愿西。前文谈到《坛经》侧重于实相念佛，六祖说，"自性本无一法可得，若有所得，妄说祸福，即是尘劳邪见，故此法门立无念为宗"，前文所引的《摩诃般若波罗蜜经》和《佛藏经》也都提到诸法自性空、无所有、不可得。既然众生之自性、佛及净土本来自性空、无所有、不可得，那么谁去往生，往生何国呢？而"自净其心"，必然也会变成无心可净。这是一个非常重要的问题，后世的某些学禅者往往执着自心净土、实相念佛而认为无自心可净、无佛可念、无西方可生，最终堕入狂禅末流。

古代佛教祖师对此问题其实多有讨论。我们先来看隋代智者大师在《净土十疑论》中的一段话：

> 问："诸法体空，本来无生，平等寂灭。今乃舍此求彼，岂不乖理？经云：净土先净其心，心净即佛土净。此云何通？"
>
> 答："释有二义，一总答，二别答。总答者。若言：求生西方弥陀净土是舍此求彼，不中理者。汝执住此不求西方，是舍彼着此，此还成病，不中理也。又转计：亦不求生彼，亦不求生此者。则断灭见。《金刚般若》云：'汝若作是念，发阿耨菩提者，说诸法断灭。莫作是念，发菩提心者，于法不说断灭相。'二别答者。夫不生不灭者，于生缘中诸法和合不守自性，求于生体亦不可得，此'生'生时无所从来，故名不生。诸法散时不守自性，言我散灭，此散灭时去无所至，故言不灭。非谓因缘生外别有不生不灭，亦非不求生净土，唤作无生。《中论》：'因缘所生法，我说即是空，亦名为假名，亦名中道义。'又：'诸法不自生，亦不从他生，不共不无因，是故知无生。'《维摩经》：'虽知诸佛国，及与众生空，而常修净土，教化诸群生。'又云：'造立宫室，若依空地随意无碍，若依虚空终不能成。'诸佛说法，常依二谛，不坏假名而说诸法实相。智者炽然求生净土，达生体不可得即真无生，此谓心净即佛土净。愚者为生所缚，闻生即作生解，闻无生即作无生解，不知生即无生，无生即生。不达此理，横相是非，瞋他求生净土，几许诬哉！此是谤法罪人，邪见外道也。"[①]

智者大师这一段话极为精彩。"不生不灭"多用来描述诸法实相、空性、真如等，但是学佛者往往对"不生不灭"四个字产生望文生义的误解，

---

① （隋）智顗：《净土十疑论》，《大正藏》第47册，第78页上—中。

以为不生就是什么都没有,不灭就是一团永恒不变的死物,这其实是六祖大师在《坛经·顿渐第八》中所批评的"断灭无常"和"确定死常",是一种边见。大乘佛教讲的"不生"反对的是一些印度外道和小乘的见解。《中论》第一卷说:"不生者,诸论师种种说生相,或谓因果一,或谓因果异,或谓因中先有果,或谓因中先无果,或谓自体生,或谓从他生,或谓共生,或谓有生,或谓无生,如是等说生相皆不然,此事后当光说。生相决定不可得,故不生;不灭者,若无生,何得有灭?以无生无灭故。"有些人说因果是相同的一;有些人说因果是不同的二;印度数论外道认为"因中有果",果在因里面就早已存在了,如乳中有酪性;印度胜论外道则坚持"因中无果"论,也即因果不相干,如乳与酪无关系;还有人认为万物不需要因缘而自己产生自己,我国古代郭象的"独化论"就有这种说法;还有一种印度外道执着大自在天,体实、常、遍,可以产生万法,也即万法从一个他者产生;有些论师则认为万法从自、他二者共同产生;还有认为有生、无生的。这些论师所执着的"生"实际上都是一种实体执,而大乘佛教的"不生"正是要反对这些论师所执着的实体性的"生"。所以,真正的"无生"是指没有"生相",也即没有实体性的"生"存在,既无实体性的能生、所生,也无实体性的"生"这个法。这就是智者大师所说的"求于生体亦不可得"。既然没有实体性的"生",自然就没有与之相待的实体性的"灭",以无生则无灭故。对于这种外道和小乘的实体执,在《成唯识论》卷一和《中论》里面都有较为详细的破斥。

因此,所谓的"无生""不生"绝不是不产生、不求生净土。

佛教讲的"不生、不灭"是对常、一、主宰、自在的实体性的"生""灭"的否定,反过来也就是对缘生、缘灭的肯定,万法自性空,所以正好缘起,《心经》所谓"空即是色",《坛经》则有"无一法可得,方能建立万法"。这也是佛教的理论基石。举个例子,比如一个苹果,如果它是永恒不变的实体,那么它就从始至终在所有的时间里,一直存在,不会有出生,不会有烂坏。但事实上,苹果不是这样永恒不变的存在,也即它不具备实体中"常"这个特征,而且正因为它非"常",所以苹果的产生需要苹果树,以及适宜的阳光、空气、水分、养料等,而它产生之后,也会不断地变化,直至最终腐烂。万法的产生皆是如此。所以对实体性生灭的否定，恰好就是对缘生缘灭的肯定。因此可以成立这样的等式：不生不灭＝缘生缘灭。如果从体用的角度来看，不生不灭为体，缘生缘灭则为用；以世俗谛和胜义谛来划分，则不生不灭为胜义谛，缘生缘灭为世俗谛。所以吉藏大师在《中观论疏》中说："然世谛生灭是无生灭生灭，第一义无生灭是生灭无生灭。然无生灭生灭，岂是生灭？生灭无生灭，岂是无生灭？故非生灭，非无生灭，名二谛合明中道也。"①这里吉藏大师讲的"生灭"就是缘生缘灭，"无生灭"即是无实体性的生灭。那么，世俗谛就是无生无灭而有缘生缘灭，即非实体性生灭（"岂是生灭"）；胜义谛就是缘生缘灭而无生无灭，即非实体性的无生灭（"岂是无生灭"）。从这也可以看出世俗不离胜义，胜义不离世俗，体用不即不离，这就是大乘佛教讲的"不二法门"。在《坛经·顿渐第八》中六祖则以无常＝真常、常＝真无常的道理对志彻开示了这种"不二法门"（具体参见第四章）。

之所以花费这么长的文字来解释无生而缘生的道理，是因为这个思想对于理解我们刚开始提出的那个问题，十分重要。真正的无生即是在往生净土的过程中没有实体性的"生"，正因为无生，所以众生恰好求生净土。这就是智者大师所说的"智者炽然求生净土，达生体不可得即真无生"。这种生而无生的体用不二道理，在许多经典中都有提到，如《维摩诘经》说，"虽知诸佛国，及与众生空；而常修净土，教化于群生"，"说法不有亦不无，以因缘故诸法生"，"虽行诸法不生不灭，而以相好庄严其身，是菩萨行"；《金刚经》则说，"应无所住，而生其心"；《坛经》亦说，"无一法可得，方能建立万法"。其中的前半句都是从体上据第一义谛来说无生，后半句则从用上据世俗谛说缘生。如果能这样观，才叫真正的"心净则佛土净"。古代祖师对这个问题的讨论都是从这种体用不二的角度下手的，比如唐代飞锡大师在《念佛三昧宝王论》中说："又无所念心者'因无所住也'，而修念佛者'而生其心也'；无所念心者从'无住本也'，而修念佛者'立一切法也'；无所念心者'念即是空也'，而修念佛者'空即是念也'。此明中道双寂双照，照而常寂，无所念心

---

① （隋）吉藏：《中观论疏》卷第一（本），《大正藏》第 42 册，第 10 页下—11 页上。

矣；寂而常照，而修念佛焉。"① 这里飞锡大师就是从无生而缘生的角度阐释了无念而念佛的道理。怀感大师则在《释净土十疑论》中从"内外皆空，为何有能生之众生和所生之净土？""三心不可得，以何心生净土？""如来无所从来，亦无所去，何佛来迎？""名字性空，如何念佛消罪？"等四个方面阐释了无生而缘生的道理。所谓：内外皆空，所以正好以缘生之我往生缘生之净土；三心不可得，所以正好以此缘生之心往生净土；佛无去来，所以正好来迎；佛号性空，所以正好消罪。

明代的莲池大师在《竹窗随笔·禅佛相争》还以一个非常生动的比喻来说明了这个道理：

> 二僧遇诸途，一参禅，一念佛。参禅者谓本来无佛，无可念者，佛之一字，吾不喜闻。念佛者谓西方有佛，号阿弥陀，忆佛念佛，必定见佛。执有执无，争论不已。有少年过而听焉，曰："两君所言，皆徐六担板耳。"二僧叱曰："尔俗士也，安知佛法？"少年曰："吾诚俗士，然以俗士为喻而知佛法也。吾，梨园子也。于戏场中，或为君，或为臣，或为男，或为女，或为善人，或为恶人。而求其所谓君、臣、男、女、善、恶者，以为有，则实无，以为无，则实有。盖'有'是即'无'而有，'无'是即'有'而无，有无俱非真，而我则湛然常住也。知我常住，何以争为？"二僧无对。②

在一场戏剧中，演员可以演君臣、男女、善恶人等各种角色，但是却没有真正的君臣、男女、善恶之人。君臣等角色比喻缘生，求君臣等不可得比喻为无生。无生不离缘生，缘生不离无生，参禅者谓无可念之佛，可生之净土，所以净土宗正好念佛，往生西方极乐世界。这种无生而往生的道理可以用下图来表示：

---

① （唐）飞锡：《念佛三昧宝王论》卷下，《大正藏》第47册，第141页下。
② （明）袾宏：《云栖法汇（选录）》卷十二，《嘉兴大藏经》第33册，第32页下。

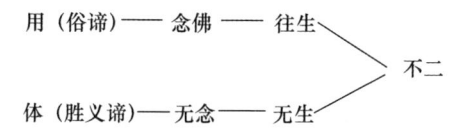

```
用（俗谛）—— 念佛 —— 往生
                              ⎱ 不二
体（胜义谛）—— 无念 —— 无生
```

明白了这个生而无生、无生而生的道理，就可以知道《坛经》所谓自性净土、实相念佛，并非否定念佛和往生西方净土，而是正因无心可净，所以正好自净其心；正因为无佛可念，所以正好念佛；正因为无西方可生，所以正好往生西方净土。《金刚经》谓"若异色见我，以音声求我，是人行邪道，不能见如来"，实际上也可以反过来说"若离色见我，离音声求我，是人行邪道，亦不能见如来"。后世狂禅执无佛可念、无西方可生，实乃错解无生之意！

第四节 《坛经》与净土宗经典不矛盾

一 佛教高僧对《坛经》的辩解

前面谈了这么多，但还没有解决本章刚开始提出的《坛经》与净土宗经典表面文字的三个冲突。我们先来看第一个问题：《坛经》所言西方净土距此十万八千里与净土宗经典所言西方距此十万亿佛土是否矛盾？明代的莲池大师认为《坛经》中六祖说西方净土距此十万八千里，是错将印度当成西方净土。这一点在莲池大师的《正讹集》和《阿弥陀经疏钞》都有提及。如《阿弥陀经疏钞》云："《坛经》又言：'西方去此十万八千里'，是错以五天竺等为极乐也。五天、震旦，同为娑婆秽土，何须分别愿东愿西？而极乐自去此娑婆十万亿土。盖《坛经》皆学人记录，宁保无讹？不然，则借此之西域，以喻彼之西方耳。古谓尽信书，不如无书者，此也。况西方千佛所赞，今乃疑千佛之言，信一祖之语，佛尚不足信，况于祖乎。"[①] 莲池大师认为六祖错将印度为西方净土，印度和中国同属娑婆秽土，所以不必愿东愿西，而实际上西方极乐世界距此娑

---

① （明）祩宏：《阿弥陀经疏钞》卷四，《卍新纂大日本续藏经》第22册，第676页上。

婆十万亿佛土。这种错解，也许是因为六祖本人不识字，未曾完整读过或者听过净土宗的经典，只是曾听一些念佛人提及净土经典中的只言片语，所以有这样的误解，这也是六祖本身因未圆满后得无分别智所导致的不圆满的说法。另外一个可能就是，《坛经》在记录和传抄的过程中，被他人抄错或者传错，而导致把西方净土的距离错解为印度与中国的距离。所以，莲池大师认为应该信佛语，而不是信祖语，毕竟佛陀是正遍知。而且，不可将经典执死，无论佛语祖语，都应该体会其中蕴含的义理，而不是执着表面文字，否则执指失月。

第二个是西方净土中人是否会造罪的问题。我们先来看《坛经》的原文："迷人念佛求生于彼，悟人自净其心。所以佛言：'随其心净，即佛土净'。使君东方人，但心净即无罪。虽西方人，心不净，亦有愆。东方人造罪，念佛求生西方。西方人造罪，念佛求生何国？"细细品味，六祖这一段话的重点意思其实在于：当净其心不可造罪。也即，不管你是西方净土的人也好，还是东方、南方、北方、上方、下方的人也好；念佛求生也好，不求生也好，重点都在于要自净其心、不可造罪。莲池大师亦说："六祖东西之说，祇是劝人要须实心为善，空愿无益，何曾说无西方！"① 所以这段话，六祖本意在于重点强调自净其心、不可造罪。六祖并无意于去否定西方净土，只是因为极力强调自净其心，在言语行文上，就可能会采用毁他的方式而达到赞自的目的，其重点不在于毁他而在于赞自。比如某人为了说白菜很好，为了让大家都吃白菜，在拿白菜与萝卜做对比的时候，就会说萝卜不如白菜好，但其实并没有否定萝卜的意思。当时六祖正处于盛唐，大致相当于佛教所说的像法时期，中国佛教的各宗各派在唐代都出现了创派祖师一般的人物，在六祖处得法的弟子也不在少数，说明当时唐代根器猛利的人还不少。《坛经》的法门本是为上根人说，六祖说的自净其心、自性净土正是为了度化韦刺史等上根器之人而开出的方便法门，故而在言语上极力强调自性净土，目的就在于引导上根人自净其心，见性成佛，成就自性净土，故有："悟人自净其心。"就像当年法藏比丘一样，也是自净其心，成就自性净土之后，再圆满报、化身土，成就西方极乐世界。而西方净土则先依靠阿弥陀佛之

---

① （明）袾宏：《阿弥陀经疏钞》卷四，《卍新纂大日本续藏经》第22册，第676页上。

加持力，先生佛之报、化净土再自净其心，成就自身法性净土。法门虽不同，但原理却是一样的。如《宝王三昧念佛直指》云："曹溪令人因心先净则报境自净，不令求生，遮诠也；庐山令入佛报境净则因心自净，教必求生，表诠也。说法非前非后，二义未尝相离。"① 正是此意。

《坛经》中在其他很多地方都有这种强调式的极端话语。比如《坛经·般若第二》云，"前念迷即凡夫，后念悟即佛"，"不悟即佛是众生，一念悟时，众生是佛"。意在强调要时时自悟本心，难道真的佛一念不悟就又变成众生了？再如《疑问第三》云："心平何劳持戒，行直何用修禅。"意在强调"心平"和"行直"，也即强调内心与真如相应，能、所平等平等，难道真的就不要持戒修禅了？一个真正做到"心平"和"行直"的人，必然是时时持戒，处处是一行三昧。又如六祖回答韦刺史说："即身中十恶八邪，便是说远，说远为其下根，说近为其上智。"难道西方净土真的有距离上的远近之分吗？六祖此意只是为了强调要众生断尽十恶八邪，成为上根之人。包括前文所提到的第三个冲突，也即《坛经》认为十恶不善之人念佛难以往生，实际上也是六祖在强调依靠自力自除十恶八邪，如云"先除十恶，即行十万；后除八邪，乃过八千"，即强调自心除十恶八邪即过十万八千，便可见自性净土、见自性弥陀，所谓"念念自见，常行平直，到如弹指，便睹弥陀"，以这种境界往生净土便与《观经》所说的上品往生无别。所以，对于六祖的话，万不可从字面上去理解，而是要看到文字背后的深意。

实际上，禅宗宗门的话，都不能拘定执死。《西方合论》云：

> 六祖言："东方人造罪，念佛求生西方；西方人造罪，念佛求生何国？"庞居士云："事上说佛国，此去十万里，大海渺无边，动即黑风起。"因此，遂有一辈无知，传虚接响，谓净土不足修，自障障他，深可怜悯。若论宗门提倡，尚不有佛，何况佛国！为破相明心，是非俱划。吹毛利刃，执则手伤；栗棘金刚，吞则噎咽。宗语此等甚多，若执之，释迦老子真以饲云门狗乎？又佛是干屎橛，果尔，

---

① （明）妙叶集：《宝王三昧念佛直指》卷上，《大正藏》第47册，第359页上。

则粪车溷厕应当礼拜供养！①

禅宗宗门的很多话，都是为了根据众生的不同的执着，应病与药，随方解缚。所以许多禅宗祖师说的话，非常活泼，就像吹毛利刃，执则伤手。如《云门匡真禅师广录》载："举：世尊初生下，一手指天，一手指地，周行七步，目顾四方云：天上天下唯我独尊。师云：'我当时若见，一棒打杀与狗子吃却，贵图天下太平。'"②难道云门文偃禅师真的会打杀释迦牟尼佛吗？又临济义玄禅师说佛是干屎橛，难道就真的应该对着粪坑礼拜供养吗？像宗门中的德山宣鉴禅师大开"呵佛骂祖"的禅风，难道德山禅师真的在呵佛骂祖吗？包括六祖说"西方人造罪，念佛求生何国"，难道六祖真的在说西方人会造罪吗？后世有些狂禅，看到六祖回答韦刺史的话，就以为六祖否定了西方净土，认为净土不必修，实则是错解六祖的意思，自障障他，深可怜悯。

在先秦思想经典《列子·说符》中记载了一个九方皋相马的故事，九方皋给秦穆公找了一匹千里马，在九方皋看来，那是一匹黄色的母马，但实际上却是黑色的公马，秦穆公以为九方皋不懂马。伯乐却感叹道："若皋之所观，天机也。得其精而忘其粗，在其内而忘其外。见其所见，不见其所不见；视其所视，而遗其所不视。"九方皋相马是看马的内在素质，而不取马的外在形态，"见其所见，不见其所不见"。六祖所谈之净土，又何尝不是这样呢？也是遗其形而取其神。遗其远近、净秽、善恶之相，而唯以迷悟为判、见性为期。而见性成就自性佛、自性净土，亦正是西方净土"花开见佛悟无生"的宗旨所在。希望我们不要做不懂马的秦穆公，而要做六祖的伯乐。

二　禅净双修

禅宗依靠自力，主张自净其心，大有"丈夫自有冲天志，不向如来行处行"的气概；净土宗则依靠弥陀他力加持，主张往生西方净土，再悟无生。两者皆是佛教在中国长期传播过程中形成的适合中国人心理特

---

①　（明）袁宏道：《西方合论》卷八，《大正藏》第47册，第410页中一下。
②　（宋）守坚集：《云门匡真禅师广录》卷中，《大正藏》第47册，第560页中。

征的法门，可以说是真正的中国化佛教。自五代以来，禅宗人多兼修净土，禅、净二宗有互相融合的趋势。这也从一个侧面说明了禅宗与净土宗并不矛盾，在本质上是圆融无碍的。

早在唐代的时候，马祖大师的法嗣——百丈禅师就说，"修行以念佛为稳当"，在其所制定的《百丈清规》中就有教念南无阿弥陀佛，用助念之功，以求亡者往生西方净土。但真正倡导禅净双修的大师，首先应推五代的永明延寿禅师。延寿禅师被认为是透彻三关的大禅师，是禅宗法眼宗的三祖，又主张万善齐修，导归净土，著《万善同归集》《禅净四料简》等，被后世净土宗人奉为净土宗第六祖，清代雍正皇帝曾称赞延寿禅师是六祖以后古今第一大善知识。其主张的禅净双修的思想对后世影响深远。北宋时期，有临济宗死心悟新禅师、曹洞宗真歇清了等禅师主张禅净双修。如死心悟新禅师云，"参禅人最好念佛，根机或钝，恐今生未能大悟，且假弥陀愿力，接引往生"，又说，"汝若念佛不生净土，老僧当堕拔舌地狱"。[①] 真歇清了则说："乃佛乃祖，在禅在教，皆修净业，同归一源。"[②] 包括像契嵩、圆照、义怀等大师皆主张禅净兼修。可见宋代的禅宗有融摄净土的趋向。

到元代的时候，有中峰明本禅师作《怀净土诗》一百零八首，弘扬净土，其法嗣天如惟则禅师则作《净土或问》，融摄禅净，并说："汝但未悟，使汝悟，则净土之趋，万牛不能挽矣。"[③] 元明之际的高僧妙叶禅师亦作《宝王三昧念佛直指》来阐扬净土，明初的楚石梵琦禅师，晚号西斋老人，乃大慧宗杲五传弟子，作《西斋净土诗》颂扬西方净土。梵琦大师的净土诗写得很好，曲尽净土之妙，又颇含无生之理，这里摘取其中一首，以供读者欣赏：

念念念时无所念，廓如云散月流天。
此人造罪令除罪，与佛无缘作有缘。
仙乐送归清泰国，好风吹上紫金莲。

[①] （清）济能纂辑：《角虎集》卷上，《卍新纂大日本续藏经》第62册，第189页中。
[②] （清）济能纂辑：《角虎集》卷上，《卍新纂大日本续藏经》第62册，第201页下。
[③] （元）天如则：《净土或问》，《大正藏》第47册，第292页下。

> 遥闻妙偈琅琅说，不是声尘到耳边。①

明末的四大高僧，都曾经参禅有悟，但都弘扬净土。如莲池大师曾作《阿弥陀经疏钞》，在《竹窗随笔》《正讹集》《净土疑辨》等文中亦多贯通禅净；蕅益大师曾作《阿弥陀经要解》，又选定《净土十要》传世。莲池大师和蕅益大师因晚年专弘净土，被奉为净土宗的第八祖、第九祖。清代则有彻悟禅师先在广通寺参禅得印可，后专门弘扬净土宗，为净土宗第十二祖。即使是民国时期的虚云老和尚，依然主张禅净双修。可以说，禅净双修是五代以降中国佛教的一个发展趋势。

祖师们在禅道禅净双修的时候，还将念佛与参禅结合起来，开出了许多即禅即净的修行法门。比如云门文偃禅师所提倡的参究念佛，在后世禅宗较为流行。参究念佛，即是在念佛的时候，参看念佛的是谁，以求自悟本性。如文偃禅师云："既信念佛，但内看念佛底是谁，便是脚跟下推寻也。"在元代时，则在此基础上更进一步，主张在念佛的当下，反观念头的生起，反观念佛的又是谁。元代普度编的《庐山莲宗宝鉴》卷二云：

> 要于静室正身端坐，扫除缘累，截断情尘，瞠开眼睛，外不着境，内不住定，回光一照，内外俱寂。然后密密举念南无阿弥陀佛三五声，回光自看：云见性则成佛，毕竟那个是我本性阿弥陀？却又照觑，看只今举底这一念从何处起？觑破这一念，复又觑破这觑底是谁？参良久，又举念南无阿弥陀佛，又如是觑、如是参，急切做工夫，勿令间断。惺惺不昧，如鸡抱卵。不拘四威仪中，亦如是举、如是看、如是参，忽于行住坐卧处，闻声见色时，豁然明悟，亲见本性弥陀。内外身心一时透脱，尽乾坤大地是个西方，万象森罗无非自己。静无遗照，动不离寂，然后兴慈运悲接引未悟。悲智圆融，入无功用行，得生上品名实报庄严土，得一切种智。可谓万古碧潭空界月，再三捞漉始应知。②

---

① 《净土十要》卷八，《卍新纂大日本续藏经》第61册，第727页下—728页上。
② （元）普度编：《庐山莲宗宝鉴》卷二，《大正藏》第47册，第311页下—312页上。

以"南无阿弥陀佛"为话头来参究,参究当下念佛的这一念是从哪里生起,又反观刚才参究的是谁。如果能精进参究,就有可能在见色闻声的当下,不加入意识的虚妄分别,现量亲见本性弥陀,体悟无生,可谓"内外明彻,不异西方",以此往生西方,就是上品往生。不过,明代蕅益大师在《参究念佛论》认为这种参究念佛的是谁,有利也有弊。有利在于:"以念或疲缓,令彼深追力究,助发良多;又未明念性本空,能所不二,藉此为敲门瓦子,皆有深益";有弊在于:"既涉参究,便单恃己灵,不求佛力,但欲现世发明,不愿往生,或因疑生障,谓不能生"。[①]如果因疑生障,又不求佛力加持,那就难以往生净土了。

还有一种追顶念,为明清之际三峰法藏禅师所提倡。所谓追顶念即是念佛时,一句追一句,一声顶一声。清人彭际清所纂之《念佛警策》记载"追顶念佛法"云:"念佛要一心不乱者,只以一句佛名,极力追顶,猛之又猛,情识一断,则过去事思量不来,未来事卜度不着,现在境心识不揽,三心断绝,谓之前后际断。此因追极念极,一闻一见,触境遇缘,逗断心路,直得虚空粉碎,大地平沉,物我同消,一法不立,目前如大圆镜中所现森罗万象,了无一点可指拟分别,荡然身心,始云去来,此个光景名为一心不乱,到此便无心可乱故也。"[②] 就像猛将追贼一样,念佛时,极力追顶,无所间断,就有可能做到三心断绝,虚妄分别之心暂不现起,念到虚空粉碎,亲见自性,才叫一心不乱。陈兵教授认为追顶念的原理是"以佛号堵截妄念,逼令意识断流,迸露出本来心地。若兼修禅宗者,明教理者,方易于开悟"[③]。

当然,还包括实相念佛和理持念佛,都是结合了禅、净二门。这些念佛的法门都在于以念佛的方法达到参禅开悟的目的,以念佛助禅,禅亦可助净土,若果能参禅有所悟,在往生品位上必然会有提高。

佛教祖师们倡导禅净双修的原因,大致有如下几点。一是因为禅、净二宗在根本思想和根本宗旨上,本来就是一致的,其都以不二正观为

---

① (明)智旭:《灵峰蕅益大师宗论》卷五,《嘉兴大藏经》第36册,第344页中。
② (清)彭际清纂:《念佛警策》卷下,《卍新纂大日本续藏经》第62册,第324页下。
③ 陈兵:《自在之行——佛法正道论》,华夏出版社2009年版,第272页。

宗，都以明心见性为目标，说得更远些，那就都是以上求佛道、下化众生的菩提心为根本出发点和根本目的。所以，在内在思想上，本无二致，古德所谓："参禅不碍念佛，念佛不碍参禅。"

二是因为参禅人虽然得个悟处，但并非开悟即已圆满成就佛果，便还需要找个好的场所进一步修行。在本书第一、二章中谈到，《坛经》所谓的"见性成佛"，是顿见真如本性，成就一分法身佛，并非圆满成就四智菩提。所以即使成就法身佛，依然还有无始烦恼习气需要断除。而且在实际情况中，禅门中人所谓的"顿悟"，有些甚至只得解悟，达到天台宗所谓名字即佛，那就更不能保证下辈子的修行了。陈兵教授在《自在之行——佛法正道论》一书中谈道："因为人根浅陋，参禅顿悟，究竟成佛如释尊者，从来未闻。一般顿悟，只是解决了个信解的问题，有了修行的起点，依天台宗'六即佛'说，仅属名字即佛，未必是见道证果，更非究竟成佛。即便是属于见道的顿悟，一般也只是证悟涅槃心，未得差别智，悟后尚需念念保任不失，渐除烦恼习气，渐修六度万行。"① 如果参禅仅到名字即佛位，又不修一个净土法门，求生净土，难免会因一念之差，随业转生，不能保任来生的如法修行。永明延寿大师《禅净四料简》所谓："有禅无净土，十人九蹉路，阴境若现前，瞥尔随他去。"既无自力保任，又无他力加持，那就只能在修行路上独自蹉跎，多走弯路，长劫难以成佛。就算是见道的顿悟，也还未圆满后得智，还需要在度化众生的过程中广修六度万行，渐渐除尽烦恼习气，如六祖说："自心既无所攀缘善恶，不可沉守空寂，即须广学多闻，识自本心，达诸佛理，和光接物，无我无人，直至菩提。"悟道之后还需修道，才能圆满菩提。沩山灵佑亦说："初心从缘顿悟自性，犹有无始旷劫习气，未能顿尽，须教渠尽除现业流识。"② 并不是顿悟自性之后就完事了，实际上还有非常远的修行之路需要走。

所以，参禅悟道之后，必然还需要修道。从佛教角度来说，西方净土对于佛教徒来说，实则是一个很好的修行场所。明代莲池大师在《竹

---

① 陈兵：《自在之行——佛法正道论》，华夏出版社2009年版，第263页。
② 语风圆信、郭凝之编集：《潭州沩山灵佑禅师语录》卷一，《大正藏》第47册，第577页下。

窗随笔》中就曾说：

> 故知参禅人虽念念究自本心，而不妨发愿，愿命终时往生极乐。所以者何？参禅虽得个悟处，倘未能如诸佛住常寂光，又未能如阿罗汉不受后有，则尽此报身，必有生处。与其生人世而亲近明师，孰若生莲花而亲近弥陀之为胜乎？①

参禅悟道之人，并不是圆满成佛如释尊而住常寂光土，亦不是像小乘阿罗汉一样不受后有，将来必会有一个受生的地方，那么求生西方净土，以阿弥陀佛为导师，观音、势至等菩萨为同学，不是可以更快地修行吗？实际上，历史上很多禅师都极力主张悟后往生净土，比如天如禅师语就说："悟后不愿往生，敢保老兄未悟。"②

对于已经顿见真如本性的禅师，因其已体证生而无生、念而无念、修而无修的不二法门，正好可以用来念佛、修行、往生净土。在修行的当下，没有能修之我和所修之佛法的虚妄分别，这才是真正的修行。同样，在念佛的当下，没有能念之我和所念之佛的分别，才是真念佛，这种念佛就相当于《摩诃般若经》里讲的实相念佛了，以这种境界往生必是上品往生。《西方合论原序》（蕅益大师点评）中谓："悟后正好看经，正好修行。可见悟道是初步，看经修行是悟后功夫，不同流俗以看经修行为浅近，悟道为深远，成颠倒见。"③ 悟道之后看经看论，已经破除能、所，证真如法性，看经就如数自家珍宝。在《坛经·机缘第七》中谈到法达未悟道时，是被《法华》转，而不是转《法华》，而悟道之后，六祖才印可法达"今后方可名念经僧也"。因为未见道的时候，第七识恒与我爱等四烦恼心所相应，恒处虚妄分别之中，所以严格说起来，悟道之前的修行皆是有相修行，算不得真正修行，故而《坛经》中五祖说："不识本心，学法无益。"而当见道之后，已破一分我、法二执，就能真正做到无相修行，所以正好看经、正好念佛，乃至正好往生。永明延寿禅师所

---

① （明）袾宏：《云栖法汇（选录）》卷十三，《嘉兴大藏经》第33册，第50页中。
② （明）智旭：《灵峰蕅益大师宗论》卷第二之四，《嘉兴大藏经》第36册，第290页下。
③ 参见《净土十要》卷十，《卍新纂大日本续藏经》第61册，第749页上。

谓:"有禅有净土,犹如戴角虎。现世为人师,来生作佛祖。"

当然,如果没有参禅,但是能信愿念佛,老实修行净土宗,将来也必定可以往生西方净土。永明禅师谓:"无禅有净土,万修万人去。但得见弥陀,何愁不开悟。"只要能得生净土,在阿弥陀佛的加持教导之下,开悟只是迟早的事。从这一点来看,净土宗才是万无一失,最为保险的法门了。但是如果既不能依靠自力参禅开悟,又不修行净土,那么很难出离轮回,百劫千生,苦海漂泊,无所依怙。这就是永明禅师所说的:"无禅无净土,铁床并铜柱。万劫与千生,没个人依怙。"

因此,古代佛教高僧多主张禅净双修,就算参禅不成,至少还能往生净土继续修行。禅宗和净土宗各有特点,各有优势,《坛经》和净土宗经典虽然在表面文字上有些冲突,但其本质思想,并无二致。古代一些狂禅曾错解六祖本意,而谓净土不可修;今天则有部分佛教徒错解净土宗,而以净土宗来贬低其他法门,其实都是末流。关于这一点,丁小平在《〈坛经〉中的净土思想》一文中说得很好:"如果随言妄执,执自性净土而贬低弥陀净土,或执弥陀净土而贬低自性净土,则皆堕入末流,不足言矣。"①

小　结

本章所要解决的是《坛经》中的自性净土思想和净土宗的西方净土思想之间的冲突。明代朱白民居士曾问云栖大师云:"参禅念佛可用融通否?"云栖答曰:"若然是两物,用得融通着。"② 如果禅宗和净土宗二者不同,才需要去将两者会通,而莲池大师认为这两者的思想实质是一致的,故何用融通! 自性净土思想和西方净土思想又何尝不是如此。

《坛经》和净土宗的经典在表面文字上虽有些冲突,但在实质思想上并无二致。佛教净土思想的根本原理在于:心净则国土净,心染则国土染。当我人能够自净其心,当下即是净土,《坛经》所谓"悟人在处一般"。而当众生内心充满种种烦恼,其所处的国土就有着荆棘、坑洼、污

---

① 丁小平:《〈坛经〉中的净土思想》,《社会科学研究》2012年第1期。
② (明)袾宏:《云栖法汇(选录)》卷二十一,《嘉兴大藏经》第33册,第143页中。

秽。《坛经》所特别侧重的在于自证真如本性（自净其心），成就法性净土，所谓"内外明彻，不异西方"，当下就与西方净土无异。而净土宗则强调依靠他力加持先往生阿弥陀佛之报、化净土，在净土中努力修持，最终亦将达到《坛经》所谓的自净其心，悟无生顿法，成就自心净土。所以两者方法虽异，不掩原理相同。此外，净土宗的往生品位亦有高低，禅宗见道之后达无相修行，即是净土宗所谓的上品往生。而净土宗人所达到的无念而念、念而无念的实相念佛，即是禅宗的见自心净土。《坛经》说"西方人，心不净亦有愆"，"不断十恶之心，何佛即来迎请"，意在强调净心断恶，而不是真的与净土宗经典相冲突。就像禅师说佛是干屎橛，意在破除我人对佛的执着，抑或是说万法体性无异，而并非在缘起之现实上真的说佛是干屎橛。六祖关于净土的论述，如九方皋相马，是遗其形而取其神的，其根本宗旨在于教人自净其心，成就自性净土。实际上，历史上的禅宗大德多强调禅净双修，其中永明延寿大师的《禅净四料简》可以看作禅净双修的总纲。后世有些狂禅执六祖之言，认为无净土可修，实则是错解六祖之意，也是错解无生之意。实际上，"智者炽然求生净土，达生体不可得，即真无生"，并不是不生净土谓无生。而净土宗人若是执着西方净土而贬低禅宗法门，也是不利于佛教发展的。因为佛陀针对不同根机的人说不同的法门，目的在于使众生入佛知见，若是执着净土法门是最优越的，而将佛教的三藏十二部经缩减为净土五经一论，那就有可能在事实上造成佛教其他法门的衰落。

总之，执自性净土而贬低西方净土，或者执西方净土而贬低自性净土，皆是末流。

第 六 章

体用不二

体用不二思想是本书用来解释《坛经》中文字"矛盾"的方法。在第一章是以因果不二的思想来解释《坛经》中三智的顿渐关系；在第二章是以平等与差别不二的思想来解释《坛经》中的不落阶级与阶级次第之间的"矛盾"；第三章则将修行分为著相修行与无相修行，而以修与无修不二的思想来阐释无相修行；第四章则以佛性的常与无常不二的思想，来阐述佛性的不增不减和可增可断的"矛盾"；第五章则是从三身净土非一非异以及以往生而无生、无生而往生的角度，来解决自性净土和西方净土之间的"矛盾"。所以在末尾理应对体用不二思想本身进行一个详细的阐释。

第一节　相上的体用不二

一　阿赖耶识与前七转识

佛教讲的体用关系大致可以分为相上的体用，以及性、相之间的体用。

首先，我们来看相上的体用。"相"指缘起之相，那么相上的体用，也即缘生之有为法内部的体用。处于这种体用关系的两者，是可以平列存在的两种具体事物。比如张三和李四，两者可以平列地存在于时空之中。处于相上体用中的两者，其关系既是互相联系，又是互相区别的。因互相区别，故而二者不是相同的一个事物（不一）；因互相联系，所以二者也不是完全不同的两个事物（不异）。那么，这种不一不异的辩证关系，我们就称作"不二"。需要注意的是，这种相上的体用不二关系仍是以"无自性"作为逻辑前提的，和西方辩证法以形式逻辑为基础是有本质区别的。佛教中哪些事物的关系是这种相上的体用不二关系呢？

阿赖耶识与前七转识是相上的体用不二关系。阿赖耶识摄藏一切杂染、清净种子，并以此种子产生一切染净法。如《摄大乘论本》引《阿毗达磨大乘经》中偈云："无始时来界，一切法等依，由此有诸趣，及涅槃证得。"其中的"界"即是指阿赖耶识，众生无始以来的阿赖耶识是一切染净法之所依体，因为阿赖耶识所以有六道诸趣，因为有阿赖耶识所以能转染成净，证得大菩提，显得大涅槃。当然，这其中的清净种子是寄附在阿赖耶识中，与之和合俱转，就如水乳一般。抛去清净种子不说，因杂染种子遇缘产生前七转识现行的杂染法，那么就可以说阿赖耶识中的杂染种子为因，前七转识为果，两者构成一个因果关系。实际上这里面，阿赖耶识和种子是一种体用关系，如《成唯识论述记》云："本识是体，种子是用；种子是因，所生是果。"① 因为种子为因，前七转识是果，阿赖耶识与种子构成体用关系，阿赖耶识也就与前七转识构成体用关系。这种体用关系，在很多佛教经典里都是以海水与波浪的比喻进行描述。如《大乘入楞伽经》云："赖耶起诸心，如海起波浪。习气以为因，随缘而生起。"② 如同大海产生波浪，海水与波浪既不是相同的一个，也不是不同的两个，阿赖耶识中的种子遇缘产生前七识也是这样。《大乘密严经》则更说得明白些："若离阿赖耶，即无有余识。譬如海波浪，与海虽不异，海静波去来，亦不可言一。"③ 海水与波浪不一不异，阿赖耶识与前七转识也是不一不异的关系。在《瑜伽师地论》第六十三卷亦有："略有二识，一者、阿赖耶识，二者、转识。阿赖耶识是所依，转识是能依。此复七种，所谓眼识乃至意识。譬如水浪依止暴流，或如影像依止明镜。"④ 这里，《瑜伽师地论》则用暴流和水浪、明镜和影像来比喻阿赖耶识与前七识之间的关系，阿赖耶识是所依，转识是能依，同样也是体用不二的关系。

阿赖耶识与前七转识的"不一"关系，我们是可以理解的，因为这

---

① （唐）窥基：《成唯识论述记》卷二（末），《大正藏》第43册，第302页下。
② 《大乘入楞伽经》卷七，《大正藏》第16册，第640页中。
③ 《大乘密严经》卷中，《大正藏》第16册，第731页。
④ 《瑜伽师地论》卷六十三，《大正藏》第30册，第651页中。

两者并非相同的一个事物。那么,其"不异"的关系又该如何理解呢?《摄大乘论本》说:

> 复次,阿赖耶识与彼杂染诸法,同时更互为因。云何可见?譬如明灯,焰炷生烧,同时更互。又如芦束,互相依持,同时不倒。应观此中更互为因,道理亦尔。如阿赖耶识为杂染诸法因,杂染诸法亦为阿赖耶识因——唯就如是安立因缘,所余因缘不可得故。①

也就是说,阿赖耶识与前七识之现行杂染法,是互为因果的。一方面,阿赖耶识的杂染种子遇缘产生现行的杂染法;另一方面,现行的杂染法熏习阿赖耶识产生杂染种子。所以阿赖耶识既是因,产生杂染诸法;也是果,受熏杂染法熏习而持种。前七转识既是果,由阿赖耶识杂染种子遇缘产生;又是因,能熏阿赖耶识产生杂染种子。二者之关系就像蜡烛中的烛心与火焰,生出火焰与燃烧烛心同时互为因果;又如两束芦苇,互相依靠,同时不倒。也正是在这种子与现行法之间成立亲因缘关系,其他的因缘则是增上缘、所缘缘、等无间缘等。所以阿赖耶识与前七转识是彼此互为因果、互相联系、不可分割的二者,因此两者不异。这种不异的关系在《摄大乘论本》中引《阿毗达磨大乘经》一偈子来描述:"如是二识更互为缘。如《阿毗达磨大乘经》中说伽他曰:'诸法于识藏,识于法亦尔,更互为果性,亦常为因性。'"②

近人熊十力先生在《体用论》中曰:"有宗建立本有种子为万法之初因,而仍承旧义说真如是万法实性,颇有两重本体之过。"③ 熊十力先生认为本有种子是万法生起之最初因,而真如则是万法之实性,亦是本体,所以佛教有两重本体的过错。傅新毅教授在《佛法是一种本体论吗?——比较哲学视域中对佛法基本要义的反思》一文中,综合熊十力先生在《新唯识论》中对本体的四层定义,认为"本体"至少有这两层意思:(1)本原义,这里的"本原"并不是发生论意义上的万化之起点,

---

① 《摄大乘论本》卷上,《大正藏》第31册,第134页下。
② 《摄大乘论本》卷上,《大正藏》第31册,第135页中。
③ 熊十力:《体用论》,中国人民大学出版社2009年版,第50页。

而是终极根据义,即现象是多,本体必是一;(2)显现义,用为体之全体显现。① 如果本体具有"一"的含义,那其必是恒常不变的,因为若能变化,便不是"一"了,因为是恒常的"一",所以必定还会具备"自在"的特征,因为其如果是不自在的,要依他者而生起,那就不是恒常不变的。所以,本体应该具备这样几个特征:常、一、自在、主宰。但是前文所述之阿赖耶识的种子与前七转识是一个互为因果的不一不异关系。也就是说,种子可以产生万法,可以作为万法的生因;但是反过来,现行的万法也可以熏习阿赖耶识产生种子,也是种子的生因。既然种子是由万法产生,那么种子就不具备万化之起点的"本原义",本体义即失。更何况在《成唯识论》中明确有"种子六义":(1)刹那灭;(2)果俱有;(3)恒随转;(4)性决定;(5)待众缘;(6)引自果。只有具备这六种特征,才能成为"种子"。其中"刹那灭"则"遮常法,常无转变,不可说有能生用故"。也即刹那灭就意味着种子不是恒常不变的一。"待众缘"则"遮外道执自然因,不待众缘恒顿生果",意为种子不是外道所说的"自然因",不具备"主宰、自在"之义;"引自果"则"遮外道执唯一因生一切果",也即种子不具备本原之义和"自在"义。无论从哪个角度都不应该说种子是一种"本体"。实际上,种子只是一种"本识中亲生自果功能差别,此与本识及所生果不一不异"②,种子只是一种功能,并非实体(本体)。唯识学中所说的"本有种子"之"本有"二字,并非一时间起点,而是"无始时来"之义,实际上也是为了回答众生追问"种子从何来"的一种方便说。

所以,本书所述之"体用不二"中的"体"并不是熊十力所谓的具有本原义的"本体",并不是具备常、一、主宰、自在特征的基质、本质。因为这种本原或基质,实际上是佛教一直在批评的"实体"。佛教是彻底的无我论、缘起论,所以我们这里论述"体用不二"时,首先对"体"的定义就不同上文所述的具有常、一、自在、主宰之特征的本体,我们这里说的"体",恰好是在破除上述本体的基础上建立起来的概念,

---

① 傅新毅:《佛法是一种本体论吗?——比较哲学视域中对佛法基本要义的反思》,《南京大学学报》(哲学·人文科学·社会科学版)2002年第6期。
② 《成唯识论》卷二,《大正藏》第31册,第8页上。

可强名曰性体或所依体。我们所说的"相上的体用"中的"体"和"用"都是指缘生法，并非实体法，这一点是需要特别注意的。

除了阿赖耶识与前七识的关系，包括阿赖耶识与种子、心与心所、心所法中的实法与假法等都是相上的体用关系，丁小平在《唯识学的体用思想略论》一文中则概括为"相对的体用不二"[①]。

这种相上的体用关系在《坛经》中也有所表现。比如《坛经·付嘱第十》云："自性能含万法，名含藏识。若起思量，即是转识，生六识，出六门，见六尘，如是一十八界，皆从自性起用。自性若邪，起十八邪；自性若正，起十八正。若恶用，即众生用，善用，即佛用。用由何等？由自性有。"[②] 这里所说的"自性"即是指含藏识，也即阿赖耶识。阿赖耶识产生前七转识，杂染种子遇缘产生杂染法（十八邪），清净种子遇缘则产生清净现行（十八正），都是因为阿赖耶识而起用。这一点，太虚大师在《曹溪禅之新击节》一文中亦有论及。实际上，本书第一章所述的加行智、根本智与后得智的因果关系，就可以归入这种"相上的体用不二"。

二 体用一致与心性本净

这种相上的体用不二，有一个很重要的原则就是：体、用必须保持一致的特征。也即体是无常的缘生法，那么用也是无常的缘生法；体是具备常、一、主宰、自在等全部或部分特征的实体法，那么用也必须具备这些特征；体是恶（善或无记）的，用也必须是恶（善或无记）的，即伦理属性必须保持一致。不能出现体是无常、非一、无主宰、无自在，而用却是常、一、主宰、自在；或者体是常、一、主宰、自在，而用却是无常、非一、无主宰、无自在。因为体和用不能相离。这种体用一致原则在许多佛教经论中都有提到。

首先，我们来看《大乘理趣六波罗蜜多经》关于体用一致的论述。此经卷十佛陀在讲解般若波罗蜜具备"无行无相、无生无灭"的特征时，

[①] 丁小平：《唯识学的体用思想略论》，《西南民族大学学报》（人文社科版）2020年第1期。

[②] （元）宗宝编：《六祖大师法宝坛经》，《大正藏》第48册，第360页中。

法会中有一个叫微末底的外道提出了异议："世尊！佛说一切诸法本来不生、自性清净。此义不然。自在天常，而是一切万物父母，能生诸法，能造能作、安立世间。复有说云：'神我能生一切诸法，然此我者，住于心中犹如拇指。'复有说云：'一切诸法从和合生。'云何今者乃说无生。"[①] 微末底认为有一个"大自在天"或者"神我"能产生万物，但其本身不被其他东西产生，他又曾听说一切万法从因缘和合产生，但是佛陀却认为一切法"无生"。因此，微末底产生了疑问。从微末底的描述来看，其所说的"大自在天"或者"神我""和合因缘"等都具备常、一、主宰、自在的部分或者全部特征。接着，佛陀从体用一致的角度对微末底的提问进行了回答：

> 尔时薄伽梵告微末底："汝所问者，随汝意答，断汝疑心，应当谛听！如汝所说：'自在天常，能生一切。'所生万物应同一性，悉亦是常。若谓所生，前、后变易，非常住者，理亦不然。用不离体，应是常住；体不离用，应非常故。自在常者，生应常生，云何有时或生不生？既不常生，云何是常？以是义故，同彼所生，定是无常。所生既多，亦非是一，若是一者，应无差别，万类区分如何是一？又自在天能生一切，无有慈悲。若有慈悲，应令有情悉生人天常受快乐，云何令诸有情受于八苦，生三恶趣受种种苦？若有慈悲，云何自生、自立、自害？若自在天是一、是常，所生一切应无变易，云何异类生灭无常，五趣之中受兹不净？譬如见果即知其因，当知自在非常、非一。若言妙好是自在作，粗鄙不善毕舍遮为。如是之言亦不应理。善由自在，恶由舍遮，善恶相违何名自在？又诸有情，作恶人多、修善者少，即毕舍遮鬼胜自在天。又诸有情，所作善事，自在处分；所作诸恶，鬼所教者。汝诸弟子恒作是言：'为善生天，恶堕地狱。'若生天、堕狱由造善恶，云何言彼自在作耶？譬如国王使人宣令赐财授职，但言王赐，终不言是宣教命人。又如国王使人断命，但言王杀，不言魁脍。是即造善归自在天。若造诸恶，毕舍遮受，有情何故受苦乐耶？以是当知，大自在天决定不能造作一切。若言一者，有情何故能生无量善

[①]《大乘理趣六波罗蜜多经》，《大正藏》第8册，第910页下。

恶心耶？以是故知亦非是一。若言一切由自在天，即应纯善，何有恶耶？如人有时于多人所，作诸恶事即是恶人。若众生恶由自在者，世间咸谓地狱罪人自作恶业，汝独云何推自在耶？又如有人谤他作恶得无量罪，汝谤自在获罪亦然。"

"复次，微末底！自在造作过失如前，神我过失倍过于彼。若我是常，能造作者，此身去住应得自由，无人能害，云何号哭而惧死耶？若我是常，应能忆念过去造业受诸苦报，故于今生不应造恶。又我常者，即应自在舍于衰老，恒受少壮，如脱故衣更着新好，云何而有老病死耶？以是当知，我非作者。"

"复次，微末底！我观诸法，亦非和合因缘所生。所以者何？因无生性。因若有生，不应待缘。缘无生性亦复如是。若说因缘我能和合，此亦不然。如二盲人，各别行住，不能见色，设令同住，不见亦然。当知神我、和合因缘亦不能生。若能生者，应是无常，有作用故，如所生果定是无常。以是当知，离所生外无别能生。或说五大极微是常，能生诸法。此亦不然，犹如水米和合成酒，饮即令醉。如是醉力不从外来，非水中出，亦非米出，水米和合转变而生。一切诸法无有作者，亦无有我而为因缘。所以者何？大地虚空。水、火、风界当知亦尔，岂无情物生有情耶？"

"一切诸法假有实无，非自在天亦非神我、非和合因缘、五大能生。是故当知，一切诸法本性不生，从缘幻有，无来无去、非断非常，清净湛然，是真平等。"①

这一段话很长，但非常精彩。从总的方面来说，佛陀分别破斥了大自在天、神我、和合因缘能生万法的观点。从分的方面来看，佛陀在破斥第一种观点——大自在天能产生万法时，又可以分为以下三个方面：（1）大自在天是"常"，不合理。首先，如果大自在天（体）是恒常不变，那么由大自在天产生的万物（用），也应该是恒常不变，但实际上，万物是绝对运动变化的。如果说能产生万物的大自在天是恒常的不变的，但所产生的万物却可以是绝对运动的。这种情况也是不可能的，因为体和用不能相离。所以

---

① 《大乘理趣六波罗蜜多经》，《大正藏》第 8 册，第 910 页下—911 页中。

只有两种可能：要么用和体一样，保持恒常不变的特征；要么体和用一样，保持绝对运动变化的特征。但很显然，第一种才符合实际情况。其次，如果大自在天永恒存在，应该一直永恒地产生万物，但不同物体却有时产生，有时不产生。因此，由所产生的万物并非恒常产生，可以推知能产生的大自在天也并不具备"常"的特征。当然，大自在天不能恒常产生万物，也即意味着万物需要待缘而生，那么大自在天创生万物就不具备"自在"的特征。（2）大自在天是"一"，不合理。如果大自在天（体）是唯一的，那么由大自在天产生的万物（用）也应是唯一、没有差别。但实际情况是，万物品类繁多，并非没有差别。因此，由所生万物非一，可推知能生的大自在天也非一。（3）大自在天是"主宰"，不合理。首先，大自在天是纯善的，但其所创造的众生却经常作恶、受苦。如果大自在天不能使其创造的众生一直作善、受乐，那么大自在天就不具备主宰万物的特征。如果众生作善是因为大自在天的力量，作恶是由鬼所教，那么大自在天也不具备"主宰"的特征，因为所谓主宰，一定是主宰一切而不是主宰部分。如果说作善升天、作恶堕地狱，那么受乐、受苦就是由众生所作善恶业决定的，大自在天就失去了主宰的作用。

接着佛陀破斥了微末底的第二种观点——神我产生万物，可分为两个层次：（1）神我是"常"，不合理。如果神我是常，即"我"（体）过去、现在、未来恒常不变，那么由我产生的记忆（用）也应该保持前后不变，那么"我"就应该记得过去曾经造业受苦，今生应该不再造恶。但实际情况，并非如此。（2）神我具备"主宰、自在"的特征，不合理。如果神我支配众生身体不需要其他因缘，亦不随因缘而变化，那么众生应该永远保持青壮年的状态，并不会产生生老病死等痛苦，他人也不能相害，就不会产生对死亡的恐惧。但实际情况，亦并非如此。因此，从用推体，可知那种具备常、主宰、自在等特征的神我并不存在。"神我"类似于我们中国民间信仰中的"灵魂"，也即灵魂作为每一个人的主宰者，是不灭的。也有某些人误认为佛教的轮回有一个灵魂在做主宰，以为轮回就是灵魂从这个色壳子换到另一个色壳子，就像看电视换台一样。这种观点其实和这里佛陀所批评的"神我"观点无异，违背了体用一致原则，也违背了佛教的缘起正理。

对于和合因缘产生万物的观点①，佛陀亦对其进行了破斥。如果"因"能够自在产生万物，那么"因"产生万物就不需要"缘"。对于"缘"能产生万物同样如此。那么既然"因"或者"缘"都不能独自、不待他缘就产生万物，由用推体，可知具备"自在"特征的"因"或者"缘"是不存在的。如果说因缘和合产生万物，也不合理，因为实体化的"因"和"缘"既然是两个不同的实体法，那么怎么能和合之后变成别的东西呢？也即不同的二不能合成相同的一，更不可能变成不同于二的三。就像两个盲人不能相见一般。如果说地、水、火、风、空这五大的极微具备"常"的特征，和合之后能产生万法，也不对。就像水米和合成酒，水米是因，具备醉的功能的酒是果，但是酒醉并非从水中产生，亦非从米中产生，也并非从水米之外的其他东西产生。也即果并非从缘产生，亦并非从非缘产生。在《中论·观因缘品第一》中就详细论证了因、缘、果都无自性，皆是缘起如幻。我们常说因缘和合产生万物，但因果道理，并非表面上说起来那么简单。实际上，因果都是相待成立的，如称两头，低昂时等，并非先有一个因或者缘，然后由这因和缘产生了果，要是这样的话，这因和缘就被实体化而成了新的"大自在天"。

最后佛陀破邪显正，成立了缘起正理。一切法非他生，亦非自生，故是无生。因为一切法都是假有实无，缘起如幻，远离去来、断常等二边。此处，佛陀用以破邪显正的方法便是体用一致原则。

同样，在《成唯识论》卷一中，也利用"体用一致"的原则回答了外道"如果无我，谁在记忆、读诵、恩怨"的问难：

> 实我若无，云何得有忆识、诵习、恩怨等事？所执实我，既常无变，后应如前，是事非有！前应如后，是事非无！以后与前，体无别故。若谓我用，前后变易，非我体者，理亦不然。用不离体，应常有故；体不离用，应非常故。②

---

① 此处微末底所说"一切法由因缘和合而生"是将因、缘作了实体化的构造，而佛教所谓因、果实际上是假施设，观现在法有引生后用，从而对后来之用（果）假说现在此法为因，并非有实体之因、缘、果。

② 《成唯识论》卷一，《大正藏》第 31 册，第 2 页上—中。

佛教主张无我，也即无实体我。如果没有一个实体的"我"存在，那么谁在记忆过去的事？谁在读诵佛经？乃至谁在恩济于彼、怨害于此？这种种事业，又是谁在做？《成唯识论》这里则以反证法来回答这个问题。如果有一个实体的"我"存在，这个"我"必然是恒常不变的，既然之后的"我"和之前的"我"是一样的，就应一直保持之前的"我"的状态：不会有记忆、读诵等事；或者说在之前的"我"就已经有了之后的"我"的记忆、读诵等事。因为之前的"我"和之后的"我"之"体"都是恒常不变的。如果说"我"的"体"是恒常不变的，但是"用"却可以前后变易，这是不可能的。因为要么体和用一样，都是前后变易的；要么用和体一样，前后不变。这就是体用一致。唯识学还通过这种原则回答了后面的"我若实无，谁于生死轮回诸趣？谁复厌苦求趣涅槃？"的问难。

在《成唯识论》卷二中提出了一个"心性本净"的问题，也即如果"心性"指的是心体——缘起之相（唯识学中，"性"与"相"经常互用），也即心在缘起之相上本是有为无漏的，那么就会遇到八种困难。如其云：

> 若即说心，应同数论——相虽转变，而体常一。/恶、无记心，又应是善。/许，则应与信等相应。/不许，便应非善心体。尚不名善，况是无漏！/有漏善心既称杂染，如恶心等，性非无漏，故不应与无漏为因，勿善恶等互为因故。/若有漏心性是无漏，应无漏心性是有漏，差别因缘不可得故。又异生心若是无漏，则异生位无漏现行，应名圣者。/若异生心性虽无漏，而相有染，不名无漏，无斯过者。则心种子亦非无漏，何故汝论说有异生，唯得成就无漏种子？种子、现行性相同故。/然契经说：心性净者，说心空理所显真如，真如是心真实性故。或说：心体非烦恼故，名性本净。非有漏心，性是无漏，故名本净。①

这八种困难，我们用"/"作了划分，分别为：（1）相转体常难。也

---

① 《成唯识论》卷二，《大正藏》第31册，第8页下—9页上。

即心的自体于过去、现在、未来永远是无漏的,而在具体心相上却可以从有漏转为无漏。这种观点同印度数论派的主张相似。这是明显的体用不一致,也即体可以是绝对静止的,但用却是绝对运动的,这样是非常荒谬的。我国道家的道与阴阳二气、程朱理学的理与气的关系,都和数论的这种观点有些类似。(2) 二性应同难。如果心体是无漏的(无漏是胜义善),那么无记(非善非恶的心理状态)和恶应该都是善。因为心体是善的,心的相用也应该是善(体用必须保持一致)。但是很明显,善与恶的伦理属性是不同的。(3) 恶与善俱难。如果允许有漏的不善心,其心体是无漏善,那么有漏的不善心就会与信、惭、愧等十一个善心所相应。因为心与心所就像太阳与阳光一样,必须同时相应。那么,就会出现恶心却与惭、愧、无贪等善心所相应,这是很荒谬的。(4) 不俱非善难。如果不允许有漏的不善心其心体是无漏的善,那么其心体便应是非善。心体既然是非善,怎么能是无漏呢!(5) 例恶非因难。如果你说有漏的善心是和善心所相应的,其心体可以是无漏的善。实际上,也不能这么说,因为有漏善属于杂染法,和不善心一样,其心体并不是无漏,无漏不能做有漏的因(因为有漏与无漏的性质是互相违背的,就如善恶不能互相为因)。(6) 治障性同难。如果有漏心的心体可以是无漏的,那么无漏心的心体也可以是有漏的。但是无漏是用来对治有漏的,两者怎么互作心体与心相呢?(7) 凡夫起圣难。又如果凡夫有漏的心的心体是无漏的,那么凡夫就会产生无漏的现行,也即在事实上成为圣者。但实际上,凡夫并不是圣者。(8) 现种应同难。凡夫在现行是有漏的,那么熏习成心体种子,也应是有漏的。不能说现行是有漏的,而熏习的种子是无漏的。种、现的性质必须保持同类。

之所以会有这八种困难,是因为相上的体用关系必须保持"体用一致"的原则,体是常,用也必须是常,而且体的伦理属性必须和用的伦理属性保持一致。我国儒家孔孟的"性本善"说或者荀子的"性本恶"说,如果"性"是指有为的心体,那么也同样会遇到(2)至(8)的困难。从以上这八种问难来看,很明显"心性"不是指有为无漏的心体,"心性本净"也不是指心体是有为无漏的善、净。所以,《成唯识论》认为"心性本净"的"心性"指的是理体真如;或者说"心性本净"是指依他起的心体本身非烦恼。真如是心之真实性,远离种种二边,如水之湿性，如物质之运动，谈不上高下、长短、美丑、善恶、染净而强名曰净。从某种角度来说，心性本净也可以说成是心性本染、心性本不染不净、心性本既染既净都可以。因为真如是从"性"上说的，而不是"相"上的缘起法，所以就不会遇到上述八种困难。这是下文将要分析的性、相之间的体用不二关系。

在《坛经·机缘第七》中，志道把法身与色身、法性与五蕴之间的关系，理解为相上的体用关系，便会遇到体用不一致的困难。他说：

> 色身无常，有生有灭；法身有常，无知无觉。……又法性是生灭之体，五蕴是生灭之用，一体五用，生灭是常，生则从体起用，灭则摄用归体。若听更生，即有情之类，不断不灭；若不听更生，则永归寂灭，同于无情之物。如是，则一切诸法被涅槃之所禁伏，尚不得生，何乐之有？

志道认为色身是无常，而法身是有常，那么法身就无法作为色身之体。法性是不生不灭（体），而五蕴是有生有灭（用），生（无常）就是从不生不灭的法性（常）起用，灭（无常）就是重新归于不生不灭之体（常），如果不生不灭之体再产生生灭之用，那么就会导致众生不断不灭；如果不生不灭之体不再产生生灭之用，那么就会永归寂灭，如同无情之物，一切万法都将被涅槃禁伏。志道将法身、法性之常理解为确定死常，将色身、五蕴之无常理解为断灭无常。根据体用一致原则，有常之体和无常之用是无法相容的矛盾，就像韩非子讲的最坚固的盾和最尖锐的矛，两者不能同时并存于世。所以，志道的话处处无法自圆其说，处处包含着逻辑的矛盾。志道所理解的法身与色身、法性与五蕴之间的关系有点类似于印度外道所执的"大自在天生万法"，所以惠能大师批评志道："汝是释子，何习外道断常邪见。"实际上，法身与色身、法性与五蕴是下文将要论述的性、相之间的体用不二关系，而性相不二关系依然要遵循体用一致原则。

第二节　性、相的体用不二

一　性、相是什么

在探讨性相体用不二之前，首先应该交代一下性与相的内涵。"相"的内涵在上一节已经说过了，指的是缘起之相，也即是依他起之有为法。这里主要介绍一下"性"是什么。

唯识学经常有性、相通用的情况，但我们这里所指的"性"指的是真如体性，是无为法。这真如无为法是一切有为法之体性，换言之，"性"是"相"的体性。《成唯识论》卷二说：

> 然诸无为所知性故，或色、心等所显性故，如色、心等。不应执为离色、心等实无为性。……诸无为法略有二种：一依识变假施设有，谓曾闻说虚空等名，随分别有虚空等相，数习力故心等生时，似虚空等无为相现。此所现相，前后相似无有变易，假说为常。二依法性假施设有，谓空无我所显真如，有无俱非、心言路绝，与一切法非一异等，是法真理故名法性，离诸障碍故名虚空。由简择力灭诸杂染究竟证会，故名择灭。不由择力本性清净，或缘阙所显，故名非择灭。苦乐受灭，故名不动。想受不行，名想受灭。此五皆依真如假立，真如亦是假施设名，遮拨为无故说为有，遮执为有故说为空。勿谓虚幻故说为实，理非妄倒故名真如，不同余宗离色心等有实常法名曰真如，故诸无为非定实有。[1]

"所知性"相当于识变无为，即众生曾听闻证道者所说虚空无为而在意识中变现相似的形象，这种形象前后相似，故假说为常；"所显性"是依法性假施设有，指的是一切事物所具有的真实本性。无为法实际上是指一切法的体性，从不同的侧面进行描述则有不同的名称：虚空无为、择灭无为、非择灭无为、不动无为、受想灭无为，这五者都是依真如而假立。真如本来是有无俱非、心言路绝，无法用语言来形容，但为了众生方便

---

[1]　《成唯识论》卷二，《大正藏》第31册，第6页中—下。

理解，避免落入偏执，说为：有、空、实、真如等。真如无为法与色、心等有为法的关系是非一非异，并不是离开色、心等法有一个真实恒常的东西叫作无为法。这里最要紧的就是真如是一切法之体性，与一切法不一不异。也即真如是"性"，一切法是"相"，"性"并非离开"相"独存的某个实体。"性"是"相"之体，"相"是"性"之用，性、相不一不异，体用不二。

这性相之间的体用关系，实际上就是空性与缘起之间的关系。空性指的是无自性性，因万法之体性是无自性性，所以其恰好可以展现为缘起的万法；又因为万法是缘起的，所以其体性是无自性性。空性与缘起之间的关系，是大乘佛教的老生常谈，故不赘述。如果说，阿赖耶识与前七识的相上的体用关系可以用海水与波浪来比喻，那么真如与万法之间的性、相体用关系就可以用水之湿性和海水来表示。

相上的体用关系，必须遵循"体用一致"的原则，因为相上的体、用都是缘起序列中的事物，是有为法，前后必须保持一致。不能说体是常法，用却是无常法，也不能说体是善法，用就是恶法。如果不保持体用一致，就会出现韩非子所说的最坚固的盾和最尖锐的矛同时并存的逻辑矛盾，就如常与无常不能同时并存。那么，性、相之间的体用关系还需要保持"体用一致"吗？答案是肯定的。真如本性远离种种二边，不可言说；实际上，依他起法同样也是远离二边，不可言说。我们平时认为依他起法可以用名言概念来施设言说，其实并非如此，在《成唯识论》卷二就说："谓假智及诠不得自相，唯于诸法共相而转。"① 我们平时所施设的名言都是在诠释诸法之共相，依他起之自相是无法言说的。《成唯识论》卷三说："谓此正理深妙离言，因、果等言，皆假施设。"② "正理"指缘起正理，真正的缘起之自相是深妙离言的，平时所说的因、果等语言文字，都是假名安立的。《成唯识论》卷八则云："非不证见此圆成实而能见彼依他起性，未达遍计所执性空，不如实知依他起有故。无分别智证真如已，后得智中方能了达依他起性如幻事等。"③ 也就是说，真正

---

① 《成唯识论》卷二，《大正藏》第31册，第7页中。
② 《成唯识论》卷三，《大正藏》第31册，第12页下。
③ 《成唯识论》卷八，《大正藏》第31册，第46页中。

的了知依他起性，要在证得真如之后，以无分别之后得智才能了达。依他起性也是同真如一样，是远离二边的，只有以后得无分别智才能了知。故《摄论》称依他起为清净圆成实性。因此，依他起性与真如体性皆是远离二边，深妙离言，依然遵循着"体用一致"的原则。

当然，需要注意的是，性和相不再是缘起中的具体事物。比如水的湿性不再是具体的事物，它已经超越了大小、长短、高下、生灭、一异等的二元层次的具体事物。所以可以称湿性是不生不灭之"常"，而这种"常"并不与水之"无常"相矛盾。性、相之间的体用关系就要从超越此彼、生灭、异同、断常、来去等二元对立的层次来理解，是一种绝对的体用关系。这种性、相的体用也是不二关系，真如不能离开万法而独存，万法离开真如则不能成为万法，故而真如与万法非异；但真如和万法也不是相同的一个事物（非一）。就如运动不离物质而独存，而物质一定是运动的物质，物质与运动不是不同的二；但运动与物质又不是相同的一个东西。智者大师亦说："离用无体，离体无用，用即寂，寂即用，无别有无用之体主于用也，亦无别有无体之用主于体也。"① 这种性、相体用的不一不异、不即不离关系，其实是大乘诸经典的老生常谈。吉藏大师在《三论玄义》中就说："大乘经同以不二正观为宗，但约方便用异故，有诸部差别。"②

二 三自性

为了更好地理解性、相之间的体用不二关系，我们引入唯识学三自性的理论来阐释"性相不二"。玄奘所译之《摄大乘论本》对三自性有较为详细的论述，其对三自性的定义为：

> 云何成依他起？何因缘故名依他起？从自熏习种子所生，依他缘起，故名依他起。生刹那后无有功能自然住故，名依他起。
>
> 若遍计所执自性，依依他起实无所有，似义显现。云何成遍计所执？何因缘故名遍计所执？无量行相意识遍计颠倒生相故，名遍

---

① （隋）智顗：《金刚般若经疏》，《大正藏》第33册，第75页中。
② （隋）吉藏：《三论玄义》，《大正藏》第45册，第10页下。

计所执。自相实无，唯有遍计所执可得，是故说名遍计所执。

若圆成实自性，是遍计所执永无有相。云何成圆成实？何因缘故名圆成实？由无变异性故，名圆成实；又由清净所缘性故；一切善法最胜性故，由最胜义，名圆成实。①

依他起性是指依靠种子为因缘而产生的现行诸法，其特征是无法自然安住，而刹那生灭。遍计所执性是意识对一切境相产生颠倒错乱认知，从而执着依他起法为真实的外境。遍计所执性是依于依他起而产生虚妄的影像，本身没有自体，属于无体随情假。换句话来说，遍计所执性是一种错觉，本身是绝无的。在依他起性上遣除遍计所执性，即是圆成实性。圆成实性是远离一切二边的无性之性，是无分别智之所缘。圆成实性有两种，"一者、自性圆成实故，二者、清净圆成实故"②。其中的自性圆成实指法性真如，是一切依他起法的体性。而清净圆成实则是遣除遍计所执性之后的依他起性，是一种清净的依他起法。那么，从自性圆成实性的角度来看，其与依他起性就构成性、相之间的体用关系。而依他起性实际上可以分为杂染、清净两分。如《摄大乘论本》云："于依他起自性中遍计所执自性是杂染分，圆成实自性是清净分。"③ 从某种角度来说，圆成实性也是遍计所执性之体。

圆成实性与依他起性之间的体用不二关系在《成唯识论》卷八中有非常精彩的论述：

此即于彼依他起上常远离前遍计所执，二空所显真如为性。说"于彼"言，显圆成实与依他起不即不离。"常远离"言，显妄所执能、所取性理恒非有。前言义显不空依他，性显二空非圆成实，真如离有离无性故。由前理故，此圆成实与彼依他起非异非不异。异，应真如非彼实性；不异，此性应是无常，彼此俱应净、非净境，则本后智用应无别。云何二性非异非一？如彼无常、无我等性。无常

---

① 《摄大乘论本》卷中，《大正藏》第31册，第139页上—中。
② 《摄大乘论本》卷中，《大正藏》第31册，第139页下。
③ 《摄大乘论本》卷中，《大正藏》第31册，第140页下。

等性与行等法，异，应彼法非无常等；不异，此应非彼共相。由斯喻显，此圆成实与彼依他非一非异。法与法性理必应然，胜义、世俗相待有故。①

这一段话很长，但是却十分重要。这段文字主要是为了解释世亲菩萨《唯识三十颂》中第二十一颂的后半部分和第二十二颂的前部分："圆成实于彼，常远离前性。故此与依他，非异非不异，如无常等性。"此段主要包含以下两层意思。

首先，圆成实性与依他起性是不一不异的体用不二关系。圆成实性是非有非无的真如之体，依他起性是缘生缘灭的事相之用，二者非一非异。如果异，那么真如就不是依他起法之体性；若不异，圆成实性也将和依他起性一样是缘起如幻的无常法，而且会导致后得智也能缘真如，从而使根本智与后得智没有区别（实际上，根本智所缘是真如，后得智所缘是清净依他起）。文中还以诸行无常、诸法无我为喻，无常、无我之性是诸行、诸法的共性，这很像马克思主义哲学中的"运动"与"物质"这一对范畴，运动是物质的根本属性，无常、无我也是诸行、诸法的根本属性。如果异，那么诸行就不是无常的，离开诸行有个单独的东西叫无常，一如物质不是运动的，离开物质有个单独的东西叫运动；如果不异，无常就和诸行是一个东西，无常就不是诸行的根本属性了，一如物质与运动同一。因此，圆成实性与依他起性是不一不异的体用不二关系。

其次，三自性整体是体用不二关系。并没有一个孤零零的东西叫作圆成实性，必然是要结合依他起性和遍计所执性来谈圆成实性的。这段文字开头就对圆成实性进行了定义："此即于彼依他起上常远离前遍计所执，二空所显真如为性。"《摄大乘论本》亦有："此中何者圆成实相？谓即于彼依他起相，由似义相永无有性。"②"似义相"即遍计所执性。也就是在依他起性上遣除遍计所执性，就是圆成实性。那么，离开遍计所执性，圆成实性就谈不上开显不开显，离开依他起性，圆成实性则无所依。同样，对于遍计所执性和依他起性也是这样，不能离开其他二者而

---

① 《成唯识论》卷八，《大正藏》第31册，第46页中。
② 《摄大乘论本》卷中，《大正藏》第31册，第138页上。

单独成立。三者就像立在地上的三根枪杆，必须彼此依靠才能站立。

因此，真如（圆成实性）并非一个能够离开依他起性的孤体。这一点，十分重要。不少学佛者都对真如的意思没有准确的把握。有些人认为真如是与依他起合一的自心本性，学佛就是将本心扩充开来；有些人认为真如是可以离开缘生缘灭的不生不灭法，认为本心是不生不灭而与生灭法不相干。这些都是没有正确理解三自性之间的关系而导致的误解。

三 迷悟转依与持种转依

通过引入三自性的概念，性、相之间的关系更加明了。性指圆成实性，相指杂染依他起和清净依他起两分，唯识学还从性与相的角度分别成立了迷悟转依和持种转依。《成唯识论》卷九说：

> "依"谓所依，即依他起与染、净法为所依故。"染"谓虚妄遍计所执，"净"谓真实圆成实性，"转"谓二分转舍、转得。由数修习无分别智，断本识中二障粗重故，能转舍依他起上遍计所执，及能转得依他起中圆成实性。由转烦恼得大涅槃，转所知障证无上觉，成立唯识，意为有情证得如斯二转依果。或"依"即是唯识真如，生死涅槃之所依故。愚夫颠倒迷此真如，故无始来受生死苦；圣者离倒悟此真如，便得涅槃毕竟安乐。由数修习无分别智，断本识中二障粗重故，能转灭依如生死，及能转证依如涅槃。此即真如离杂染性，如虽性净而相杂染，故离染时假说新净，即此新净说为转依。①

从迷悟转依的角度来看，此"依"即是真如——圆成实性，为生死涅槃之所依，众生无始以来迷此真如，圆成实性被遍计所执性所障覆，受生死苦；圣者则涤除遍计所执，断除烦恼障和所知障，开显圆成实性，证得大涅槃。这是从体性上来说的，因为圆成实性并不是一个具体缘生法，而是远离二边之诸法体性，所以涅槃并非生得，而是显得。真如也无所谓转染成净，而只是从遍计所执性被遣除的角度而假说转依。从用

---

① 《成唯识论》卷九，《大正藏》第31册，第51页上。

上来说，也即从持种转依的角度来看，此"依"是依他起性，染是杂染依他起——遍计所执性，净是清净依他起——圆成实性（此圆成实即是《摄大乘论本》中所说之清净圆成实，而非真如体性），转依即是转舍杂染分，转得清净分，也即转舍杂染种子，转得无漏种子现行。这是从相上来说的，所以大菩提是生得而非显得。这里，体与用的关系，可用下图表示：

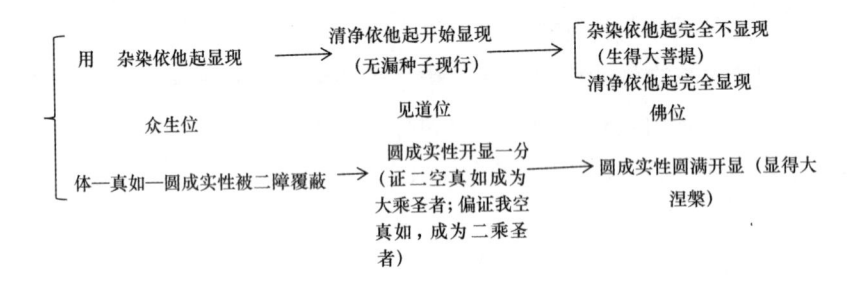

```
       ┌ 用  杂染依他起显现 ──→ 清净依他起开始显现    ┌ 杂染依他起完全不显现
       │                     （无漏种子现行）       │ （生得大菩提）
       │                                           └ 清净依他起完全显现
       │    众生位              见道位                佛位
       │
       │ 体—真如—圆成实性被二障覆蔽    圆成实性开显一分 ──→ 圆成实性圆满开显（显得大
       │                              （证二空真如成为                        涅槃）
       └                              大乘圣者；偏证我空
                                      真如，成为二乘圣
                                      者）
```

　　这两种转依，一种是围绕依他起性而展开的转依，这是从亲因缘的角度、有为的角度、用的角度展开的。在这持种转依中，遍计所执性与依他起性非一非异而表现为杂染的依他起法，圆成实性与依他起性非一非异而表现为清净依他起法，转染成净即是通过闻思修的熏习，杂染种子不断被清净种子对治，最终无漏种子现行，发生见道，乃至杂染种子完全被对治，而圆满成就四智菩提，获得无量的智慧功德。另一种是围绕圆成实性而展开的转依，这是从所缘缘的角度、无为的角度、体的角度展开的。在这迷悟转依中，遍计所执性与圆成实性非一非异而表现为障覆真如的客尘烦恼，转染成净即是将客尘烦恼观空，因为这二障作为遍计所执性，本来即是绝无的，是众生的一种错觉，一旦如实觉悟其本来是空，即是见道，开显一分真如。当客尘烦恼完全涤除，即是圆满证得圆成实性，显得大涅槃。

　　因为三性的非一非异，这两种转依实际上是体用不二的关系，是从不同的角度描述同一个事件过程。无为之真如的开显离不开有为的闻思熏习，法身开显一分，便是清净智慧获得一分。这种体用不二最直接的体现就是悟道时的根本智证真如，在用上是无漏种子现行，获得根本智；在体上是真如开显，亲证真如，智、如不二。

四　性、相体用不二在《坛经》中的运用

性、相体用不二是佛教的核心思想，当然也是《坛经》的核心思想。在本书写作的过程中，也一直采用体用不二的思想来阐释《坛经》中的"矛盾"。细心的读者应该早有发现。这里我们再不厌其烦地对《坛经》中出现的性相不二思想进行一个总结。

（1）不落阶级与阶级次第。在《坛经·机缘第七》中，行思禅师所说的"圣谛尚不为，何阶级之有"、怀让禅师说的"染污即不得"是从真如体性上来说的，因为所证之真如谈不上有没有差别，也谈不上染污不染污；而怀让禅师说的"修证即不无"以及惠能大师所说的"解脱知见香"则是从智慧之相用的角度说的，则可修可证、阶级宛然。

（2）无相修行。从真如之体的角度来看，无所谓修与不修，故而强名"无修"，但在依他起之用的角度来看，却需要不断地修行，增长无漏种子。《坛经》中所说的无相修行即是这种意思，是以无修（无实体修）为体，有修（有缘起修）为用，无修而修，修而无修。无相修行在《坛经》中有很多具体的表现，如一行三昧，虽然在用上表现为行住坐卧一切万行，但在体上常与真如相应，远离种种二边；《坛经·机缘第七》中法达在惠能大师点拨下，明白念经也是念而无念，无念而念；《坛经·疑问第三》中所说的孝、义、让、忍之用，也是在体上心中常与真如相应，而远离能所之二边。这种无修（体）与有修（用）的不二，也是《圆觉经》中佛陀说"譬如销金矿，金非销故有。虽复本来金，终以销成就"的深意：真如之体并非修行而得，但是真如的开显却离不开修行之用。这是一个体用不二的过程。

（3）理佛性与行佛性。理佛性指真如体性，谈不上增减、断常，在《坛经》中常用"不二之性"来表示；行佛性指无漏种子，可增可减，通过听惠能大师说法，就能发生增长，而诽谤佛法则会"百劫千生，断佛种性"。理佛性为体，行佛性为用，体用一如，性相不二。所以惠能大师在《坛经》中谈到的佛性看似前后矛盾，实则是这种体用关系的灵活运用。

（4）常与无常。前文第四章谈到《坛经》中的志道和张行昌，将常理解为确定死常，将无常理解为断灭无常，所以对佛经产生了误会。而

惠能大师所说的常与无常则是指性相之间的立体的体用关系。体是不生不灭之常，用是缘生缘灭之无常，用不离体，故有"吾说无常，正是佛说真常之道也"；体不离用，故有"吾说常者，正是佛说真无常义"。

（5）无生与往生。第五章所谈到的自性净土之无生与西方净土之往生，也是一种性相不二关系。无生是从体性上来说的，缘生是从相用角度来说的。无生并非不往生，而是在往生之当下求"生体"不可得，即是真无生，对实体性之"生"的否定，即是对缘生的肯定，可以说无生与缘生不离不即。从无生之体的角度来看，无所生之净土，亦无能生之众生，所谓"往无所往，生无所生"；从缘生之用的角度看，既有所缘生之净土，又有能缘生之众生，所谓"往则决定往，生则决定生"。包括法身与报身、自性净土与西方报化身净土的关系，都可以归为性相不二关系。

第三节　对"真如"及《坛经》中"自性"的思考

一　"真如"一词的完整内涵

"真如"一词，一般指万法的体性。这一点，前文已多有论述，如《成唯识论》卷二说真如是色、心等法的实性，故真如一般指与正智相对之无为法。但在《成唯识论》卷十中描述了十种真如，可谓最全：

十真如者。一、遍行真如：谓此真如二空所显，无有一法而不在故。二、最胜真如：谓此真如具无边德，于一切法最为胜故。三、胜流真如：谓此真如所流教法，于余教法，极为胜故。四、无摄受真如：谓此真如无所系属，非我执等所依取故。五、类无别真如：谓此真如，类无差别，非如眼等，类有异故。六、无染净真如：谓此真如，本性无染，亦不可说后方净故。七、法无别真如：谓此真如，虽多教法，种种安立，而无异故。八、不增减真如：谓此真如，离增减执，不随净染有增减故。即此亦名相、土自在所依真如，谓若证得此真如已，现相现土俱自在故。九、智自在所依真如：谓若证得此真如已，于无碍解得自在故。十、业自在等所依真如：谓若证得此真如已，普于一切神通、作业、总持、定门，皆自在故。虽真如性实无差别，而随胜德，假立十种。①

这十种真如并非十个不同的东西，而是从十地能证胜德的角度在描述真如。第一、四、五、六、七种侧重于从体的角度描述真如是：二空所显之万法体性；非我执我慢等所能执取；是生死涅槃平等所依；无染净；于教法安立中无差别；第二、三、八、九、十种则侧重于从用的角度描述真如是：具备无量庄严功德；等流之教法；远离遍计执证得无生法忍，而于无分别、净土能无功用即成；证得智波罗蜜多，善能了知诸法意趣，能如实成熟有情；获得身口意三业自在，能随欲化作种种利乐有情事。由此可见，真如不仅指无为之体，亦可以指清净有为之用。包括圣者的智慧、功德以及三藏十二部教法都可以是真如的内涵。在《大乘起信论》中认为真如可以分为两种："一者，如实空，以能究竟显实故。二者、如实不空，以有自体，具足无漏性功德故。"②《成唯识论》中的十种真如，实际上就可以分为这里所讲的如实空和如实不空两种真如。也即从"如实空"的角度，真如是体；从"如实不空"的角度来看，真如是用，具足无量的无漏功德。但这种不空真如，并不是遍计所执性，并不是一种对象而可以被执取，它其实是清净圆成实，"亦无有相可取，以离念境界唯证相应故"③。

在《摄大乘论本》中，将圆成实性分为两种："一者、自性圆成实故，二者、清净圆成实故，由此故成圆成实。"④ 其中自性圆成实为诸法之体性，也即如实空真如；清净圆成实即是清净依他起性，也即如实不空真如。《摄大乘论本》随后又将圆成实性展开为四种：

云何应知圆成实自性？应知宣说四清净法。何等名为四清净法？一者、自性清净：谓真如、空、实际、无相、胜义、法界。二者、

---

① 《成唯识论》卷十，《大正藏》第31册，第54页中。
② 《大乘起信论》，《大正藏》第32册，第576页上。
③ 《大乘起信论》，《大正藏》第32册，第576页中。
④ 《摄大乘论本》卷中，《大正藏》第31册，第139页下。

离垢清净：谓即此离一切障垢。三者、得此道清净：谓一切菩提分法、波罗蜜多等。四者、生此境清净：谓诸大乘妙正法教，由此法教清净缘故，非遍计所执自性；最净法界等流性故，非依他起自性。如是四法总摄一切清净法尽。①

这里则说得更明白些，其中圆成实性的自性清净义，是从诸法本性清净的角度来说的，有多种异称：真如、空、实际、无相、胜义、法界，相当于"遍行真如"等。离垢清净指无分别智遣除二障后，开显的清净功德，相当于"最胜真如"；得此道清净是指一切指向觉悟的修行法门、波罗蜜多等，类似于"智自在真如""业自在真如"；生此境清净是指是大乘的正法言教，相当于"胜流真如"。这四种圆成实，第一种侧重于体性义，第二、三、四种侧重于相用义。

近代太虚大师认为，大乘所说"真如"一词，并不仅仅是与正智相对之真如体。如他在《答〈起信论唯识释〉质疑》一文中说："以每真妄净染相对，指真净曰真如，或曰真心，或曰觉性，或曰如来藏，或曰自性清净心；指妄染曰妄念，或曰不觉，或曰无明，或曰凡夫心，或曰客尘烦恼。此其所用之真如名，自兼含正智义在中。"② 也即真如是对妄染所说的真净，此真净法包括有为之正智在其中，即是禅宗所说的真心、自性清净心等。就像小乘没有安立第八识，便将第七、八识隐含在"意根"之内。太虚在《大乘起信论唯识释》更是明言，"一者，今以一切无漏净法，概名真如——犹以真如及依他起清净分概名圆成实——皆离言自证故"，又说："以众生——包括六凡、二乘、菩萨——之自性真如与诸无漏种、现，及如来之真如等流身教，统名为真如法。"③ 也即一切无为无漏和有为无漏法皆名"真如"。其实这一点，不仅是太虚大师这样认为，古德亦早有论及，如明代蕅益大师在《大乘起信论裂网疏》卷四中说：

---

① 《摄大乘论本》卷中，《大正藏》第 31 册，第 140 页中。
② 释太虚：《答〈起信论唯识释〉质疑》，载《太虚大师全书》第 10 册，宗教文化出版社 2005 年版，第 441 页。
③ 释太虚：《大乘起信论唯识释》，载《太虚大师全书》第 10 册，宗教文化出版社 2005 年版，第 432—433 页。

一、净法谓真如者，举凡无漏种子现行，及心、心所所依理性，并名真如。盖理性固即真如，而无漏种、现，顺真如故，亦即名真如也。①

蕅益大师这里也说得很清楚，不仅心、心所等所依之无为理体名真如，包括无漏有为之种子和现行法，都可以叫真如。太虚大师则在《真现实论·宗依论下》中，以图表②的形式将"真如"一词的完整内涵作了展示：

真如 ┬ 一、真如……迷悟依……所缘缘及增上缘……作境界性
　　 ├ 二、一切无漏种……备有不思议正因熏习
　　 ├ 三、空现行智……空智……般若……根本智
　　 ├ 四、后得智及一切无漏现行
　　 ├ 五、诸佛法性自受用身刹……平等缘
　　 └ 六、诸佛圣者应化身刹及教法……差别缘

太虚大师在此图中所展示的真如内涵，不仅包括无为真如理体，亦包括有为的无漏种子、根本智、后得智、诸佛自受用身、诸佛应化身及清净教法。可谓总括有为、无为一切净法。

太虚大师和蕅益大师对真如的看法，是符合佛教经典的正确观点。从前文所述的《摄论》中的"四清净法"和《成唯识论》中的"十真如"来看，真如的内涵不仅限于万法理体，还当包括一切清净有为法。实际上，在《成唯识论》卷八就曾经明言："二空所显，圆满成就诸法实性，名圆成实，显此遍、常，体非虚、谬，简自、共相，虚空、我等。无漏有为离倒、究竟，胜用周遍，亦得此名。"③ 一者真如是二空所显的诸法实性。真如是一切法的体性，故是"遍"（简自相）；非生灭法，故

---

① （明）智旭：《大乘起信论裂网疏》卷四，《大正藏》第44册，第444页中。
② 释太虚：《真现实论·宗依论下》，载《太虚大师全书》第21册，宗教文化出版社2005年版，第51页。
③ 《成唯识论》卷八，《大正藏》第31册，第46页中。

是"常"（简共相，因为真如是诸法体性，并非生灭法上的共相假法）；也非小乘、外道所执的虚空、我，故是"非虚、谬"。二者清净的依他起法也是真如所摄。《成唯识论述记》认为：清净的依他起法虽然非遍、非常，但是"离倒"，即体非杂染，故是"实"义；体是无漏，能断诸染，是"究竟"义、"成"义；又其"胜用周遍"，即无漏有为法能普断一切染法，普缘诸境，缘遍真如，是"圆成"义。所以无漏有为法也有"圆满成就诸法实性"的意思在里面。因此，真如总括一切无漏有为、无为法。

总而言之，一切无漏净法都可称为"真如"。

近代支那内学院的欧阳竟无等人认为《大乘起信论》的真如、无明互相熏习，有违唯识学讲的真如作为无为法不能被熏习，故而断定《大乘起信论》是伪论。对此，太虚大师认为《大乘起信论》中讲的真如有时指理体，如云"一者体大，谓一切法平等不增减故"；有时兼指智用，如云"一者净法，名为真如"，而在真如、无明熏习那一段，明确指明真如是净法。他又说："又唯识唯分别，摄正智于分别；而起信宗真如，含正智于真如。……至真如能熏为因缘——无漏种、所缘缘——圣教法性、增上缘——佛菩萨心及无漏现行自心等、等无间缘——前刹那自类心。"[①]太虚大师认为从因缘的角度，真如作为无漏种能对治杂种而熏破无明；从所缘缘角度，真如作为正法言教可以供众生闻思熏习，而去除无明；从增上缘的角度，真如作为菩萨之无漏智慧与慈悲，度化众生，使众生厌生死求涅槃；从等无间缘的角度，真如作为登地菩萨心境，无漏无间有漏复生。也就是说，《大乘起信论》将真如作为与妄染相对之真净括有为清净法，可以从四缘的角度成立真如熏无明。而《成唯识论》将真如作为与正智相对之无为法，只从因缘角度成立种现熏习。所以两者虽有差别，但并不矛盾。近人欧阳竟无据《成唯识论》否定《大乘起信论》之真如熏无明，实际上是对"真如"一词的内涵没有完整的把握。

从以上的分析中，我们认为"真如"一词的完整内涵应该包括两个方面：无为之体和无漏有为之用可用下图来表示。这两者都可以称为清

---

① 释太虚：《答〈起信论唯识释〉质疑》，载《太虚大师全书》第10册，宗教文化出版社2005年版，第442页。

净法，所以"真如"一词在言诠安立上，实际上是对妄染而说的清净法。我们认为"真如"一词之所以能这么灵活地运用，根本思想在于性相体用不二。有时摄体归用，用不离体，真如就可以是清净有为法；有时摄用归体，体不离用，真如就是不生不灭的万法之体性。其中始终都要注意的是，体和用并不是两个实体性的东西，一旦将体、用实体化，就会马上变成体用二分或者体用合一，从而远离体用不二中道。

真如(总括一切无漏净法) ⎧ 体——无为无漏
　　　　　　　　　　　 ⎩ 用——有为无漏

二 《坛经》中的"自性"一词

然后，我们来谈一谈《坛经》中的"自性"一词。"自性"一词在《坛经》出现的频率非常高，厘清"自性"一词的内涵对于理解《坛经》，无疑是非常重要的。前文已述，香港著名唯识学者罗时宪先生曾在《〈六祖坛经〉管见》一文中将"自性""本性""性"等词进行过详细的分析，共列出55条，认为"自性"一词多兼指真如、阿赖耶识二者，有时偏指真如，有时偏指阿赖耶识。在第四章的分析中，我们认为"自性"一词其实内涵非常丰富，无为真如、第八识都是"自性"的内容，其中第八识又可分为有漏之阿赖耶识（括杂染种子），以及无漏之非阿赖耶识（括无漏种子），在佛位的第八识则称庵摩罗识。无漏种子现行则为正智，所以自性又有兼含正智之义。在《成唯识论》卷八描述七真如时有"邪行真如"的说法，其是集谛实性，与烦恼不一不异，从体性角度来说，真如也括杂染法。那么，"自性"一词的内涵便与上文所说的真如相当了。

太虚大师在《曹溪禅之新击节》一文中论及"自性"言："曹溪亦说真如自性是真佛及说真如用。此等所言真如，每与指一真法界或如来藏同，非但二空空理。而曹溪言自性，亦复通此多义。言'自性本自清净'等，是指如来藏或一真法界也。言'自性邪正起十八邪正'，是指异熟识或阿赖耶识或庵摩罗识或一切种识也。"太虚大师这里说的一真法界，不仅指无为真如，亦兼指清净之依他起，在圣者则称为正智，在众生位则是无漏种子。

所以,"自性"一词的完整内涵应该包括无为真如、阿赖耶识(异生位)、无漏种子(正智)、庵摩罗识(佛位)。其中自性有时指无为真如,有时指第八识而括有漏无漏一切种,有时兼指真如与正智(无漏种子)而称自性清净心。当然,这里需要再次强调的是,《坛经》中"自性"一词并非唯识学和中观学中所说的无自性的"自性"(遍计所执性),也并非唯识学中所说的法的自体(依他起性)。我们认为惠能大师之所以能如此灵活地运用"自性"一词,是因为惠能大师彻底掌握了性相体用不二思想。摄用归体,自性便可以是指无为真如而称为"不二之性",便可以是"何期自性,本不生灭""何期自性,本无动摇"。摄体归用,自性就是第八识,如云"能含万法是大","自性能含万法,名含藏识","万法从自性生,思量一切恶事,即生恶行,思量一切善事,即生善行","如是一十八界,皆从自性起用,自性若邪,起十八邪,自性若正,起十八正",就是"何期自性,本自具足","何期自性,能生万法"。指第八识之无漏分则是,"一切般若智,皆从自性而生,不从外入";指第八识无漏种之清净现行则是:"闻真正法,自除迷妄,内外明彻,于自性中万法皆现。"从体用不二的角度,自性即兼指真如与正智,便是"菩提自性,本来清净。但用此心,直了成佛",便是"何期自性本自清净"。真正体悟不二思想的人,道是亦得,道不是亦得,横说竖说,随用随说,无论怎么说,都体现的是体用不二的活泼泼的智慧。

太虚大师在《曹溪禅之新击节》一文中论及曹溪之自悟时,对禅宗的教外别传之宗有十分精彩的论述。兹摘录如下:

> 此云言下大悟,实非言语能到,故为教外别传之宗。此"宗"何指?姑借一言假为诠表,则曰:无性空心,心圆众妙。心幻无性故应无所住;无性真心故而生其心。心——此无性空心,即曹溪所云自性——圆众妙,本自清净,本不生灭,本自具足,本无动摇,能生万法也。由是总其悟旨,可归二言:诸法唯心心幻无性——亦可诸法缘生生空无性——,无性空心——亦可无性幻心——心圆众妙。后世三关之意,亦不外是。诸法缘生而生本空,一也。诸法皆心而心如幻,二也。无性妙心心即诸法,三也。夫至无性妙心心即

诸法，则随手举来莫非涅槃——本空无性——妙心也，明矣！然此实非比智假诠可及，故云教——比智假诠——外别传。①

禅宗所悟的"自性""本心""本来面目"到底是指什么呢？禅门中人常有"如人饮水，冷暖自知"，"说似一物即不中"之语，意在表明所悟自心本性实非言语能到。太虚大师以教内真传言说教外别传，以"无性空心，心圆众妙"来假为诠表禅宗所悟之本心。笔者认为太虚大师此言实是抓住了禅宗的根本思想，也是抓住了大乘佛教的根本思想。"缘起性空"是大乘佛教的理论基石也是其最核心思想，大乘佛教一切思想都不能离开这个根本思想，所谓万变不离其宗；但"缘起性空"这个思想展开来却又是千变万化，所谓其宗可以万变。太虚大师将禅宗所悟之"宗"归为"无性空心，心圆众妙"，前者表明诸法唯心心幻无性——性空，后者表明无性真心缘生诸法——缘起。禅宗所悟的"自性"②，首先必然是无自性的。佛教无自性的思想，在前文论及常与无常时已有所阐述，《大般若经》中就反复强调一切万法皆是无自性，这一切万法当然也包括禅宗所悟的"自性""本心"，故太虚称其曰"无性空心"或"无性真心"。如果认为"自性""本心"或"本觉"是有自性的实体法，那么"自性""本心"就会成为现象背后的某种本体，成为某种能产生一切但其本身不被产生的第一因。如果是这样，"本心"或"本觉"就成了佛教一直所批评的"梵我"。其次，自性空又必然意味着缘起有，所以"无性真心"又是"心圆众妙"，惠能大师所谓"何其自性，能生万法"。禅宗所说的破三关，亦是在不同层次上悟入"无性空心，心圆众妙"这个思想，等到"无性妙心心即诸法"时，则是彻悟缘起性空不二。但因为假智假诠只得诸法共相，不得诸法自相，所以此无性妙心实非假智假诠所能及，故说是教外别传。

但在具体禅修实践中，学人却常会错认光影为"自性""本心"。在

---

① 释太虚：《曹溪禅之新击节》，载《太虚大师全书》第 16 册，宗教文化出版社 2005 年版，第 361 页。
② 再次强调，禅宗所悟的"自性"并非指中观学和唯识学所主张的"自性空"之"自性"。这也体现了语言文字只是一种表诠的工具，人们可以用同一个名词表示完全不同的意思。

《坛经·机缘第七》中就记载了一位大通和尚对智常进行了错误的教导："汝之本性,犹如虚空,了无一物可见,是名正见;无一物可知,是名真知。无有青黄长短,但见本源清净,觉体圆明,即名见性成佛,亦名如来知见。"大通和尚以虚空比喻智常之自心本性,虚空无形无相,无任何事物,自性也是无一物可知、可见。大通和尚实际上是以某种空无的禅定心境为本源清净之自心本性,以为见此空无之定境就是见性成佛。惠能大师认为大通的见解并非正见,便为智常开示一偈曰:"不见一法存无见,大似浮云遮日面。不知一法守空知,还如太虚生闪电。"惠能大师三言两语便指出了大通和尚的症结所在:不见一法存无见,不知一法守空知。大通的见解看似是指一切皆空、一切不著,但他却恰好执着了一个"空无",也即执着一个以"空无"为内容的"有"。那么这个"空无"就成了所知所见,能见"空无"之心就成了能知能见,便落在了能所二元对立的虚妄分别之中。因此"自性"绝非某种空空荡荡的禅定心境。

中国佛教着重发挥本觉、真心思想,将自性或真心概括为空寂与灵知两大特征。天台宗的智者大师在《妙法莲华经玄义》中认为大乘实相具有多名,因其具备寂照灵知的特点,故可名为"中实理心",又说:"又知此心,常寂常照。用寂照心,破一切法,即空、即假、即中。"①他认为声闻、缘觉二乘人只证得空寂的一面,而未得灵照的一面,只有大乘菩萨才得寂照实相。永嘉玄觉禅师则说:"照而常寂故说俗而即真,寂而常照故说真而即俗。"② 真谛指真如空性之体,俗谛指缘起之用。照而寂即是用不离体,寂而照则是体不离用。吉藏大师在《法华义疏》则说:"照而常寂名定,寂而常照名慧。"③ 这与《坛经》所谓"定是慧体,慧是定用。即慧之时定在慧,即定之时慧在定"是一致的。其中定侧重与自心本性之涅槃寂静,慧侧重于自心本性之如实知见,二者不可分割。

禅宗六祖的弟子神会亦以空寂和灵知来描述自心本性,他说,"无住体上,自有本智,以本智能知"④,又说,"若言无念者,虽有见闻觉知,

---

① (隋)智顗:《妙法莲华经玄义》卷五上,《大正藏》第33册,第733页上。
② (唐)玄觉:《禅宗永嘉集》,《大正藏》第48册,第391页中。
③ (隋)吉藏:《法华义疏》卷二,《大正藏》第34册,第469页上。
④ 《荷泽神会禅师语录》,载石峻、楼宇烈等《中国佛教思想资料选编》,中华书局1983年版,第85页。

而常空寂"①,"但莫作意,心自无物,即无物心,自性空寂,空寂体上,自有本智,谓知以为照用"②。其中"无住""空寂""无物"等侧重于自性空,而"本智能知""照用"等侧重于心之妙用,同样是性空与缘起的体用不二。圭峰宗密在《禅源诸诠集都序》中以"知之一字,众妙之门"来概括"直指心性宗"的思想观点,也是代表了宗密自己的观点。他说:"空寂之心灵知不昧,即此空寂之知,是汝真性。任迷任悟,心本自知,不藉缘生,不因境起,知之一字,众妙之门。"从这段可以看出来,宗密所主张的"空寂之心"虽然也以空寂为前提,但实质上更加侧重于"灵知",且此灵知不借因缘而起,是一种了了常知。他在《中华传心地禅门师资承袭图》则直言:"若不指示现今了了常知不昧是自心者,说何为无为无相等耶?"他认为如果只谈空寂而不显灵知,则空寂犹如虚空,就如一个瓷团,虽然圆净但是不能发光,不是摩尼宝珠,并批评洪州禅和牛头禅说:"洪州、牛头但说无一物,不显灵知。"③ 空寂本是灵知之空寂,灵知本是空寂之灵知,但在宗密这里似乎更加侧重于灵知,且其所谓"任迷任悟,心本自知"很容易让人以为见闻觉知的妄心就是真心。洪州禅的马祖道一则有"平常心是道"之语,门下临济义玄则说:"道流!心法无形,通贯十方,在眼曰见、在耳曰闻、在鼻嗅香、在口谈论、在手执捉、在足运奔。本是一精明,分为六和合。"④ 此语本在说明般若空性不离自心之种种缘起妙用。但若是执着表面文字意思,很容易落入道不用修,以为日常的见闻觉知之妄心就是自性清净心的误会,而"精明"一说亦容易让人执为某种神我或是五俱意识的有漏现量。

因此,中国佛教历史上许多高僧对"以见闻觉知为自性或本心"的观点多有批评。比如司空本净禅师云:"大德若作见闻觉知之解,与道悬殊,即是求见闻觉知之者,非是求道之人。经云:无眼耳鼻舌身意。六

---

① 《荷泽神会禅师语录》,载石峻、楼宇烈等《中国佛教思想资料选编》,中华书局1983年版,第107页。
② 《荷泽神会禅师语录》,载石峻、楼宇烈等《中国佛教思想资料选编》,中华书局1983年版,第87页。
③ 《中华传心地禅门师资承袭图》,《卍新纂大日本续藏经》第63册,第34页下。
④ (唐)慧然集:《镇州临济慧照禅师语录》,《大正藏》第47册,第497页下。

根尚无,见闻觉知凭何而立?"① 也即学人很可能以六识的能所分别心为本心,非是求道,而是落入烦恼心。南阳慧忠禅师亦云:"若以见闻觉知是佛性者,《净名》不应云法离见闻觉知,若行见闻觉知,是则见闻觉知,非求法也。"② 又说:"缘南方错将妄心言是真心,认贼为子,有取世智称为佛智,犹如鱼目而乱明珠,不可雷同,事须甄别。"③ 慧忠禅师此言应该是对马祖道一门下以见闻觉知为本心的批评,他认为这种观点无异认贼为子、鱼目混珠,是错将妄心当成本心。当然,洪州禅的本意也未必就是如此,应该是有不解之人执着表面文字而产生的误会。实际上,黄檗希运禅师就说:"此本源清净心,常自圆明遍照,世人不悟,只认见闻觉知为心,为见闻觉知所覆,所以大睹精明本体,但直下无心,本体自现,如大日轮升于虚空,遍照十方更无障碍。故学道人惟认见闻觉知为动作,空却见闻觉知,即心路绝,无入处,但于见闻觉知处认本心。然本心不属见闻觉知,亦不离见闻觉知。但莫于见闻觉知上起见解,莫于见闻觉知上动念,亦莫离见闻觉知觅心,亦莫舍见闻觉知取法,不即不离,不住不着,纵横自在,无非道场。"④ 如果执着见闻觉知,便为见闻觉知所障覆,真正的本心不即见闻觉知,亦不离见闻觉知,而是于见闻觉知上远离虚妄分别之妄念,不取不舍,不住不着,当下即是真心。这和禅宗六祖讲的"于念而离念"的禅法是一致的。洪州禅所讲的本心实际上还是空寂(不住见闻觉知)与灵知(不离见闻觉知)的不二。

此外,对于神会和宗密所强调的"灵知",也有不少禅师提出了批评。比如玄沙宗一禅师就说:"更有一般便说,昭昭灵灵,灵台智性,能见能闻,向五蕴身田里作主宰。恁么为善知识,大赚人,知么我今问汝:汝若认昭昭灵灵是汝真实,为什么瞌睡时又不成昭昭灵灵?若瞌睡时不是,为什么有昭昭时?汝还会么?遮个唤作认贼为子,是生死根本妄想缘气。汝欲识此根由么?我向汝道:汝昭昭灵灵,只因前尘色声香等法而有分别,便道此是昭昭灵灵,若无前尘,汝此昭昭灵灵同于龟毛兔

---

① (宋)道原:《景德传灯录》卷五,《大正藏》第 51 册,第 243 页上。
② (宋)道原:《景德传灯录》卷二十八,《大正藏》第 51 册,第 438 页上。
③ (宋)道原:《景德传灯录》卷二十八,《大正藏》第 51 册,第 438 页下。
④ (宋)道原:《景德传灯录》卷九,《大正藏》第 51 册,第 271 页上—中。

角。"① 玄沙禅师认为所谓昭昭灵灵是六识对外境的一种分别心,如果没有色声香等前尘,此昭昭灵灵就成龟毛兔角之无。所以这种昭昭灵灵之心实际上还是一种妄心而非真心。《楞严经》亦有"知见立知,即无明本"②;黄龙死心禅师甚至认为"知之一字,众祸之门"。

当然,从前文的分析来看,神会与宗密也并非单纯只强调"灵知",同时也提到了"空寂"。空寂侧重于真如空性,灵知侧重于缘起妙用。空寂与灵知,是不能二分的。所以明代的永觉和尚在论及神会—宗密一系的禅法时说:"以知论性,犹以光明论珠,是亦表珠体之德也。况体具寂照二德,知则专言其照,表德亦自不备。必为之解曰:空寂之知。则备矣。"如果只强调"灵知",那么只表照用而遗寂体,因此真正的本心必然是"空寂之知",空寂是体,灵知是用,体用不二,方成中道。近代的太虚大师则说得更清楚一些:"空寂即无性义,空寂灵知即无性心。即心不悟无性,故成妄执;妄心若悟无性,即契真如。故空寂知始是真心,彼执知为心体,且不悟心无性,更何解乎无性心哉!"③ 只有悟心无性,在此基础上说空寂灵知,才是契真如;如果不悟心之无性,而执"知"为心体,那就有问题了。

综上所述,《坛经》中的"自性"一词在中国佛教中也常被称为本心、真心、本觉、佛性等,实是性空与缘起体用不二中道的体现。中国佛教着重发挥了真心思想,常以"空寂之知""寂照不二"等词来描述真心的特征。寂侧重无性义,照侧重妙用义,即寂之时照在寂,即照之时寂在照,即寂即照,即照即寂,寂照不二。因此这无性妙心——真心就是体用不二中道的具体体现。这里,我们再以禅宗历史上的一段公案来为此体用不二的思想做一注脚:

　　大寂闻师住山,乃令一僧到问云:"和尚见马师得个什么便住此山?"师云:"马师向我道即心是佛,我便向遮里住。"僧云:"马师

---

① (宋)道原:《景德传灯录》卷十八,《大正藏》第51册,第345页上。
② 《大佛顶如来密因修证了义诸菩萨万行首楞严经》卷五,《大正藏》第19册,第124页下。
③ 释太虚:《曹溪禅之新击节》,载《太虚大师全书》第16册,宗教文化出版社2005年版,第368页。

近日佛法又别。"师云:"作么生别?"僧云:"近日又道非心非佛。"师云:"遮老汉惑乱人未有了日,任汝非心非佛,我只管即心即佛。"其僧回举似马祖。祖云:"大众,梅子熟也。"①

这段文字中的"师"指明州大梅山法常禅师。马祖道一禅师曾教授法常即心即佛的思想,过了一段时间又说非心非佛,但是法常禅师在知道马祖说非心非佛的情况下,仍坚持即心即佛的思想。后有人将此事告知马祖,而马祖却反而很认可法常禅师。这是什么缘故呢?笔者认为马祖教人即心即佛乃是就自心作用的当下体悟不生不灭的本性;而非心非佛则旨在破除自心之虚妄分别,而强调无心、佛可得。前者侧重于即寂之照,后者侧重即照之寂。即心即佛是非心非佛的即心即佛,非心非佛是即心即佛的非心非佛。不管是即心即佛还是非心非佛,抑或说"这个"乃至"说似一物即不中",实际上都是体用不二中道的表现。会的人,怎么说都会;不会的,怎么说都落在二边。这就是为什么法常禅师仍坚守"即心即佛"却得到了马祖认可的原因。

值得注意的是,《坛经》也有"菩提自性,本来清净"(《行由第一》)、"我本元自性清净"(《般若第二》)等说法,可见自性、本心也有本来清净的意思。前文已述,心性本净中的"心性"不可能指无漏有为之心相,那么《坛经》这里的自性本来清净指的是什么意思呢?

为了解答这个问题,我们先来分析《大乘起信论》中"本觉"的概念。何谓本觉?其云:"所言觉义者,谓心体离念。离念相者,等虚空界无所不遍,法界一相,即是如来平等法身,依此法身说名本觉。何以故?本觉义者,对始觉义说,以始觉者即同本觉。始觉义者,依本觉故而有不觉,依不觉故说有始觉。"② 所谓"心体离念"指远离虚妄之念,此心为何能远离虚妄之念?是因为虚妄之念即是遍计所执性,其体本来就是绝无的。念且自无,依虚妄之念而假立的生住异灭四相"皆无自立"。既然并没有实体性的念头生灭(无念),那么一切念头皆是离念相,即是法

---

① (宋)道原:《景德传灯录》卷七,《大正藏》第51册,第254页下。
② 《大乘起信论》,《大正藏》第32册,第576页中。

界一相、平等法身。也即是说，从遍计所执性是绝无的角度，不得有不觉，唯有本觉。本觉之"本"不能理解为时间上的本来，而应从真如体性的角度去理解。如何知有本觉，因为有见道而证得根本智（始觉），因有此始觉，故推知有本觉，以始觉者即同本觉故。既然有始觉，说明始觉之前是不觉，因为不觉，才说有始觉。那么为何不觉又依本觉而立呢？譬如本觉为在波之水之清明融通德相，而不觉犹如波浪。波浪依水而起，犹如不觉依本觉而起。所以本觉并不是不觉之前的一个时期，更不是说本来是觉，后面又不觉。《楞严经》对此也有论述："性觉必明，妄为明觉，觉非所明，因明立所。所立既妄，生汝妄能。"① 此心本觉，并非能用二元思维可以了解的，然突起妄念将此本觉作为所觉之对象，能所分明，便落不觉。

这里我们以《摄大乘论》中的绳、蛇之喻②来做个类比说明：在昏暗中见到一条绳子，以为是一条蛇，于是恐怖发狂，当用灯一照，便发现此蛇原来是绳，恐怖顿消。此绳喻本觉，是清净依他起；此蛇喻不觉、妄念，是遍计执。因为这条蛇是众生的一种错觉，在绳子的内、外、中间都不曾存在这条蛇，其本质是绝无的。所以，从蛇是绝无的角度来说（从体性上来说），众生无始以来即是"心体离念"，即是本觉，没有不觉。但众生无始以来因为无明，又将此绳错认为蛇，众生在事实上无始以来一直所经验到的就是蛇觉，此蛇觉对于众生来说是如此的真切，故说众生无始以来即是不觉。所以《起信论》曰："以从本以来念念相续，未曾离念故，说无始无明。"③ 然此蛇觉不离绳觉，故有"依本觉故而有不觉"。当以灯照而如实认知此蛇是无，此绳是有，便是悟道而始觉；而当越照越明，完全认知此绳亦非实有，则是究竟觉。《楞严经》则用演若达多迷头狂走的故事说明：头本不失，亦不曾得，也即本来即是法界一相，平等真觉。这里特别需要注意的是，譬喻中的蛇和绳并非两个并列存在的东西，也就是说，蛇并非在绳之外，绳子的显现也并非从蛇外而

---

① 《大佛顶如来密因修证了义诸菩萨万行首楞严经》卷四，《大正藏》第19册，第120页上。
② 《摄大乘论本》卷中，《大正藏》第31册，第143页上。
③ 《大乘起信论》，《大正藏》第32册，第576页中—下。

来。本觉和不觉的关系也是如此。本觉并非与不觉并列的存在者，而是即不觉而成本觉，即本觉而不觉。否则，就会落入形式逻辑的自相矛盾之中。

太虚大师认为《坛经》中的"自性本自清净"指一真法界或如来藏，那么也就是《起信论》这里所说的"法界一相"。《坛经》中说："自性无非、无痴、无乱。念念般若观照，常离法相，自由自在，纵横尽得，有何可立。"（《顿渐第八》）其中"自性无非、无痴、无乱"即是《起信论》中的"心体离念"，也即绳上蛇觉本来是无。"念念般若观照，常离法相，自由自在"即是描述始觉之后的圣者心境。因此，从"心体离念"的角度（从真如体性角度），可以说为本觉，也即自性本来清净；但在缘起的事实上，众生无始以来所经验的都是杂染依他起性，也即本来不觉。

小　结

"不二"思想是佛教的核心思想，可以分为相上的体用不二和性相之间的体用不二。这两者对于体、用的定义以及使用情况都是完全不同的。相上的体和用都是依他起法，如阿赖耶识和前七转识就是这种关系，包括三智之间的关系都可以括入这种体用不二。但如果说心性本净，或者说心性本善，那就不能是这种相上的体用不二。因为如果心体本来是净，那众生心中的染污烦恼是怎么来的呢？清净的心怎么能转变为染污的心呢？所以说心性本净，就必须从真如体性上来说，这就涉及性、相不二。这种绝对的不二，有很多体现，如无为真如与一切万法、圆成实性与依他起性、迷悟转依与持种转依等。包括《坛经》中说的无相修行、不落阶级与阶级次第、佛性的常与无常等都是性相不二的体现。当然，我们认为最直接的体现是"真如"和《坛经》中的"自性"这两个词语的灵活运用，有时摄用归体，指无为法；有时摄体归用，净用则兼指清净正智，染用则指阿赖耶识。从心体离念的角度，也即从真如体性的角度，可以说自性清净或者本觉，因为法界本来一相，所谓无相。宋代怀远法师在《楞严经义疏释要钞》中就提到："《净名》云：众生如，诸佛如，草木如等。《圆觉》云：'始知众生本来成佛。'《起信》云：'从本已来，离言说相，毕竟平等。'斯约真如泯相显实门说。"① 佛经中说到众生、草木、诸佛是真如，或说众生本来成佛，或说一切法本来离言说相、毕竟平等，都是从真如体性上来说的。而从众生在缘起的相上来说，众生无始以来又是不觉。所以本觉和不觉并非形式逻辑中的水火不容、互相矛盾，而是在一定程度上构成一种性相体用不二关系。

此外，《坛经》中惠能大师所强调的"自性"，又被称为"真心""本觉"等，中国佛教以空寂和灵知来概括真心的特征。其中空寂侧重性空，灵知侧重缘起妙用，"空寂之知""寂照不二""无性妙心"等说法都是体用不二中道的体现。中国佛教历史上虽然有人将真心误解为见闻觉知的妄心或者单提"灵知"而遗"空寂"，但南阳慧忠、玄沙宗一、黄檗希运等禅师已对此作了批评和纠正。明代永觉禅师、近代太虚大师都认为真心之灵知当以空寂、无性为前提，才契真如，才谈得上"空寂之知""无性心"。近代吕澂先生曾将印度佛教判为"性寂"，将中国佛教判为"性觉"，并在1943年与熊十力之间发生了"性寂""性觉"之辩。后来双方信函被刊登在《中国哲学》第十一辑，名为《辩佛学根本问题》。对于吕澂将佛教进行"性寂""性觉"的分判，已有不少学者提出质疑与反对。如周贵华的《支那内学院对中国佛学心性论的批判》②《从"心性本净"到"心性本觉"》③ 以及陈兵教授的《自性清净心与本觉》④ 等文章都认为不能仅以"性觉"和"性寂"来抉择中、印佛教之差异，在印度佛教经典中也有"心性本觉"的思想，而中土佛教的"性觉"思想也不是伪佛教。从上文对"真如"及《坛经》中"自性"一词的分析来看，真如、自性、本心、真心等都是体用不二的体现，性寂不能离开性觉而独存，性觉亦不能离开性寂而独存，是即寂即觉，即觉即寂，寂觉不二。无论是吕澂说的寂、觉二分还是熊十力所说之寂、觉合一，都无法代表中国佛教所主张的寂照不二。不过，吕澂所提倡的性寂说以及熊十力所提倡的性觉说倒是分别和朱熹所提倡的"性即理"以及陆九渊

---

① （宋）怀远：《楞严经义疏释要钞》卷一，《卍新纂大日本续藏经》第11册，第85页中。
② 周贵华：《支那内学院对中国佛学心性论的批判》，《世界宗教研究》2003年第2期。
③ 周贵华：《从"心性本净"到"心性本觉"》，《法音》2002年第9期。
④ 陈兵：《自性清净心与本觉》，《四川师范大学学报》（社会科学版）2010年第3期。

所提倡的"心即理"颇为相似。

最后需要说明的是佛教"不二"思想和形式逻辑的不同之处。吴可为在《非同一律：作为内在关系论的存在论——大乘中观学派性空论辨微》一文中指出性空论是对同一律的解构。[①] 同一律是形式逻辑三大定律中最基本的定律，指的是对某物或概念自身的确定性，可用 $A = A$ 表示。本书在第四章分析佛性的常与无常时已经指明，大乘佛教的性空论恰好意味着 $A \neq A$。相上的体用不二指的是缘起法与缘起法之间的关系，缘起论就意味着 A 之存在必是以非 A 之存在为前提，再无 A 自身之存在。相上的体用关系必是以非同一性（无自性）作为逻辑前提。性、相之间的体用不二指的是真如体性与缘起法之间的关系，真如并非具体的缘起法，性与相并非并列存在。所以空性与妙有、寂与照是同时成立而不会遇到形式逻辑中矛盾律的问题。但如果将真如误解为某种具体的存在者，马上就会遇到空有、寂照水火不容的困难。笔者认为形式逻辑是以自性思执为前提的，胡塞尔说意识总是关于某物的意识，众生在利用意识进行逻辑推理时，已先天的包含对能推之我和所推之物的自身的判断与确认。但大乘佛教缘起论建立起来的"不二"思想，是以无自身之确定性（无自性）作为逻辑前提，可以说是形式逻辑的反面。从这个角度来看，悟道就是指将形式逻辑思维转为不二的思维，其本质是一种思维模式的彻底转换。佛教经典中常说的"非一非异""非即非离"，并非一种文字游戏，它包含着一种超越形式逻辑的、更高级的思维方式，这对我们今天的逻辑学具有非常重要的启发意义。

[①] 吴可为：《非同一律：作为内在关系论的存在论——大乘中观学派性空论辨微》，《中华佛学研究》2006 年第 10 期。

主要参考文献

一　古代典籍

宗宝编：《六祖大师法宝坛经》，《大正藏》第 48 册（台湾新文丰出版公司 1992 年版）。（唐）法海集：《南宗顿教最上大乘摩诃般若波罗蜜经六祖惠能大师于韶州大梵寺施法坛经》，《大正藏》第 48 册。

《杂阿含经》，求那跋陀罗译，《大正藏》第 2 册。

《央掘魔罗经》，求那跋陀罗译，《大正藏》第 2 册。

《大方便佛报恩经》，《大正藏》第 3 册。

《大般若波罗蜜多经》，玄奘译，《大正藏》第 5—7 册。

《摩诃般若波罗蜜经》，鸠摩罗什译，《大正藏》第 8 册。

《胜天王般若波罗蜜经》，月婆首那译，《大正藏》第 8 册。

《文殊师利所说摩诃般若波罗蜜经》，曼陀罗仙译，《大正藏》第 8 册。

《大乘理趣六波罗蜜多经》，般若译，《大正藏》第 8 册。

《金刚般若波罗蜜经》，鸠摩罗什译，《大正藏》第 8 册。

《般若波罗蜜多心经》，玄奘译，《大正藏》第 8 册。

《佛说佛母宝德藏般若波罗蜜经》，法贤译，《大正藏》第 8 册。

《佛说濡首菩萨无上清净分卫经》，翔公译，《大正藏》第 8 册。

《妙法莲华经》，鸠摩罗什译，《大正藏》第 9 册。

《大方广佛华严经》，佛陀跋陀罗译，《大正藏》第 9 册。

《大方广佛华严经》，实叉难陀译，《大正藏》第 10 册。

《大般涅槃经》，昙无谶译，《大正藏》第 12 册。

《佛说阿弥陀经》，鸠摩罗什译，《大正藏》第 12 册。

《佛说无量寿经》，康僧铠译，《大正藏》第 12 册。

《佛说观无量寿佛经》，畺良耶舍译，《大正藏》第 12 册。

《大方等大集经》，昙无谶等译，《大正藏》第 13 册。

《维摩诘所说经》，鸠摩罗什译，《大正藏》第 14 册。

《佛藏经》，鸠摩罗什译，《大藏经》第 15 册。

《思益梵天所问经》，鸠摩罗什译，《大正藏》第 15 册。

《楞伽阿跋多罗宝经》，求那跋陀罗译，《大正藏》第 16 册。

《大乘入楞伽经》，实叉难陀译，《大正藏》第 16 册。

《解深密经》，玄奘译，《大正藏》第 16 册。

《大乘密严经》，地婆诃罗译，《大正藏》第 16 册。

《大方广圆觉修多罗了义经》，佛陀多罗译，《大正藏》第 17 册。

《大佛顶如来密因修证了义诸菩萨万行首楞严经》，般剌密帝译，《大正藏》第 19 册。

弥勒：《瑜伽师地论》，玄奘译，《大正藏》第 30 册。

马鸣：《大乘起信论》，真谛译，《大正藏》第 32 册。

龙树：《中论》，鸠摩罗什译：《大正藏》第 30 册。

龙树：《大智度论》，鸠摩罗什译，《大正藏》第 25 册。

无著：《摄大乘论本》，玄奘译，《大正藏》第 31 册。

世亲：《摄大乘论释》，玄奘译，《大正藏》第 31 册。

世亲：《辩中边论》，玄奘译，《大正藏》第 31 册。

天亲：《佛性论》，真谛译，《大正藏》第 31 册。

亲光等：《佛地经论》，玄奘译，《大正藏》第 26 册。

护法等：《成唯识论》，玄奘译，《大正藏》第 31 册。

金刚仙论师：《金刚仙论》，菩提流支译，《大正藏》第 25 册。

吉藏：《中观论疏》，《大正藏》第 42 册。

吉藏：《三论玄义》，《大正藏》第 45 册。

智𫖮：《净土十疑论》，《大正藏》第 47 册。

智𫖮：《金刚般若经疏》，《大正藏》第 33 册。

窥基：《金刚般若经赞述》，《大正藏》第 33 册。

窥基：《阿弥陀经疏》，《大正藏》第 37 册。

窥基：《阿弥陀经通赞疏》，《大正藏》第 37 册。

窥基：《成唯识论述记》，《大正藏》第 43 册。

窥基：《大乘法苑义林章》，《大正藏》第 45 册。

慧沼：《能显中边慧日论》，《大藏经》第 45 册。

宗密：《禅源诸诠集都序》，《大藏经》第 48 册。

玄觉：《禅宗永嘉集》，《大正藏》第 48 册。

净觉：《楞伽师资记》，《大正藏》第 85 册。

裴休集：《黄檗山断际禅师传心法要》，《大正藏》第 48 册。

慧然集：《镇州临济慧照禅师语录》，《大正藏》第 47 册。

飞锡：《念佛三昧宝王论》，《大正藏》第 47 册。

怀感：《释净土群疑论》，《大正藏》第 47 册。

守坚集：《云门匡真禅师广录》，《大正藏》第 47 册。

宗绍编：《无门关》，《大正藏》第 48 册。

道原纂：《景德传灯录》，《大正藏》第 51 册。

志磐：《佛祖统纪》，《大正藏》第 49 册。

天如则：《净土或问》，《大正藏》第 47 册。

语风圆信、郭凝之编：《潭州沩山灵佑禅师语录》，《大正藏》第 47 册。

居顶：《续传灯录》，《大正藏》第 51 册。

智旭：《佛说阿弥陀经要解》，《大正藏》第 37 册。

智旭：《大乘起信论裂网疏》，《大正藏》第 44 册。

妙叶集：《宝王三昧念佛直指》，《大正藏》第 47 册。

袁宏道：《西方合论》，《大正藏》第 47 册。

宗密：《中华传心地禅门师资承袭图》，《卍新纂大日本续藏经》第 63 册（日本株式会社国书刊行会版）。

普济：《五灯会元》，《卍新纂大日本续藏经》第 80 册。

袾宏：《阿弥陀经疏钞》，《卍新纂大日本续藏经》第 22 册。

紫柏真可：《紫柏尊者全集》，《卍新纂大日本续藏经》第 73 册。

通炯编辑：《憨山老人梦游集》，《卍新纂大日本续藏经》第 73 册。

智旭：《金刚般若波罗蜜经破空论》，《卍新纂大日本续藏经》第 25 册。

智旭选：《净土十要》，《卍新纂大日本续藏经》第 61 册。

道沛：《净土旨决》，《卍新纂大日本续藏经》第 109 册。

济能纂辑：《角虎集》，《卍新纂大日本续藏经》第 62 册。

彭际清纂：《念佛警策》，《卍新纂大日本续藏经》第 62 册。

袾宏：《云栖法汇（选录）》，《嘉兴大藏经》第33册（台湾新文丰出版公司1988年版）。

智旭：《灵峰蕅益大师宗论》，《嘉兴大藏经》第36册。

静、筠二禅师编撰，孙昌武点校：《祖堂集》，中华书局2007年版。

陆九渊：《陆九渊集》，中华书局1980年版。

瞿汝稷编撰：《指月录》，巴蜀书社2012年版。

神会：《荷泽神会禅师语录》，石峻、楼宇烈等：《中国佛教思想资料选编》，中华书局1983年版。

王守仁撰，吴光等编校：《王阳明全集》，上海古籍出版社1992年版。

二 今人著作

陈兵导读，哈磊整理，丁福保笺注：《坛经》，上海古籍出版社2011年版。

陈兵：《自在之行——佛法正道论》，华夏出版社2009年版。

丁小平导读、译注：《〈坛经〉·〈心经〉·〈金刚经〉》，岳麓书社2018年版。

丁小平：《摄大乘论本直解》，宗教文化出版社2015年版。

葛兆光：《增订本中国禅思想史——从六世纪到十世纪》，上海古籍出版社2008年版。

广东新兴国恩寺编：《六祖坛经研究》（全五册），中国大百科全书出版社2003年版。

郭朋：《坛经校释》，中华书局2011年版。

洪修平、孙亦平：《惠能评传》，南京大学出版社1998年版。

贾题韬：《转识成智》，四川人民出版社1999年版。

赖永海主编：《中国佛教通史》，江苏人民出版社2010年版。

罗时宪：《唯识方隅》，华文出版社2013年版。

释太虚：《太虚大师全书》，宗教文化出版社2005年版。

吴可为：《华严哲学研究》，社会科学文献出版社2014年版。

印顺：《中国禅宗史》，广陵书社2008年版。

周贵华：《唯识通论》（上、下），中国社会科学出版社2009年版。

周贵华：《唯识、心性与如来藏》，宗教文化出版社2006年版。

三 论文

白光、洪修平：《大陆地区慧能与〈坛经〉研究述评》，《河北学刊》2016 年第 2 期。

陈兵：《自性清净心与本觉》，《四川师范大学学报》（社会科学版）2010 年第 3 期。

丁小平：《禅悟与经教》，《宜春学院学报》2014 年第 1 期。

丁小平：《〈坛经〉中的净土思想》，《社会科学研究》2012 年第 2 期。

丁小平：《唯识学的体用思想略论》，《西南民族大学学报》（人文社科版）2020 年第 1 期。

傅新毅：《佛法是一种本体论吗？——比较哲学视域中对佛法基本要义的反思》，《南京大学学报》2002 年第 6 期。

哈磊：《德异本〈坛经〉增补材料之文献溯源考证》，《宗教学研究》2015 年第 4 期。

哈磊：《古本〈坛经〉存在的文献依据》，《社会科学研究》2011 年第 5 期。

洪修平：《关于〈坛经〉的若干问题研究》，《世界宗教研究》1999 年第 2 期。

李非、黄春忠：《〈坛经〉探释：从心性本体到心行实践——基于"不二"的双重释义》，《中山大学学报》（社会科学版）2015 年第 5 期。

王冬：《〈坛经〉的般若中道思想及其禅法特色》，《中华文化论坛》2014 年第 1 期。

伍先林：《试论慧能〈坛经〉的不二精神》，《佛学研究》2010 年第 00 期。

杨曾文：《〈六祖坛经〉诸本的演变和惠能的禅法思想》，《中国文化》1992 年第 1 期。

袁经文：《禅宗"悟"义索隐》，《社会科学研究》2011 年第 1 期。

周贵华：《从"心性本净"到"心性本觉"》，《法音》2002 年第 9 期。

周贵华：《支那内学院对中国佛学心性论的批判》，《世界宗教研究》2003 年第 2 期。

吴可为：《非同一律：作为内在关系论的存在论——大乘中观学派性空论辨微》，《中华佛学研究》2006 年第 10 期。

后　　记

　　《坛经》是我很喜欢的一本禅宗经典，在读硕士的时候曾听丁小平老师讲解过一遍，受益很大，自己也下了不少功夫，后读博期间又大量阅读了相关资料，并在读书会上给同学讲解过一遍。在学习的过程中，我发现《坛经》前后经常有互相矛盾的表述，而这些"矛盾"或许是我们打开《坛经》思想宝库的钥匙。本书就是从解决这些矛盾入手来研究《坛经》中的不二中道思想。这些前后文字的"矛盾"并非真矛盾，而是《坛经》不二思想的一种活泼体现。在阅读和学习佛教经典时，我们应尽可能地做到"虚壹而静"，对于其中看似"矛盾"的观点，不要急着下结论，而是要多阅读、多思考。本书的写作，除了参考现代人关于《坛经》的研究成果，最主要的还是参考了般若和唯识学的经典以及中国古代高僧的相关著作，然后加上了自己的一些理解和体会。

　　在研究的过程中，主要有以下几点感受。

　　其一，我对六祖大师的智慧十分钦佩。六祖每次说法都是简明扼要，但又非常符合佛教思想。比如他对三身佛的说明，对八识转四智的阐述等，都只用了几句话就讲清楚了。六祖不仅能把佛法简易直接地表达出来，还掌握了随方解缚的教学方法，他能根据弟子们的症结所在，痛下针砭，使其悟道。但是六祖本人却多次提到自己不识字，依常识来看，且不说一个不识字的文盲不可能有如此高超的智慧，即使是一个饱读佛经的人也未必能说出这样精彩的佛法。我们平时往往喜欢从一个人的家世背景、师友传习、地域风俗、时代特点等来分析他何以具备如此的性格和思想，但却很少注意到他自身才能德性上与常人不一般之处。从六祖的身世和遭遇来看，很难分析出他成为一代禅宗祖师的原因，那么就只能说他天赋异禀了。

其二，在广泛的阅读佛教经典的过程中，我感觉《坛经》的思想在本质上和唯识学以及中观学是一致的，《坛经》中所出现的思想，都可以在印度佛教经典中找到它的思想源头。我们学界现在有不少学者认为禅宗是佛教的革命，但创新必然要建立在继承的基础上。六祖本意只是传佛心印，只是要将佛陀教法如实开显给众生，并无意于要创造一个和佛陀教法不同的宗派。所以"六祖革命"中的"革命"是指佛法实质内容的改变还是指形式的创新？这是需要甄别的。当然，禅宗是佛教中国化的成果，这一点毋庸置疑，佛教进入中国之后必须和本土文化和时代特点相结合才得以生存，禅宗无疑是契合了中国人的文化气质，是佛教中国化的代表之一。但禅宗也必然首先是继承了佛教本来的思想，符合佛教"诸行无常""诸法无我""涅槃寂静"三法印，否则它就无法被称为佛教。所以，禅宗的出现必然是佛教在中国契理、契机发展的结果，契理和契机如鸟之两翼、车之双轮，缺一不可。

其三，写作的过程中，有苦也有乐，但总体来说，乐要居多。学术研究讲究有理有据，不能异想天开，所以需要阅读和整理大量的古代文献和现代学者的研究成果，时间久了会感觉很累，这种累跟干体力活儿的累是不同的。当然写作也很快乐，尤其是当阅读古代经典有所得时以及当某个问题被论述清楚时的欢喜之感，非常充实有力，非声色所带来的快感所能比。对一个学者来说，写作也是提升专业水平最快的方式之一。因为写作不仅需要阅读大量的文献，并且要组织语言把思想有逻辑地表达出来。所以一本书的出版，读者虽然可以从阅读中得到启发，但收获最大的无疑是作者自己。

当然，在此也要感谢孙劲松老师、殷慧老师、丁小平老师等对本书写作提供的帮助，感谢"明心慧爱"项目组的资助，感谢中国社会科学出版社相关工作人员在本书出版过程中的辛苦付出。因本人偏爱哲学思辨，故而在讨论《坛经》不二思想时，很少涉及思想史的分析，而是直接对《坛经》进行思想解读，这是本书的一个特点，也是我今后需要补足的地方。佛教思想极为浩瀚，时常感觉自己仍需努力。本人水平所限，拙作难免有许多不当之处，还请读者朋友们批评指正。

是为记。

刘　飞

2022 年春于珞珈山下